新编公共行政与公共管理学系列教材

第三部门概论

An Overview of the Third Sector

徐家良 等/编著

北京大学出版社
PEKING UNIVERSITY PRESS

图书在版编目(CIP)数据

第三部门概论/徐家良等编著.—北京:北京大学出版社,2020.10
(新编公共行政与公共管理学系列教材)
ISBN 978-7-301-31740-2

Ⅰ.①第…　Ⅱ.①徐…　Ⅲ.①社会团体—概论—中国—高等学校—教材
Ⅳ.①C232

中国版本图书馆 CIP 数据核字(2020)第 192655 号

书　　　名	第三部门概论 DI-SAN BUMEN GAILUN
著作责任者	徐家良　等编著
责 任 编 辑	梁　路
标 准 书 号	ISBN 978-7-301-31740-2
出 版 发 行	北京大学出版社
地　　　址	北京市海淀区成府路 205 号　100871
网　　　址	http://www.pup.cn
新 浪 微 博	@北京大学出版社　　@未名社科-北大图书
微信公众号	ss_book
电 子 信 箱	ss@pup.pku.edu.cn
电　　　话	邮购部 010-62752015　发行部 010-62750672 编辑部 010-62765016
印 刷 者	北京虎彩文化传播有限公司
经 销 者	新华书店
	730 毫米×980 毫米　16 开本　22.75 印张　360 千字 2020 年 10 月第 1 版　2021 年 12 月第 2 次印刷
定　　　价	58.00 元

未经许可,不得以任何方式复制或抄袭本书之部分或全部内容。
版权所有,侵权必究
举报电话: 010-62752024　电子信箱: fd@pup.pku.edu.cn
图书如有印装质量问题,请与出版部联系,电话: 010-62756370

内容提要

《第三部门概论》分为十五章,对第三部门的概念、特点、理论、法律、治理制度与具体类型的运行机制等内容进行多维度、全方位的解读。每章设置"本章教学目标",帮助学生明确学习目标。在正文部分穿插阅读资料,帮助学生更好地理解相关的知识要点。"案例分析"栏目选取与本章节内容相关的事件,具有可读性和启发性。另外设有"本章小结""本章思考题"与"阅读书目"三个栏目帮助学生加深理解。

本书的内容安排由浅入深。首先,介绍了第三部门的基本概念、特性及分类,梳理了研究理论与相关法律法规。其次,从制度角度详细分析了第三部门的内部治理结构、登记认定制度、年度检查报告制度、评估制度、能力建设、慈善事业等相关内容。最后,根据第三部门的具体类型,对社会团体、社会服务机构、基金会、境外非政府组织、事业单位等组织的演变过程、运行机制与发展趋势做了重点介绍。

本书具有以下四个方面的特点:一是分类上有创新。将第三部门做了大、中、小范围的区分。二是范围扩大。传统的第三部门教材一般不介绍境外非政府组织、事业单位等组织的发展情况,本书从第三部门的广义定义出发,论述了境外非政府组织、事业单位的相关内容。三是有新的提法。例如,把第三部门各种理论概括为基础性理论、关系性理论和价值性理论三种。四是从不同登记部门入手讨论第三部门。传统教材只讨论在民政部门注册登记的第三部门,不涉及编制部门和公安部门注册登记的第三部门,而本书对这几个方面都进行了系统的讨论。

现代社会越来越需要第三部门
（代　序）

家良是我培养的博士生,根据这几年的教学科研情况,写了一本《第三部门概论》的教材,请我写一个序,我写几句。

第三部门是整个社会部门中不可或缺的重要部门。一般而言,社会由三个部门组成,各自扮演着不同的角色,推动社会进步:第一部门是政府,掌握权力,做出决策,提供公共服务;第二部门是企业,生产产品,分配利润,提供私人服务、公共服务和管理社会事务;第三部门是社会组织,借助专业能力获得收入,但不得分配利润,提供自我服务、公共服务和管理社会事务。

第三部门是能够发挥特殊作用的主体。在计划经济时期,这三个部门的区分不是非常明显,主要是第一部门政府在运行,第二部门企业和第三部门社会组织依附于第一部门。在市场经济时期,第二部门已经成为主体,第三部门也逐渐成为主体。主体的概念就是能够独当一面地提供服务,不是助手,也不是中介。当政府没有做到或想到、企业没有做到或想到,第三部门有可能做到或想到的时侯,第三部门的主体性就显现出来了。当然,在大多数情况下,第三部门与政府、企业有诸多的合作,共同推进社会治理与创新发展。

第三部门中非法人组织需要特别关注。1989年国务院发布的《社会团体登记管理条例》规定,我国社会团体有法人与非法人两种类型,其中全国性社会团体必须具备法人条件。1998年国务院发布的《社会团体登记管理条例》要求所有社会团体都应当具备法人条件。从广义说,除夫妻和家庭成员外,两个以上的人经常性地开展活动,就是社会组织。这些社会组织,有的根据兴趣组建起来,比如唱歌协会、跳舞协会。通常,人们习惯性地认为,非法人组织可能就等同于不合法的组织。其实不然,没有注册为法人的组织,有的是合法运行,有的则开展非法活动。人们应该关注它提供的服务是否符合社会需要。如果违法的话,这些非法人组织就需要根据法律进行处罚。没有违法的话,要鼓励人们成立更多的非法人组织,因为它简便,不占用太多行政资源,但在社会中发挥的作用却很大,可以促进人与人之间的友爱和关怀,营造可信任的社会。

第三部门要勇当积极有为的智库。随着全球化、网络化和新技术革命的到来,世界越来越具有不确定性,政府面临着知识、技术、结构上的巨大挑战,光凭政府自身可能无法提供好的解决办法。第三部门熟悉社会各个方面的情况,可以向政府提交行业报告和咨询建议,让政府在决策过程中有较多的选项,让决策科学化、更符合社会发展规律。根据在民政部门注册登记的情况,智库可以分为社会团体智库、社会服务机构智库和基金会智库三种。社会团体智库和基金会智库数量在逐渐增加,但社会服务机构智库发展有点缓慢,这就要求人们排除万难,借助第三部门的优势,增加递交决策咨询报告的数量,提高决策咨询报告的质量,让更多社会问题、行政问题和政治问题较早地引起政府的高度重视,减少重大冲突与矛盾,维护社会稳定和良性发展。

这本教材与其他同类教材相比,有以下几个方面的特点:一是范围较广。第三部门有狭义、广义之分,这本书的第三部门是从广义上来理解的,把境外非政府组织、事业单位都列入其中。二是体系合理。通过划分总论、分论,重点讨论了第三部门的基本问题和社会关切的重要问题。三是重点突出。从总论中可以看出,本书在政府对社会组织的管理方面着墨较多,这反映了中国社会组织的实际状况。

作为《第三部门概论》的第一个读者,我愿意将本书推荐给大家。希望大家通过阅读本书了解第三部门的理论,分析中国第三部门的现状,充分发挥第三部门在国家治理体系与治理能力现代化中的积极作用,为实现中华民族腾飞的梦想,贡献第三部门应有的力量。

李景鹏

北京大学政府管理学院教授

2019年12月9日于北京

目 录

第一部分 总 论

第一章 第三部门概述 / 3

    本章教学目标 / 3
    第一节 第三部门的概念 / 3
    第二节 第三部门的特性 / 16
    第三节 第三部门的分类 / 20
    案例分析 / 27
    本章小结 / 28
    本章思考题 / 28
    阅读书目 / 28

第二章 第三部门治理理论 / 30

    本章教学目标 / 30
    第一节 第三部门治理的基础性理论 / 30
    第二节 第三部门治理的关系性理论 / 38
    第三节 第三部门治理的价值性理论 / 47
    案例分析 / 51
    本章小结 / 52

本章思考题 / 53

阅读书目 / 53

第三章　第三部门法律制度 / 54

本章教学目标 / 54

第一节　有关第三部门的基础性立法 / 54

第二节　有关第三部门的专门立法 / 60

第三节　有关第三部门的行政法规 / 69

案例分析 / 76

本章小结 / 77

本章思考题 / 78

阅读书目 / 78

第四章　第三部门内部治理结构 / 80

本章教学目标 / 80

第一节　理论层面的第三部门内部治理 / 80

第二节　法律政策层面的第三部门内部治理结构 / 86

第三节　实践层面的第三部门内部治理结构 / 93

案例分析 / 99

本章小结 / 100

本章思考题 / 101

阅读书目 / 101

第五章　第三部门登记认定制度 / 102

本章教学目标 / 102

第一节　第三部门登记认定制度的概念与作用 / 102

第二节　第三部门登记认定制度的内容 / 103

第三节　第三部门法人地位取得、法人形式与登记制度的特点 / 112

第四节　第三部门登记认定制度的问题与改革趋势 / 115

案例分析 ／119

本章小结 ／120

本章思考题 ／120

阅读书目 ／121

第六章 第三部门年度检查报告制度 ／122

本章教学目标 ／122

第一节 第三部门年度检查报告制度概述 ／122

第二节 第三部门年度检查报告制度的内容 ／125

第三节 第三部门年度检查报告制度的特点与发展趋势 ／135

案例分析 ／137

本章小结 ／138

本章思考题 ／139

阅读书目 ／139

第七章 第三部门评估制度 ／140

本章教学目标 ／140

第一节 社会组织等级评估 ／140

第二节 社会组织项目评估 ／153

案例分析 ／160

本章小结 ／161

本章思考题 ／161

阅读书目 ／162

第八章 第三部门能力建设 ／163

本章教学目标 ／163

第一节 第三部门能力建设的概念与分类 ／163

第二节 第三部门能力建设的作用与发展阶段 ／167

第三节 第三部门能力建设的内容、问题与对策 ／170

案例分析 / 180

本章小结 / 182

本章思考题 / 182

阅读书目 / 182

第九章 慈善事业可持续发展 / 184

本章教学目标 / 184

第一节 慈善事业的概念、特点和功能 / 184

第二节 慈善事业可持续发展的新机遇 / 192

第三节 慈善事业可持续发展的宏观与微观议题 / 195

案例分析 / 198

本章小结 / 200

本章思考题 / 201

阅读书目 / 201

第二部分 分 论

第十章 社会团体 / 205

本章教学目标 / 205

第一节 社会团体概述 / 205

第二节 社会团体的演变历程与发展趋势 / 212

第三节 社会团体的内部管理制度与类别 / 216

案例分析 / 222

本章小结 / 224

本章思考题 / 224

阅读书目 / 224

第十一章 社会服务机构 / 226

本章教学目标 / 226

第一节 社会服务机构概述 / 226

第二节　社会服务机构的内部治理　/ 236

第三节　我国社会服务机构的发展现状与新动向　/ 238

案例分析　/ 243

本章小结　/ 245

本章思考题　/ 246

阅读书目　/ 246

第十二章　基金会　/ 247

本章教学目标　/ 247

第一节　基金会概述　/ 247

第二节　基金会的发展历史与现状　/ 253

第三节　基金会的项目运作与资产管理　/ 258

案例分析　/ 263

本章小结　/ 264

本章思考题　/ 264

阅读书目　/ 265

第十三章　境外非政府组织　/ 266

本章教学目标　/ 266

第一节　境外非政府组织概述　/ 266

第二节　境外非政府组织的类型与作用　/ 277

第三节　境外非政府组织的活动规范　/ 281

案例分析　/ 290

本章小结　/ 292

本章思考题　/ 293

阅读书目　/ 293

第十四章　事业单位　/ 294

本章教学目标　/ 294

第一节　事业单位概述　/ 294

第二节　事业单位的改革与政策演变　/ 297

第三节　事业单位的发展与改制　/ 303

案例分析　/ 306

本章小结　/ 308

本章思考题　/ 309

阅读书目　/ 309

第三部分　现状与趋势

第十五章　第三部门的演变、治理特点与新格局　/ 313

本章教学目标　/ 313

第一节　第三部门的历史演变　/ 313

第二节　第三部门治理特点与问题　/ 320

第三节　第三部门治理新格局　/ 325

案例分析　/ 337

本章小结　/ 340

本章思考题　/ 340

阅读书目　/ 341

第一部分

总　论

　　第三部门是国家治理体系和治理能力现代化建设的重要组成部分,是推动公益事业发展和社会进步的重要力量。与政府和企业不同,第三部门在公共物品、志愿服务的供给方面具有自身优势,是对政府和企业的有效补充。总论部分将介绍第三部门的基础内容,包括第三部门的概念、特性、分类、理论、法律制度、内部治理结构、登记认定制度、年度检查报告制度、评估制度、能力建设、慈善事业可持续发展等。

第一章 第三部门概述

【本章教学目标】

第三部门作为社会治理的重要主体,其概念、特性和类型有别于政府和企业。第三部门种类繁多、作用各异,在具体实践中积累了大量的实务经验,但是由于组织之间的差异,研究者对第三部门的概念和内涵的理解存在不同观点,体现出第三部门研究的共性和个性特征。对第三部门特性的理解应把握非营利性、非政治性与公益性三个维度。通过对概念、特性和分类的描述,可以对第三部门的总体分类有更进一步的理解。

第一节 第三部门的概念

由于历史与传统的不同,人们根据第三部门的领域、范围、标准和特点的不同,使用了不同的名称。这些名称不仅反映了第三部门的相似特点,而且反映了各类第三部门组织的侧重点。以下将介绍包括民间组织、第三部门、非政府组织、非营利组织等18个第三部门研究中经常出现的概念名词。

一、民间组织

民间组织(civil organization)是较长时期内我国各项政策法规中的正式用

语。卢汉龙从法律角度给出了民间组织的定义,即合法登记注册的社团、基金会、民办非企业组织(也包含"草根性"组织)。① 王名等人认为民间组织存在狭义、广义之分。狭义的民间组织概念主要包括合法注册登记的社团、基金会、民办非企业单位及商会;广义的民间组织概念则是在狭义民间组织概念范围基础上,增加事业单位、社会基层组织、境外在华非营利组织等。②

根据覆盖范围的大小,可以从宏观、中观和微观三个层次明确民间组织的领域和边界。从宏观来看,民间组织是指非政府的、非企业的组织,这些组织既不掌握公共权力,也不追求高额利润,而是致力于为社会公众提供服务。从中观来看,民间组织包括两大组织类型,一种是存在成员身份限制的组织,另一种是没有成员身份限制的组织。存在成员身份限制的组织具有互益性,首先需要考虑组织成员的合法权益。没有成员身份限制的组织具有公益性,为社会公众的利益积极发声。从微观来看,民间组织是指能够解决各种社会问题的、非政府的、非营利的、非党派的、没有成员身份限制的、自主管理的、志愿性的社会中介组织。

民间组织通常具有以下几个方面的特性:一是合法性。只有通过政府合法登记注册或满足一定条件免予登记的组织才能合法活动。二是非政府性。民间组织没有公共权力,对社会事务无法行使强制性权力,除非得到政府的授权或委托。三是非营利性。会员制社会组织通过收取会费、获得政府资助或购买服务费用、提供服务收费等方式获得相应资金,这些资金只能用于组织的再发展,不能在会员中或在成员中分配。四是非党派性。政党的目的与宗旨是赢取政权,制定公共政策,而民间组织既不能夺取权力,也无权对公共事务进行决策,仅仅是获取合法的权益,提供社会服务。

二、第三部门

第三部门(third sector),或称独立部门(independent sector),最早在1973年由美国学者西奥多·列维特(Theodore Levitt)提出,用于统称处于政府和私营

---

① 卢汉龙主编:《社会建设与社会治理》,社会科学文献出版社2006年版,第3页。
② 王名主编:《中国民间组织30年——走向公民社会(1978—2008)》,社会科学文献出版社2008年版,第1页。

企业之间的社会组织。列维特认为,以往人们仅仅把社会组织分为"公共部门"与"私营部门"两个类别,这种简单粗略的划分忽视了一大批处于政府与企业之间的社会组织。他将这些处于两者之间的组织统称为第三部门。这些组织在这块"中间地带"发挥着服务社会的职能。①

有研究者认为,社会团体、事业单位、民主党派机构组成了第三部门。根据公共领域和私人领域的标准将社会事务划分为公域、私域与第三域。②

根据不同的组织特性,可以把组织分为第一部门、第二部门和第三部门。第一部门主要是指国家体系,掌握国家的公共权力,行使强制性权力,如军队、警察、监狱等。第二部门指市场体系,通过提供产品和服务,获取相应的利润,如生产手机、皮鞋、汽车的企业等。第三部门是指除政府和市场之外提供社会服务的社会组织,如在民政部门注册登记的社会团体、社会服务机构和基金会,在编制部门注册登记的事业单位,在公安部门注册登记的境外非政府组织等。

三、非政府组织

非政府组织(non-governmental organization)概念按照组织的领域和范围可划分为广义和狭义。

广义的非政府组织,是将所有非政府、非企业的组织都确认为非政府组织。非政府组织除非获得政府委托或授权,否则无法行使强制性的权力。它是依法建立、具有一定志愿性质、自主管理、致力于解决各种社会性问题的社会组织。莱斯特·萨拉蒙教授将非政府组织定义为具有组织性、私有性、非营利性、自治性、自愿性、非宗教性和非政治性的组织或机构。③

狭义的非政府组织不包含以下几种组织类型:(1)政府体系内的组织(包括附属机构、政府间国际组织);(2)恐怖组织和犯罪团伙;(3)谋取政治权力的党派性组织;(4)有利润诉求的组织,包括公司、银行和新闻媒体。

---

① Theodore Levitt, *The Third Sector: New Tactics for a Responsive Society*, New York: Amacom, 1973, pp. 9—10.
② 康晓光:《创造希望——中国青少年发展基金会研究》,漓江出版社、广西师范大学出版社1997年版,第627—628页。
③ 〔美〕莱斯特·M.萨拉蒙等:《全球公民社会——非营利部门视界》,贾西津、魏玉等译,社会科学文献出版社2002年版,第3页。

| 第三部门概论 |

2017年11月4日,十二届全国人大常委会修订了《中华人民共和国境外非政府组织境内活动管理法》(简称境外非政府组织境内活动管理法),其中第二条规定,境外非政府组织是指在境外合法成立的基金会、社会团体、智库机构等非营利、非政府的社会组织。根据这一划分方法,非政府组织可分为两类:一类是在境内注册登记的,即在县级以上民政部门注册登记的社会团体、社会服务机构和基金会,具有法人地位;一类是在境外注册但在中国境内活动的非政府组织,即在省级以上公安部门注册登记的基金会、社会团体和智库机构等,不具有法人地位。

四、非营利组织

非营利组织(nonprofit organization)是指不以营利为目的、主要开展各种志愿性的公益或互益活动的非政府的社会组织。①

非营利组织可分为广义与狭义两类。广义的非营利组织包括政府与社会组织,政府是最大的非营利组织,不分配利润。狭义的非营利组织不包含政府,仅指社会组织。判断非营利的标准主要有三个:一是组织的宗旨不以营利为目的。组织的宗旨一般在章程中有所体现,如《中国保险行业协会章程》第二条规定,协会是非营利性社会团体法人。二是利润不得用于成员间的分配和分红。三是组织的资产不能以任何形式转变为私人财产。2017年修订的《中华人民共和国刑法》(简称刑法)第九十一条规定,公共财产是指下列财产:国有财产、劳动群众集体所有的财产、用于扶贫和其他公益事业的社会捐助或者专项基金的财产。在国家机关、国有公司、企业、集体企业和人民团体管理、使用或者运输中的私人财产,以公共财产论。

五、免税组织

免税组织(tax-exemption organization)这一概念的使用主要体现在美国的税法中,美国税法明确了对宗教、慈善、教育等组织的免税待遇。这一待遇包括两大内容:一是该类组织无须缴纳所得税;二是向此类机构捐赠的个人和企业都

---

① 王名主编:《社会组织概论》,中国社会出版社2010年版,第10页。

可获得个人所得税的抵扣。上述规定旨在鼓励个人和企业向免税组织捐款。美国较为知名的此类机构包括盖茨基金会、美国癌症协会、为发展中国家贫困地区供给饮用水的 Water for People 等组织。

美国相关法律规定免税组织的种类主要包括以下三类：一是公共慈善机构。对公共慈善机构的捐赠可以向个人捐赠者免税。二是私人基金会，或称为非运营基金会。这类组织通常没有活动，捐赠给私人基金会的款项可以免税，最高可达个人收入的30%。三是私人运营基金会。这些组织通常维护类似于公共慈善机构的活动计划，捐赠扣除类似于公共慈善机构。[①]

免税组织在享受免税待遇的同时，其政治活动受到一定的限制。依照法律规定，免税组织不能参加美国选举或进行选举活动，但可借助一定的手段发表政治呼吁。以美国癌症协会为例，为增加政府对癌症研究的投入，美国癌症协会可以通过社交媒体发出倡议，但这一倡议不得由参与政治选举的民主党或共和党候选人发出。

六、社会组织

社会组织(social organization)是一个相对中国化的概念。1949年10月中华人民共和国成立之初，社会团体是社会组织的主要组成部分。为了加强对社会团体的管理，1950年政务院发布《社会团体登记暂行办法》。1988年，民政部社会团体管理司成立。1996年，民办事业单位统一改为民办非企业单位，归口各级民政部门登记管理。1998年，民政部设立民间组织管理局，并于2016年更名为民政部社会组织管理局。

2004年3月，国务院《政府工作报告》中首次出现"社会组织"这一概念。2006年10月，中国共产党十六届六中全会审议通过的《中共中央关于构建社会主义和谐社会若干重大问题的决定》中提及"社会组织"概念。2007年，中国共产党第十七次全国代表大会报告进一步确认"社会组织"概念，用社会组织代替非政府组织、非营利组织、第三部门或民间组织等称谓。

---

① Exemption Requirements-501(c)(3) Organizations, https://www.irs.gov/charities-non-profits/charitable-organizations/exemption-requirements-501c3-organizations，最后访问日期为2020年6月26日。

有学者认为,社会组织是指在政府与企业之外,向社会某个领域提供社会服务,并具有公益性、非营利性、自治性、志愿性等特点的组织机构。社会团体、基金会、民办非企业单位、社区基层组织、工商注册非营利组织构成了社会组织的主体部分。①

社会组织概念的范围大小可以根据登记管理机关来进行区分。狭义的社会组织指在县级以上民政部门登记注册的民办非企业单位、社会团体和基金会。广义的社会组织则既包括在民政部门登记注册或街镇备案的组织,也包括无登记且无备案的草根组织。

七、市民社会

市民社会(civil society)强调民众个体的独立、自主与参与。黑格尔提出:"具体的人作为特殊的人本身就是目的,作为各种需要的整体以及自然必然性与任性的混合体来说,他是市民社会的原则。"②柯亨和阿拉托借用哈贝马斯的"生活世界"概念,建构了市民社会理论。③市民社会主要是由生活世界的机构或制度组成,是国家与市场之间的领域。

因此,市民社会可认为是公民自愿自发组成的、以实现共同利益为目标的、坚持共同价值取向并实现共同目的而形成的组织共同体。这个社会既不属于政府,也非市场组织,而是介于国家与市场之间的组织,主要包括行业组织、社区组织、慈善组织等。

八、志愿组织

志愿组织(voluntary organization)这一称呼主要在英国使用,泛指所有的第三部门、非政府组织或非营利组织,其他地区相对使用较少。斯蒂芬·奥斯本等人认为志愿组织是正式建立、独立于政府的私立组织,组织的拥有者和董事没有营利分配,有自我管理并具有控制自己活动的能力,存在一些具有实

---

① 王名主编:《社会组织概论》,中国社会出版社2010年版,第8—9页。
② 〔德〕黑格尔:《法哲学原理》,范扬、张企泰译,商务印书馆1961年版,第197页。
③ Jerry Cohen and Andrew Arato, *Civil Society and Political Theory*, Cambridge:MIT Press, 1994, p. 455.

质意义的志愿内容。① 有学者认为,志愿组织主要是指那些由志愿者参与、以向社会提供志愿服务为宗旨的公益性组织机构,强调社会组织的志愿性特征。②

志愿组织可以概括为由志愿者提供时间、精力、才智、金钱和知识,向社会提供志愿服务而不获取报酬的公益性组织。

阅读材料

北京惠泽人公益发展中心

北京惠泽人公益发展中心(以下简称惠泽人)成立于2003年4月15日,致力于通过专业志愿服务提升民间公益组织的可持续发展能力,是为非政府组织提供专业的志愿者支持的民间公益组织。惠泽人通过与国际组织和企业跨界合作,倡导和动员企业管理和专业技术人员到草根非政府组织中去,无偿提供管理培训、咨询教练、专业技术等服务,帮助非政府组织解决专业人才短缺的瓶颈问题,改善其自身能力结构和资源供给,从而形成一种新型的社会资本关系,使非政府组织服务的社区和困难群体得到更加规范、高效和优质的社会关爱和服务,进而促进社会创新。

2003年以来,惠泽人为20 000多个非政府组织提供服务,为超过1000万志愿者提供了5000万个小时的志愿服务。经过多年耕耘,惠泽人现有"i志愿大学""区域性志愿服务发展""志愿行动智库"三大核心战略项目。"i志愿大学"面向公益事业从业者,紧密围绕社会发展中的实际问题,开展以社会议题为中心的行动反思、社会创新实验、跨界合作与资源整合等能力建设,旨在培育和搭建全国及区域性新公益领袖的学习支持网络,提升社会公益领导力。"区域性志愿服务发展"志在打造区域性的志愿组织与志愿者协同合作网络,进行开放共生、跨界合作的志愿服务制度化建设,重点关注贫困和欠发展地区,打造志愿

---

① 〔英〕斯蒂芬·奥斯本:《"志愿"概念对于志愿性和非营利领域意味着什么》,王承思译,载李亚平、于海编选:《第三域的兴起:西方志愿工作及志愿组织理论文选》,复旦大学出版社1998年版,第107页。

② 王名主编:《社会组织概论》,中国社会出版社2010年版,第12页。

服务专业创新的生态圈。"志愿行动智库"汇聚志愿服务领域的专家学者和志愿服务实践者,开展中国志愿服务指数调研与主题研究,进行专业志愿服务评估,提交相关政策建议。

(资料来源:北京惠泽人公益发展中心,http://huizeren.lefengxian.com/,访问日期:2020年5月30日。)

九、慈善组织

慈善组织(charity organization)是一个发源于英国的概念,强调组织的使命,认为慈善组织应当具有扶贫、发展教育、传播宗教和其他公益这四个目的。慈善组织概念的核心在于组织目的的公益性,具体为扶贫组织、教育机构、宗教组织和其他公益组织。

一般而言,慈善组织的范围较公益组织更小。公益组织的关涉范围较大,包括组织、人员与自然环境的生存和发展,而慈善组织关心的仅仅是人员的生存,帮助困难群体和特殊群体。困难群体是指因自然灾害和人为因素而造成的无法继续生活(如无饭可吃、无房可住等情况)的群体,以及身体上的原因导致的行动不便、需要他人帮助的人群,如残疾人、孕妇、小孩等。特殊群体包括刑满释放人员、戒毒人员和失足青少年。

2016年以后,慈善组织在中国成为法定概念。中华人民共和国第十二届全国人民代表大会第四次会议于2016年3月16日通过《中华人民共和国慈善法》(简称慈善法),2016年9月1日起施行。慈善法是我国慈善领域的一部基础性法律,明确了慈善组织的资格和行为。慈善法第八条规定,"本法所称慈善组织,是指依法成立、符合本法规定,以面向社会开展慈善活动为宗旨的非营利性组织"。法律限定了慈善组织的成立标准与活动业务,规定其可采用基金会、社会团体、社会服务机构等多样化的组织形式。

十、公益组织

公益组织(public benefit organization)是在全球范围内使用较为广泛的概念。

《中华人民共和国公益事业捐赠法》(简称公共事业捐赠法)中规定公益事业是指非营利的下列事项:救助灾害、救济贫困、扶助残疾人等困难的社会群体和个人的活动;教育、科学、文化、卫生、体育事业;环境保护、社会公共设施建设;促进社会发展和进步的其他社会公共和福利事业。有学者把带来更大的社会利益作为公益组织的宗旨和使命。[①] 根据以上的公益事业的范围与公益组织的宗旨和使命,公益组织与公共利益密切相关。

十一、事业单位

事业单位(institutions unit)是指国家出于社会公益的目的,由国家机关举办或者其他组织利用国有资产举办的,从事教育、科技、文化、卫生等活动的社会服务组织。事业单位作为中国传统体制下一类重要的单位组织,是高度集中一体化的社会结构下非物质生产领域社会产品供给的基本单元,是国家提供公共服务的主要载体。[②]

事业单位有以下五个方面的特征:一是财政拨款支持,有全额拨款与差额拨款两种形式;二是履行部分公共服务职能,包括教育、文化、体育、卫生、环境保护等方面;三是公益性,为社会的公共利益提供服务,而不是为个体或成员提供服务;四是部分事业单位未从政府部门获得拨款,而是从市场中得到资金,出现企业化运作的事业单位;五是法人组织,在编制部门登记注册,与社会团体、社会服务机构、基金会在民政部门登记注册的情况不同。

十二、人民团体

人民团体(people's organization)。为了建立新中国,1949年9月,八个人民团体(中华全国总工会、中国共产主义青年团、中华全国妇女联合会、中国科学技术协会、中华全国归国华侨联合会、中华全国青年联合会、中华全国工商业联合会、中华全国台湾同胞联谊会)参加了中国人民政治协商会议第一届全体会

---

① 〔美〕吉维·勒鲁·米勒:《公益组织市场营销指南》,祁霖、邱莹等译,广西师范大学出版社2016年版,第37页。

② 黄恒学、宋彭:《正确认识公益事业体制及公益事业单位改革》,《北京行政学院学报》2013年第3期。

议,除了履行社会团体自身的职责外,还接受政府的赋权委托,参与公共事务的管理。因此,这八大人民团体在第三部门中具有一定的特殊性,是不必在民政部门登记注册的团体,即免登记、不登记的团体。

除了上述参加政治协商会议的人民团体外,我国还有14个国务院批准免于登记的团体:中国作家协会、中国文学艺术界联合会、中华全国新闻工作者协会、中国人民对外友好协会、中国人民外交学会、中国国际贸易促进会、中国残疾人联合会、中国宋庆龄基金会、中国法学会、中国红十字总会、中国思想政治工作研究会、欧美同学会、黄埔军校同学会、中华职业教育社。这14个团体不在民政部门登记注册,而是在编制部门登记注册,接受政府委托与法律法规授权,政府提供相应的办公经费,参与公共事务管理。这些团体被统称为"群众团体"。

十三、社会团体

社会团体(mass organization)是我国社会组织的重要类型之一。1989年10月,国务院发布《社会团体登记管理条例》。该条例采用列举法说明了社会团体的类型,规定商会、协会、学会、基金会、联谊会等都属于社会团体。1998年10月,《社会团体登记管理条例》扩大了社会团体的范畴,规定中国公民自愿组成、为实现会员共同意愿、按照其章程开展活动的非营利性社会组织都归属社会团体。有些社会团体具有较强的互益性,重视内部成员利益和成员意愿,重视对成员的吸引力,如钓鱼协会、学术性社会团体等组织。

根据以上情况,可以将社会团体定义如下:自然人、法人或其他组织自愿或依法组成,为实现会员的共同意愿和公共利益,不以营利为目的,按照章程开展活动的非营利性社会组织。

这个概念包括以下三个方面的内容。一是主体。社会团体的主体不仅包括中国公民,还包括外国公民;除自然人以外,还有法人和非法人。二是产生方式。大部分社会团体自愿形成,小部分根据法律产生,如根据《中华人民共和国律师法》(简称律师法)的相关规定,产生了律师协会。三是非营利性。组织可以有收入,可以接受政府购买、资助和奖励,还可以接受企业和个人的捐赠,但不能分配利润。

十四、基金会

基金会（foundation）是我国社会组织的重要类型之一。学者重点关注基金会的资金捐赠、法律确认等特征，强调基金会的社会属性。[1] 1988年9月，国务院发布《基金会管理办法》，将基金会认定为对国内外社会团体和其他组织以及个人自愿捐赠资金进行管理的民间非营利性组织，是社会团体法人。2016年修订的《基金会管理条例》中基金会的定义为：利用自然人、法人或者其他组织捐赠的财产，以开展公益慈善活动为目的，按照本条例的规定成立的非营利性法人。

向基金会捐赠的财产可分为金钱、房产、股权、收藏品等类型。根据募捐情况是否公开，可以将基金会分为面向公众募捐的基金会和不得面向公众募捐的基金会；根据获捐地域范围情况，分为全国性公募基金会和地方性公募基金会。

十五、社会服务机构

社会服务机构（social service institution）是我国社会组织的重要类型之一。社会服务机构过去被称为民办非企业单位，强调这一社会组织的非政府性和非企业性。"民办非企业单位"这一概念，首次出现在1996年中共中央办公厅、国务院办公厅发布的《关于加强社会团体和民办非企业单位管理工作的通知》中。1998年10月，国务院公布《民办非企业单位登记管理暂行条例》，民办非企业单位是指企业事业单位、社会团体和其他社会力量以及公民个人利用非国有资产举办的，从事非营利性社会服务活动的社会组织。但在实际运行中，少数民办非企业单位动用了一部分国有资产。所以，民办非企业单位的注册资金来源于两个部分：一是非国有资产，二是国有资产。

慈善法中，社会服务机构的概念替代了民办非企业单位。其实，社会服务机构也有大小范围之分。广义层面的社会服务机构是指活跃在教育、卫生、科技、文化、体育、社会福利、社会工作等领域，旨在促进经济发展、繁荣社会事业、

---

[1] 王名、徐宇珊：《基金会论纲》，《中国非营利评论》2008年第1期。

创新社会治理、提供公共服务等的非政府、非营利性组织。根据民政部发布的《2015年社会服务发展统计公报》，社会服务机构包括以下几个方面：提供住宿的社会服务机构、不提供住宿的社会服务机构（老龄机构、为残疾人提供服务的机构、低保救助对象服务机构、救灾储备单位、福利彩票发行机构、军人离退休人员服务中心等）、社会组织（社会团体、民办非企业单位、基金会）、自治组织、婚姻服务机构、殡葬服务机构（殡仪馆、公墓、骨灰堂、殡葬管理单位），以及其他事业单位。相对来说，慈善法所规范的社会服务机构是在县级以上民政部门注册登记的民办非企业单位，是狭义的社会服务机构。

十六、社会企业

社会企业（social enterprise）是慈善与商业彼此渗透的产物，既是一种特殊的企业形式，又是一种特殊的慈善组织。[①] 社会企业这一概念在海外较为流行。穆罕默德·尤努斯认为，社会企业的设立、运行与传统企业类似，也包括产品服务、消费者市场、支出和收入等，但其坚持的是社会利益原则，而非利益最大化原则。[②] 英国社会企业联盟（Social Enterprise UK）强调了社会企业"运用商业手段，实现社会目的"的典型特征。有国内学者强调社会企业对吸纳困难群体就业的特殊作用，将其称为"非正规就业组织"。[③]

社会企业与一般的非营利组织不同，它最大的特点是兼有非营利组织与营利组织的多重特征。首先，社会企业具有社会目的，这与非营利组织相同。其次，社会企业借助商业运作方式。一般非营利组织的收入来源，要么是政府购买、资助和奖励，要么是会员交纳会费，要么是企事业和其他社会力量捐赠，自己没有其他收入。但社会企业可以通过商业的方式获得收入，这是重大的变化。最后，社会企业有利润，有的可分配，有的不可分配。不可分配利润的社会企业，如孟加拉国格莱珉银行，它采用小额贷款的商业运行方式改革农村状况，但不分配利润。可分配利润的社会企业与一般分配利润的企业不同之处在于，

[①] 马仲良：《社会企业的特点、作用与发展现状》，《中国第三部门研究》2013年第2期。
[②] 〔孟〕穆罕默德·尤努斯：《新的企业模式——创造没有贫困的世界》，鲍小佳译，中信出版社2008年版，第19页。
[③] 时立荣：《从非正规就业组织到社会企业》，《理论学刊》2005年第9期。

它们分配的利润存在一定限制,最高的分配利润限额为49%。

因此,有学者认为社会企业是指以社会效益最大化为宗旨,以社会组织或企业组织为主体,运用市场机制(出售商品和服务)、政府机制(政府津贴)和社会机制(志愿工作和私人捐赠),为社会群体尤其是困难群体提供就业等所需服务的一种经济形态。① 本书认为,社会企业是以公益性社会服务为主要目标,运用市场手段解决社会问题,在创造较好经济效益的同时确保一定社会效益的特殊组织形式。

十七、宗教组织

宗教组织(religions organization)是由信徒在共同信仰的指引下,遵守教义的规定,履行相关的行为规范,采取一定仪式的组织形式。在中国,宗教组织的法律法规主要包括《社会团体登记管理条例》《宗教事务条例》和《宗教社会团体登记管理实施办法》等。在登记过程中,国家宗教事务局和地方县级以上宗教事务部门分别负责宗教组织的登记和审查,审查同意后可在县级民政部门申请登记。宗教团体属于社会团体。根据宗教信仰不同,可分为佛教协会、道教协会等。

十八、宗教活动场所

2017 年修订的《宗教事务条例》第十九条规定,宗教活动场所包括寺观教堂和其他固定宗教活动处所。寺观教堂和其他固定宗教活动处所的区分标准由省、自治区、直辖市人民政府宗教事务部门制定,报国务院宗教事务部门备案。第二十三条规定,宗教活动场所符合法人条件的,经所在地宗教团体同意,并报县级人民政府宗教事务部门审查同意后,可以到民政部门办理法人登记。第二十五条规定宗教活动场所应当成立管理组织,实行民主管理。宗教活动场所管理组织的成员,经民主协商推选,并报该场所的登记管理机关备案。2020年5月通过的《中华人民共和国民法典》(简称民法典)第九十二条规定,依法设

---

① 徐家良、黄珊:《社会经济发展模式分析:以小红帽社区志愿者协会为例》,《中共浙江省委党校学报》2008 年第 5 期。

立的宗教活动场所,具备法人条件的,可以申请法人登记,取得捐助法人资格。法律、行政法规对宗教活动场所有规定的,依照其规定。

本书中出现的第三部门、民间组织、非营利组织、社会组织等概念尽管有内容和范围上的侧重点,但总体反映了第三部门的基本情况。为了撰写方便,本书将第三部门、民间组织、非营利组织、社会组织等概念混用,不再区分。

第二节 第三部门的特性

根据不同的标准和条件,国内外学界对第三部门的特性有不同的观点。

一、十特性说

王杰、张海滨、张志洲根据国际第三部门的状况,提出十特性的观点。十个特性是指组织性、民间性、非营利性、自治性、志愿性、非宗教性、非政治性、公益性、合法性(正当性)、国际性(国际非政府组织特性)。[①] 第一,组织性。社会组织与政府组织和企业组织一样拥有正式的组织治理结构,社会组织在政府有关部门注册登记,严格遵守各项法律法规,合法开展活动。第二,民间性,也就是社会组织没有公共权力。第三,非营利性。社会组织有收入,但不分配利润。第四,自治性。社会组织有章程,社会组织成员根据章程实行自我管理。第五,志愿性。活动参与者是自愿加入的,不是强制加入的,而且不索取任何劳动报酬。第六,非宗教性。除宗教组织外,大部分社会组织不存在宗教信仰。第七,非政治性。不参加选举活动,不以赢得政权为目标,而是以提供社会服务为基本任务。第八,公益性。第三部门行使的职能是处理公共事务和社会事务,没有组织自身的互益性事务。第九,合法性。组织除了在政府有关部门得到登记注册外,还在社会公众和道义上得到支持。第十,国际性。部分社会组织在三四个甚至更多国家开展跨地区性的活动和处理跨地区性的事务。

[①] 王杰、张海滨、张志洲主编:《全球治理中的国际非政府组织》,北京大学出版社2004年版,第20—28页。

二、七特性说

王名、刘培峰等人提出第三部门有七个基本特性：非政府性、非营利性、自治性、志愿性、组织性、公益性、排除特性。① 第一，非政府性，是指没有公共权力，也没有政府的授权或委托。第二，非营利性，是指不分配收入中的利润。第三，自治性，是指第三部门不受外来的影响，自我决策、自主运作。第四，志愿性，与强制性相对应。提供志愿服务时，第三部门的工作不是作为一种职业，工作人员不接受工作报酬。第五，组织性，即第三部门是正式的组织，有章程，也有一定的组织结构，在政府部门注册登记。第六，公益性，是指它履行的职能是处理公共事务和社会事务，没有自身的利益。第七，排除特性。排除特性是指第三部门与宗教团体、政党组织和宗族组织无关。宗教团体主要依靠信仰组建起来；政党组织主要依靠公共权力组建起来；宗族组织主要依靠血缘关系组建起来。第三部门与它们不一样，主要依靠自己的服务组建起来，其使命和组织形态与宗教组织、政党组织和宗族组织有所不同，因此，从范围上把宗教团体、政党组织和宗族组织这三类排除在第三部门之外。

三、六特性说

萨拉蒙认为第三部门有六个特性：正规性（章程）、私立性（非政府性）、非利润分配性、自我治理性、志愿性与公共利益性。② 第一个特性是正规性。社会组织有章程，说明这一机构较为正式。第二个特性是私立性。第三部门没有公共权力，与政府相区别。第三个特性是非利润分配性。第三部门没有利润分配，与企业有别。第四个特性是自我治理性。第三部门所有事务都由自身决定，不受其他组织的干预。第五个特性是志愿性。参与人员不受别人强制，是自愿加入的，且没有工作报酬。第六个特性是公共利益性。第三部门没有自身的特殊利益。

仔细分析这六个特征，可以发现它们与第三部门的实际状况存在一定差

---

① 王名、刘培峰等：《民间组织通论》，时事出版社 2004 年版，第 7—12 页。
② 李亚平、于海编选：《第三域的兴起：西方志愿工作及志愿组织理论文选》，复旦大学出版社 1998 年版，第 33—35 页。

距。强调第三部门的正规性,即有组织章程(反映出它在政府中是登记注册的),容易将草根组织和自组织排除在讨论范围之外;突出第三部门的私立性,认为组织没有公共权力,容易将第三部门接受政府委托或授权的部分组织排除在外;重视第三部门的公共利益性,则把仅为组织成员提供服务的第三部门排除在外。

康晓光认为,第三部门有六个特性:正规性、民间性、非营利性、公共性、代表性、参与性。① 这六个特性中,正规性的表述比组织性的表述要明晰一些,反映出第三部门是一个合法注册的正规组织。民间性、非营利性容易理解。公共性说明第三部门是一个公益性组织,而不是互益性组织,因为有些互益性组织只反映会员的意愿和利益。代表性说明组织反映出某一个类别或某一个领域的意愿和利益。参与性是指第三部门参与公共事务和社会事务,而不仅仅处理自身内部的事务,具有一定的公益导向。

四、五特性说

王颖、折晓叶、孙炳耀根据杭州萧山县(现萧山区)的实地调研,得出第三部门有四个特性:互益性、民间性、非营利性和组织化程度较高。② 互益性强调组织为了自身的利益组织起来,它是针对社会团体而言的。社会团体有两种类型:一是公益组织。这类组织的成立就是为了公共利益,没有组织自身的利益,如环境保护组织、残疾人保护组织。二是互益性组织。它是为了成员的利益组织起来的,如钓鱼协会。民间性反映出第三部门没有公共权力这一特性。非营利性说明第三部门不为任何私人谋取利益,而是以为公众服务为宗旨,追求特定的社会目标。组织性说明第三部门需要在政府部门合法注册登记,既要有章程,也要有正式的结构和人员。

赵黎青强调第三部门有五个特性:非营利性与公益性、服务对象边缘性、志愿性、非强制性以及非等级性。③ 在这五个特性中,非营利性表明组织利润不可

---

① 康晓光:《创造希望——中国青少年发展基金会研究》,漓江出版社、广西师范大学出版社1997年版,第660—664页。
② 王颖、折晓叶、孙炳耀:《社团发展与组织体系重构》,《管理世界》1992年第2期。
③ 赵黎青:《非政府组织与可持续发展》,经济科学出版社1998年版,第80—84页。

在成员内部进行分配,而公益性这一特征则把互益性的第三部门排除在外。服务对象边缘性这一特征概括非常少见,指的是第三部门的服务人群主要是有困难的和弱势的群体,但这一特征容易使人们把第三部门简单理解为专为困难群体和特殊人群提供服务的机构,将广义层面为其他人提供的教育、科学、文化、体育、环境保护等服务的机构排除在外。志愿性体现了非职业性,即工作人员自愿加入、不领取职业报酬。非强制性主要针对资源的获取,与政府借助强制性获取资源的属性相对。非等级性说明它与政府组织、企业和其他的第三部门没有从属关系,内部管理不像政府组织那样有较严格的科层制等级结构。

黎军认为,第三部门中的行业协会有五个特性:非政府性、非营利性、公益性、公共权力、中介性。[①] 非政府性指第三部门没有公共权力;非营利性指在内部成员中不分配利润;公益性强调的是组织为公共事务和社会事务提供服务,没有会员的自身利益;公共权力这一特性表明行业协会与政府有较密切的联系,存在借助政府委托或授权获得权力履行相关职能的情况;中介性说明它是连接两个或三个主体之间的媒介,如果是行业协会,它既连接会员企业,又连接政府和社会。

五、三特性说

王名提出,第三部门有三个基本特性:非营利性、非政府性、志愿公益性或互益性。[②] 非营利性是指不分配利润,与企业相区别;非政府性是指没有公共权力,与政府有区别;志愿公益性或互益性说明第三部门既有纯公益性的组织,也有纯互益性的组织,还有公益性和互益性兼有的组织。

徐家良认为第三部门有三个基本特性:非营利性、非政治性、公益性或互益性。[③] 非营利性指不能在成员中分配利润;非政治性指不能参与政治选举活动,但可以得到政府的委托或授权,承接政府转移的职能;公益性或互益性指第三部门内既有为社会公众提供公共服务的组织,也有为会员提供自我服务的组

---

① 黎军:《行业组织的行政法问题研究》,北京大学出版社 2002 年版,第 36 页。
② 王名:《非营利组织及其对中国事业单位改革的意义》,《学会》2005 年第 2 期。
③ 徐家良:《双重赋权:中国行业协会的基本特征》,《天津行政学院学报》2003 年第 1 期;徐家良编著:《社会团体导论》,中国社会出版社 2011 年版,第 3—5 页。

织。在提供公益性服务或互益性服务时,第三部门的工作人员既可以作为职业化的人员领取岗位薪水报酬,也可以作为志愿者将时间、精力、知识奉献出来服务整个社会。

六、一特性说

清华大学秦晖从政府、市场的特性角度概括第三部门的特性,认为第三部门是以志愿求公益,不同于市场以志愿求私益、国家以强制求公益的特征。以志愿求公益这个特性有以下几个方面的含义:一是非强制性,即自觉自愿地提供公共服务和社会服务。这一特性排除了律师协会等第三部门。根据律师法的规定,律师、律师事务所应当加入所在地的律师协会。二是工作人员作为志愿者提供服务,没有相应的工作报酬。这一特征将第三部门工作人员职业化的组织排除在外。三是第三部门提供服务的目的是公益,不包括互益,而在现实生活中,许多社会团体都是互益的,首先服务会员,其次才是服务社会公众。

综合以上不同特性的具体描述,可以将第三部门的基本特性归结为三点:非营利性、非政治性和公益性(互益性)。只有借助这三个特性,才能准确完整地反映出第三部门的基本特质。

第三节 第三部门的分类

为了更好地理解第三部门的地位和作用,需要通过分类来认识第三部门。不同的标准,会有不同的分类。本节将介绍第三部门的国际分类、中国分类和研究分类。

一、国际分类

从国际角度进行分类,第三部门可以分为联合国国际标准产业分类体系、欧洲共同体(以下简称欧共体)经济活动产业分类体系、美国慈善统计中心设计的免税团体分类体系和约翰·霍普金斯大学非营利组织比较研究中心的非营利组织国际分类体系。

（一）联合国国际标准产业分类体系

国际标准产业分类体系（International Standard Industrial Classification of All Economic Activities，ISIC）主要由联合国下属的统计分类委员会推出，并经过了多次讨论和修订。1948年召开的联合国经济及社会理事会第七次会议通过了该分类体系。1958年联合国统计委员会第十次会议对其进行修订，标记为ISIC 1.0版本。1968年修订的ISIC 2.0版本将ISIC 1.0版的三级分类体系修改为四级，选用了4位十进制阿拉伯数字作为它的分类符号体系。ISIC 2.0版包括10个主要部门、34个部门、72个主组和160个组。1990年修订的ISIC 3.0版仍然把经济活动类型作为分类的标准，在设置类目时充分考虑到多数国家的具体情况。在ISIC 3.0版中，虽然它的分类体系仍然为四级，但是做了较大的调整，包括17个大类、60个部门、159个组和292子组。2002年修订的ISIC 3.1版基本保留了3.0版本的框架，共包括17个大类、62个部门、161个组和298个子组。与ISIC 3.0相比，ISIC 3.1版新增了两个部门，对37个子组进行了调整。[1]

联合国国际标准产业分类体系把非营利组织分成3小类、15分项。3小类指教育、医疗和社会工作，以及其他社区服务和个人服务。具体而言，教育包括小学教育、中学教育、大学教育、成人教育及其他；医疗和社会工作包括医疗保健、兽医、社会工作；其他社区服务和个人服务指环境卫生、商会与专业组织、工会、其他会员组织、娱乐机构、新闻机构、图书馆、博物馆及文化机构、运动与休闲等。

（二）欧共体经济活动产业分类体系

欧共体经济活动产业分类体系（National Activities Classification of Economy，NACE）是欧共体为推进欧洲的统计一体化而推出，于1963年进行修订，增加了部分子项目。1970年版本的NACE涵盖了欧共体所有经济活动的产业分类体

---

[1] 袁勤俭：《国际标准产业分类体系的演化及其启示》，《统计与决策》2012年第24期。

系,但是由于欧洲各国间存在统计差异和没有遵循公认的国际框架等原因,该体系并未成为通用的统计体系。此后,NACE 分别于 1990 年、2002 年与 2005 年进行了三次修订并渐趋完善。2005 年版的 NACE 将分类符号体系分为 4 层,部门增加至 21 个,共有 88 大类、270 组、617 类。①

该体系将非营利组织分为 5 类、18 项。5 类涵盖教育、研究与开发、医疗卫生、其他公众服务、休闲与文化。具体而言,教育指文化教育和特殊教育(如护理教育等);研究与开发指为研发的资金和人员来源、研发的流程与研发成果发布等方面提供支持的非营利组织;医疗卫生是指公立医院、私人诊所;其他公众服务是指社会工作、宗教组织和学会等机构;休闲与文化是指娱乐机构、公立图书馆、档案馆等组织。

(三)美国慈善统计中心设计的免税团体分类体系

美国慈善统计中心设计的免税团体分类体系(National Taxonomy of Exempt Entities)把非营利组织分成 25 个大类,涵盖教育、精神保健、就业、住房、文化艺术、环境保护等。

(四)约翰·霍普金斯大学非营利组织比较研究中心的非营利组织国际分类体系

约翰·霍普金斯大学非营利组织比较研究中心制定的非营利组织国际分类体系(International Classification of Nonprofit Organization)的分类基准是经济活动领域,将 42 个国家非营利组织的活动领域划为 12 大类、26 小类、150 小项。这些类别包含以下几个方面:文化与休闲,教育与研究,卫生,社会服务,环境,发展与住房,法律、维权与政治,慈善组织与志愿行动,国际性活动,宗教活动和组织,商会、专业协会、工会等。

这些分类相对全面地涵盖了第三部门涉及的所有领域,便于统计和分析。

二、中国分类

1984 年,为了适应改革开放和国家对经济管理的需要,国家统计局颁布行

---

① 崔维军、袁勤俭:《欧盟产业分类体系的演化》,《统计与信息论坛》2006 年第 3 期。

业分类的国家标准,名称是《国民经济行业分类和代码》(GB4754-84),1985年实施。1994年,国家统计局和国家技术监督局对1984年的国家标准做了一些变动和修订。2002年,随着产业结构调整、国际交往日益增多、新兴产业的涌现以及加入世贸组织后经济全球化对中国的挑战等,国家统计局发布了新的国家标准,名称调整为《国民经济行业分类》(GB/T4754/2002),2011年进行第三次修订,2017年进行第四次修订。《国民经济行业分类和代码》(GB/T4754-2017)由国家统计局起草,国家质量监督检验检疫总局(2018年改组为国家市场监督管理总局)、国家标准化管理委员会批准发布,2017年10月1日起实施。2019年3月,经国家标准化管理委员会批准,对有关内容又进行了一次小的修改。

2006年年底,为了规范社会组织的统计管理,在借鉴和参考联合国推荐的国际分类体系的基础上,民政部针对我国社会组织的不同发展阶段特点,以社会组织的活动领域为出发点,把社会组织(社会团体、民办非企业单位、基金会)划分为经济、科学研究、社会事业、慈善和综合等5大类,工商服务业、农业及农村发展、科学研究、教育、卫生、文化、体育、生态环境、社会服务、法律、宗教、职业及从业者组织、国际及涉外组织和其他等14门类。(见表1-1)

表1-1 2017年与第三部门关系密切的国民经济行业分类和代码简表

大类	门类	代码	类别名称	指标解释
经济	S	1	工商服务业	从事工业、商业、服务业等经济类组织,包括商会
	S	2	农业及农村发展	直接为农业及农村发展服务的组织
科学研究	M	3	科学研究	从事自然科学、社会科学研究的组织,包括思想政治工作研究会
	P	4	教育	从事各种教育活动的组织
	Q	5	卫生	从事各种医疗、卫生、保健服务的组织
社会事业	R	6	文化	从事文学、艺术、娱乐、收藏、新闻、媒体、出版等方面的组织
	R	7	体育	从事各种体育运动、健身活动的组织
	N	8	生态环境	从事动物、植物保护、环境保护以及环境治理的组织

(续表)

大类	门类	代码	类别名称	指标解释
慈善	Q	9	社会服务	从事社会福利、救灾救助、社会保障及社会事务的组织
	S	10	法律	从事各种法律研究、咨询、援助、代理的组织
	S	11	宗教	各类宗教及宗教交流组织
综合	S	12	职业及从业者组织	职业协会、专门行业从事者组织
	T	13	国际及涉外组织	国际性非营利组织、外国商会、境外非营利组织驻华机构等
	K	14	其他	校友会、友好协会，及其他未列明的组织

为加强对民间组织的分类指导，使其更好地与国民经济行业分类标准及联合国推荐的非营利组织分类标准衔接，民政部对2006年《民政事业统计台账》中的民间组织分类方法进行了修订，以便分析民间组织管理过程中存在的问题，做好民间组织统计工作，进行新旧台卡的数据转换，确保统计数据的质量。2007年8月，民政部办公厅发布《关于修改民政事业统计台账民间组织分类的通知》，从大类上把民间组织分为经济、科学研究、社会事业、慈善、综合5个大类。(见表1-2)民政部民间组织分类的确定，一方面与国家统计局的指标相对应，另一方面又与国际上相关分类连接，有利于中国第三部门相关数据的国内外比较分析。

表1-2　2008年版民非分类与2007年版民非分类对照表

大类	序号	2008年版民非分类	序号	2007年版民非分类
经济	1	工商服务业	八	社会中介服务业
	2	农业及农村发展		
科学研究	3	科学研究	四	科技
	4	教育	一	教育
	5	卫生	二	卫生

(续表)

大类	序号	2008年版民非分类	序号	2007年版民非分类
社会事业	6	文化	三	文化
	7	体育	五	体育
	8	生态环境		
慈善	9	社会服务	六、七	劳动民政
	10	法律	九	法律服务业
	11	宗教		
综合	12	职业及从业者组织		
	13	国外及涉外组织		
	14	其他	十	其他

注:2007年版民非分类与2008年版民非分类的对应关系为:1=八,3=四,4=一,5=二,6=三,7=五,9=六、七,10=九,14=十。

三、研究分类

有关第三部门的分类,学者们在相关论文和书籍中有所涉及,反映出不同学者不同的标准与取向,具体有如下几个方面。

(1) 以活动领域为标准,第三部门可分为文化和娱乐、教育与研究、卫生保健等类别。①

(2) 以组织性质为标准,第三部门可分为会员制组织与非会员制组织。

会员制组织是为了实现会员的意愿和公共利益所采取的组织方式,可分为互益性会员组织和公益性会员组织。互益性会员组织是以会员的意愿和利益为目标开展活动的组织,如唱歌协会、跳舞协会等。公益性会员组织是以实现公共利益为目标而以会员形式组织起来的,如自然之友等。

非会员制组织可以分为社会服务机构和基金会。社会服务机构以实物为

---

① 〔美〕莱斯特·M.萨拉蒙等:《全球公民社会——非营利部门视界》,贾西津、魏玉等译,社会科学文献出版社2002年版,第62页。

运作主体,主要为各类中心、研究院等,如爱之桥服务社、上海长三角社会组织发展中心。基金会可分为运作型、资助型和运作资助兼顾型三种类型。运作型基金会是把基金会筹集的主要款项都直接用于项目上,基金会与受益人之间建立直接关系。资助型基金会是把基金会筹集的资金通过资助的方式委托第三方机构来提供服务,基金会提供指导和监督。例如,上海真爱梦想公益基金会是运作型基金会,南都公益基金会是资助型基金会。也有一部分基金会,既有运作的项目,也有资助的项目,两者兼而有之,如爱佑慈善基金会。

（3）以法律地位为标准,第三部门可分为合法的第三部门与不合法的第三部门。

合法的第三部门是在县级以上民政部门登记注册的,包括社会团体、社会服务机构和基金会。除民政部门注册登记外,还有在编办注册的事业单位和在省级公安部门注册登记的境外非政府组织。在民政部门登记注册第三部门,需要找到业务主管单位和登记管理机关,如果找不到业务主管单位,就无法在登记管理机关登记。因此,有一些第三部门在工商注册中为企业法人,这与非营利法人有所不同,但至少在登记注册上是有法人地位的。工商注册为企业法人的第三部门也属于合法的第三部门。不合法的第三部门,是指没有在政府任何一个部门登记注册,一般是指草根组织、自组织。

（4）以产生途径为标准,可以分为官办的第三部门、民办的第三部门、官民合办的第三部门等按照法律规定设立的第三部门。

官办的第三部门往往是自上而下成立的,根据政府的意愿和需要成立,如20世纪80年代成立的中国包装协会,是由国务院批准成立的。另一类第三部门是由民间自发组建起来的,适合民间的利益和需求。还有一些第三部门是官民结合的,如浙江温州市烟具行业协会,既满足了政府的需要,又反映了烟具企业的呼声与要求。

第三部门分类是政府间国际机构、各国政府、智库以及学者根据不同的标准所提出的分类,在一定程度上反映了人们对第三部门现实情况的认知,也是第三部门相关理论研究的重要组成部分。

案例分析

公益财产使用需谨慎、守法！

2014年1月6日，韩学臣所在公司捐赠2600万元，向民政部申请成立慈孝特困老人救助基金会，2014年至2015年间该基金会接受社会捐赠890.387万元。2018年，原慈孝特困老人救助基金会理事长、法定代表人韩学臣等人集资诈骗、职务侵占的二审刑事裁定书发布，维持了一审判决，韩学臣被判无期徒刑，剥夺政治权利终身，并处没收个人全部财产。韩学臣在担任基金会理事长和法人代表期间，将基金会2980万元非法转出，占为己有。

《基金会管理条例》第四十三条规定：基金会理事、监事以及专职工作人员私分、侵占、挪用基金会财产的，应当退还非法占用的财产；构成犯罪的，依法追究刑事责任。慈善法第五十二条规定：慈善组织的财产应当根据章程和捐赠协议的规定全部用于慈善目的，不得在发起人、捐赠人以及慈善组织成员中分配。任何组织和个人不得私分、挪用、截留或者侵占慈善财产。刑法第二百七十一条规定：公司、企业或者其他单位的人员，利用职务上的便利，将本单位财物非法占为己有，数额较大的，处五年以下有期徒刑或者拘役；数额巨大的，处五年以上有期徒刑，可以并处没收财产。国有公司、企业或者其他国有单位中从事公务的人员和国有公司、企业或者其他国有单位委派到非国有公司、企业以及其他单位从事公务的人员有前款行为的，依照本法（刑法）第三百八十二条、第三百八十三条的规定定罪处罚。

韩学臣在任职期间，伪造了市民政局公章和项目批复文件，并安排会计于2014年2月至11月将2938万元向其实际控股的濮阳市宏丰集团股份有限公司支付项目款。根据刑法的相关规定，社会组织从业者将机构财产非法占有将构成职务侵占罪。捐赠资金进入基金会后属于基金会的财产，不再属于个人。韩学臣即使是基金会的理事长和法人代表，依然无权挪用占有基金会的财产。

（资料来源：王勇：《社会组织负责人缘何被判无期？公益财产使用需谨慎、守法！》，《公益时报》2018年8月20日。）

分析要点

1. 捐赠资金进入社会组织后属于组织的财产,不再属于捐赠者。
2. 社会组织的理事长和法人代表无权私自挪用机构募集的资金。
3. 社会组织从业者将机构财产非法占有可能会犯职务侵占罪。

本章小结

第三部门的历史和传统造就了第三部门发展的多样性,不同类型的第三部门的内部结构存在一定差异,对其准确认识,需要把握以下几个方面的内容。

第一,第三部门的领域、范围、标准和特点的差异造成了实际运用过程中的概念差异。社会组织、慈善组织、志愿组织等不同的概念与定义既显示出第三部门的共性特征,又反映了第三部门运行过程中的个性特质。

第二,由于第三部门的概念差异和划分的标准不同,国内外对第三部门的特性概括也存在不同的观点。对第三部门特性的理解可以从非营利性、非政治性与公益性(或互益性)三个维度来加以把握。

第三,第三部门的类型划分有助于掌握和理解第三部门的地位作用和本质特征。第三部门主要有国际分类、中国分类和研究分类三个类别。

本章思考题

1. 如何科学界定第三部门?
2. 第三部门的一般特性与基本特性有何区别?
3. 根据国内外的分类标准,请就中国第三部门进行相应的分类。

阅读书目

1.〔英〕阿米·古特曼等:《结社:理论与实践》,吴玉章、毕小青等译,生活·读书·新知三联书店 2006 年版。

2.〔美〕J.格雷戈里·迪斯、杰德·埃默森、彼得·伊科诺米:《企业型非营利组织》,颜德治、徐启智等译,北京大学出版社 2008 年版。

3.〔德〕哈贝马斯:《公共领域的结构转型》,曹卫东、王晓珏、刘北城等译,学林出版社 1999 年版。

4.李亚平、于海编选:《第三域的兴起:西方志愿工作及志愿组织理论文选》,复旦大学出版社 1998 年版。

5.齐炳文主编:《民间组织:管理·建设·发展》,山东大学出版社 2000 年版。

6.〔美〕莱斯特·M.萨拉蒙等:《全球公民社会——非营利部门视界》,贾西津、魏玉等译,社会科学文献出版社 2002 年版。

第二章　第三部门治理理论

【本章教学目标】

第三部门的治理理论可以回溯到19世纪托克维尔对美国志愿组织的论述，但其整体研究因福利国家政策的危机而兴起。本章介绍了第三部门治理理论体系中的基础性理论、关系性理论和价值性理论，并在此基础上探讨了中国第三部门治理理论的最新进展。

第一节　第三部门治理的基础性理论

第三部门治理的基础性理论反映了第三部门治理中的基本问题，本节主要介绍资源依赖理论、治理理论、社会资本理论、交易成本理论与利益相关者理论。

一、资源依赖理论

（一）理论起点

资源依赖理论（Resource Dependence Theory）重新审视了组织的决策过程，此理论主要由奥德里奇和费佛尔的分析建构而成。[①] 资源依赖理论指出，组织

[①] Howard Aldrich and Jeffrey Pfeffer, "Environments of Organizations," *Annual Review of Sociology*, Vol. 2, 1976, pp. 79-105.

的行动决策与组织的内部运行过程密切相关。第三部门面对不同的环境会做出相应的决策,而非被动地接受环境。

资源依赖理论首先关注了环境和资源的问题,指出组织出于减少环境不确定性和资源缺乏状况而产生对环境和资源的依赖。依赖的过程也是交换的过程,对资源的需求构成了组织对外部的依赖。资源的稀缺性和重要性决定了组织对环境的依赖程度。[①] 费佛尔和萨兰奇科的研究主要关注组织的生存需要、汲取资源需要、环境互动需要和组织互动需要。[②]

(二) 主要观点

资源依赖理论是推进第三部门与政府、企业加强合作的重要理论视角,该理论认为资源是组织的基本构成要素,组织因为自身掌握的异质性资源而形成的竞争优势是造成各组织之间差异极大的重要因素。[③] 在资源依赖理论的框架下,第三部门的决策策略主要分为三个方面。

(1) 自主决策:第三部门的决策受到政策环境等多种因素的影响,组织自身无法生产出组织发展所需要的全部资源,必须通过自主决策实现与其他组织的资源交换,获取发展所需的资源。

(2) 操纵环境:第三部门的发展需要强化自身,通过创造需求、制定规则、提升技术等策略处理组织所处环境。

(3) 权变原则作为决策依据:第三部门所处环境和对象的剧烈变化要求第三部门根据对象的背景和价值观选取适当策略。

资源依赖理论在为第三部门提供决策参考依据的同时也可能造成一定的阻碍。阻碍主要表现在以下两方面。

(1) 法律、经济等方面的现实情况使得第三部门难以进入特定领域,自身

---

① 刘延平主编:《多维审视下的组织理论》,清华大学出版社、北京交通大学出版社2007年版,第215页。

② Jeffrey Pfeffer and Gerald Salancik, *The External Control of Organizations: A Resource Dependence Perspective*, New York: Harper and Row, 1978, p. 258.

③ Jay Barney, "Firm Resources and Sustained Competitive Advantage," *Journal of Management*, Vol. 1, 1991, pp. 99–120.

能力的不足也可能使第三部门的决策失去自主性。①

（2）第三部门往往照搬过去成功的经验，以往帮助组织成功获取资源的策略成为科层化产物，组织文化也受到了一定限制。

随着对治理环境的理解不断加深，资源依赖理论进一步将对资源的依赖划分为内生依赖和外生依赖。内生依赖主要指组织发展受到自身资源的限制，必须根据自身掌握资源的情况开展规划和行动。外生依赖是指组织和组织之间的互动是以自身资源的交换为基础的，一个组织想要发展，不仅要使用组织内资源，也要主动借用外部组织资源。从一般情况来看，资源依赖理论为第三部门与政府、企业开展合作提供了理论基础和相关解释。在合作的过程中，资源互动的需求越大，资源互动的行动就越频繁，组织之间的合作关系也就越紧密。

二、治理理论

（一）理论起点

在国外的相关研究中，治理理论（Governance Theory）的兴起是基于对"政府失灵"和"市场失灵"的反思而提出的替代性方案。治理理论源于1989年世界银行为探讨非洲问题所提出的"治理"概念，随后逐渐在政治学、管理学和公共管理学等学科取得进一步的发展。

英语世界的"治理"一词原意为控制和操纵，与"统治"含义相似。随着全球化的影响和福利国家危机的出现，国际援助机构得到了初步发展，实践活动赋予"治理"新的含义。1992年，世界银行进一步明确，治理就是"为了国家的发展而运用权力分配经济与社会资源的过程"②。

治理理论的兴起源于两个重要因素：一是福利国家政策的缺陷日益凸显，政府服务效率低下，环保和安全等问题丛生，公众的合理需求未能得到满足；二是市场的利益取向和分配不均引发了严重的市场失灵，亟待第三部门来平衡政府与市场的不足，形成多元化的格局。③

---

① 蔡宏进：《社会组织原理》，五南图书出版股份有限公司2006年版，第269页。
② World Bank, *Governance and Development*, Washington, DC: World Bank Publications, 1992, p. 3.
③ 徐家良编著：《行业协会组织治理》，上海交通大学出版社2014年版，第20页。

(二) 主要观点

（1）治理理论强调非正式授权组织作用的发挥。第三部门参与治理的过程可能是自发和主动的,其参与的广泛性超过了政府委托和授权的限定范围。[①]

（2）治理理论明确将第三部门作为参与公共事务的主体之一。萨拉蒙在《公共服务中的伙伴:现代福利国家中政府与非营利组织的关系》一书中指出,政府行为方式不断转变,从运用直接工具到直接和间接工具并用,各类技术手段层出不穷,并从直接管理转向采用第三方治理。[②] 这里所说的第三方是指非营利性的第三部门。

（3）治理理论同时回应了政府与第三部门的关系,强调两者在互动过程中作用的发挥。一方面,治理理论并非忽视政府管理部门在监管与服务方面的作用;另一方面,治理理论突出了第三部门与政府、企业的相对分离性。政府与企业对第三部门施加的压力是间接的,第三部门发展的决定性因素在于自身。第三部门的内部运作包含自主结构、人力资本、项目运作等多层次的内容,其核心在于决策与执行。

治理理论的核心在于治理行动中的多主体间形成信任关系。治理理论对第三部门研究的主要作用在于,它为第三部门与政府形成跨部门的整体性治理、与企业形成跨领域和跨地域的合作治理提供了理论基础。治理理论在国家中心论和社会中心论之间寻求平衡,打破了政府、企业与第三部门在各自领域内独立发展的假设,为第三部门加强与政府和企业的合作提供了理论依据。

三、社会资本理论

(一) 理论起点

社会资本(social capital)的概念及理论自 20 世纪 70 年代以来逐渐被研究者所接受,布迪厄、科尔曼、林南和帕特南对社会资本展开了相关的研究。社会资本的核心在于汲取资源的能力。皮埃尔·布迪厄提出的社会资本强调实体

[①] 〔美〕詹姆斯·N. 罗西瑙主编:《没有政府的治理:世界政治中的秩序与变革》,张胜军、刘小林等译,江西人民出版社 2001 年版,第 5 页。

[②] 〔美〕莱斯特·M. 萨拉蒙:《公共服务中的伙伴:现代福利国家中政府与非营利组织的关系》,田凯译,商务印书馆 2008 年版,第 20 页。

资源和虚拟资源的组合。① 科尔曼扩大了布迪厄划定的领域,将社会结构、信任关系等概念融入社会资本,拓展了社会资本的研究领域。② 帕特南于20世纪末借用社会资本,探讨市民社会与民主行政运作的关系。他认为,社会资本是指社会组织的特征,诸如信任、规范以及网络,它们能够通过促进合作来提高社会效率。③ 林南在社会资本的概念延展、指标测量和理论建构等方面做出了巨大的贡献,他认为社会资本的概念包括三大主要成分:嵌入的社会网络的结构、可获得资源的机会以及目标导向的行动能力。④

(二) 主要观点

(1) 关注组织自身的能力建设和资源汲取。社会资本就是一种用以促进人类行动的社会结构性资源。⑤ 对第三部门而言,自身的行动能力体现了组织参与治理过程中可调用资源的数量。社会资本理论对第三部门的影响首先体现在对社会行动的集体性和个体能力之间的平衡。社会问题的解决,需要各方的参与和合作,第三部门对政府和企业的能力补充构成第三部门独有的社会资本。社会的自我治理显然需要一定的能力。因为这是大家的行动,是解决集体问题时的合作,是需要人们参与的合作行动,相应的能力需求就是所谓的社会资本。⑥

(2) 强调社会基础。第三部门与经济学的"理性和自我利益"的追求不同,因而以经济学视角研究第三部门存在天然的缺陷。社会资本理论对于第三部门的共性特征划分为三个方面:一是愿意为获取更大的社会效益牺牲一定的资金回报,二是以社会性激励为基础,三是组织使命为第三部门发展的根本动力。

(3) 将社会资本作为第三部门发展的重要变量,在第三部门的发展过程中产生深远的影响。社会场域是社会资本的活动场地,社会资本是社会关系网络

---

① Pierre Bourdieu, *The Forms of Capital*, in J. Richardson, ed., *Handbook of Theory and Research for the Sociology of Education*, New York: Greenwood Press, 1986, pp. 241–258.
② 〔美〕詹姆斯·S. 科尔曼:《社会理论的基础》,邓方译,社会科学文献出版社1999年版,第192页。
③ 〔美〕罗伯特·D. 帕特南:《使民主运转起来:现代意大利的公民传统》,王列、赖海榕译,江西人民出版社2001年版,第195页。
④ Lin Nan, "Building a Network Theory of Social Capital," *Connections*, Vol. 22, No. 1, 1999.
⑤ 李惠斌主编:《全球化与公民社会》,广西师范大学出版社2003年版,第325页。
⑥ 王名、刘培峰等:《民间组织通论》,时事出版社2004年版,第46—47页。

的最终动力;社会资本与其他类型资本之间可以转换;社会资本构成了第三部门惩罚信任关系破坏者的有力武器。

社会资本理论最早出现在社区研究领域,随后逐渐向经济学、政治学和管理学等学科扩散。一般认为,社会资本主要包括信任、网络和规范三大要素,社会资本与经济社会发展呈现正相关的关系。社会资本理论的突出贡献在于为第三部门和政府、企业合作的绩效提供了衡量指标,社会资本的改善和提升有助于进一步推进政府、企业和第三部门在经济社会发展过程中的主体作用的发挥。随着对社会资本理论的理解逐渐加深,一般认为社会资本是第三部门发挥组织优势、形成组织特色的重要来源,是决定组织生存的重要变量。

四、交易成本理论

(一) 理论起点

交易成本理论(Transaction Cost Theory)最早由罗纳德·科斯于1937年提出,他认为但凡市场交易发生并持续运作,必然会形成成本累积过程,交易成本发生决定了交易合同的存在。[①] 20世纪80年代以来,新制度经济学的代表人物科斯和诺斯提出的交易成本理论为观察分析第三部门提供了一个不同的视角。第三部门面临的治理环境较为复杂,市场环境不确定、信任成本高等问题都增加了第三部门的交易成本。交易成本理论超越了传统的"供给—需求"层面的理论,承认了信息的不完全性。

交易成本理论就本质而言是一种绩效评估的理论,主要体现在多种主体之间的交互作用过程。第三部门与政府、企业及其他第三部门之间的合作关系在根本上是一个交易性的问题。交易成本理论为深入讨论政府、企业与第三部门之间的合作关系提供了一个重要的研究视角。

(二) 主要观点

交易成本理论主要包含以下四个方面的内容。

(1) 交易成本是信息不充分造成的,是进一步获取资源所产生的必要费用。

(2) 交易成本与组织的类型直接相关,组织间的隔阂和差异增加了理解组

---

① Ronald Coase, "The Nature of the Firm," *Economica*, Vol. 4, No. 16, 1937, pp. 386-405.

织结构和行为的资源耗费。

（3）第三部门通过非市场交易的方式达成预期目标。第三部门的非市场交易通常是与较为熟悉的组织展开，借助互助和合作的方式，由内生的力量推动非市场交易的正常进行。

（4）非市场交易可以协助第三部门加强人际关系、减少协商成本。第三部门是实现互助合作的一种非市场、非政府的组织形式，在实现特定目标和减少交易成本方面是有成效的。①

根据交易成本理论在企业领域的主要研究成果，并结合第三部门的现实发展情况，可以将交易成本理论在第三部门研究中的应用划分为三个层面。第一，第三部门的内部执行成本。执行成本是第三部门为实现组织的宗旨和目标，在开展活动过程中耗费的资源。由于组织性质的限制，第三部门的许多工作和成果呈现为一种技术性内容或价值性指标，成本和价值很难计算，并且由于执行者的观念差异，对第三部门工作成果的判断和认知往往是众说纷纭，难以寻找到统一的意见。第二，第三部门与其他组织合作付出的成本。第三部门与政府、企业的合作建立在信息互动、资源交换的基础之上，在这一过程中第三部门需要付出一定的成本。第三，第三部门受环境影响而付出的成本。这一成本往往是第三部门本不需要付出，但由于环境的限制而不得不支付的成本。

五、利益相关者理论

（一）理论起点

利益相关者（stakeholder）的概念最早由美国学者弗里曼于1984年在《战略管理：利益相关者方法》一书中提出，他借助利益相关者这一概念分析了组织战略管理的愿景。弗里曼认为，利益相关者是能够影响一个组织目标的实现，或者受到一个组织实现其目标过程影响的所有个体和群体。② 可以说，利益相关者理论是指企业的经营和管理者综合平衡各个与企业发展相关联的利益主体。与传统的股东最大化主张相比，利益相关者理论认为公司的发展离不开其他利

---

① 黄浩明编著：《非营利组织战略管理》，中国人民大学出版社2003年版，第54页。
② ［美］R.爱德华·弗里曼：《战略管理：利益相关者方法》，王彦华、梁豪译，上海译文出版社2006年版，第29页。

益相关者的参与或投入,企业最终追求的是一种价值共赢、利益相关者的整体利益。[①] 就第三部门而言,利益相关者包含组织成员、理事会、管理人员、捐赠人、受赠人、捐助者。利益相关者理论支持了第三部门法人治理结构理论。利益相关者理论应用到第三部门领域表现为"社会组织责任",即组织不仅要考虑到自身生存与发展的利益,还要履行面向政府、面向社会的责任。[②]

利益相关者理论由企业研究转向第三部门研究,从而改变了第三部门研究领域中的部分固有观念。首先,利益相关者理论提供了认识第三部门的三元观。第三部门的经典研究往往关注第三部门和政府两大主体,在后续的研究中加入了一些企业分析,但对于第三部门的利益相关者的研究甚少。利益相关者理论认为,第三部门的发展不仅与第三部门的自身努力、政府部门的许可和监管等要素有关,而且与第三部门的利益相关者有关,因此第三部门治理应当考虑到全体利益相关者的整体利益。其次,利益相关者理论为第三部门治理研究提供了多边视角。第三部门的治理不仅要考虑组织成员的利益,符合政府的规制要求,同时也要满足利益相关者的诉求。在这一过程中,第三部门的治理覆盖范围更广,对社会的影响更大;同时重视对利益相关者的保护为第三部门的持续发展提供了重要支持。

(二)主要观点

利益相关者理论的主要观点包含以下四个方面。

(1)利益的至关重要性。在第三部门运行的过程中,在组织内部和外部涌现出多群体的多元化诉求。第三部门对各类利益的清醒认知有助于组织的进一步发展壮大。

(2)利益相关者是核心概念。第三部门的发展需要考虑直接或间接利益相关者。第三部门的运行发展必须做好少数直接利益相关者与多数间接利益相关者之间的平衡。第三部门追求的是整体的利益,而非某个主体的利益。

(3)拓展了第三部门过程分析中的研究对象。利益相关者理论拓展了考

---

① Siamak Seyfi, C. M. Hall, and E. Fagnoni, "Managing World Heritage Site Stakeholders: A Grounded Theory Paradigm Model Approach," *Journal of Heritage Tourism*, Vol. 14, No. 4, 2019, pp. 308-324.

② 吴磊、徐家良:《政府购买公共服务中社会组织责任的实现机制研究——一个利益相关者理论的视角》,《理论月刊》2017年第9期。

察的群体,强调从更多方面去考虑相关群体和利益。第三部门在行动的过程中不仅要考虑到组织内部成员,还要考虑到公共服务供给过程中的直接或间接服务对象。

(4)对利益相关者的细分明确了组织发展的方向。利益相关者理论在细分第三部门利益相关者的过程中将考察的群体和利益划分为多个层次,进一步明确了组织活动的对象和范畴,突出了组织发展需要关注的重点。

利益相关者理论促进了第三部门治理理念和方式的根本性转变。对第三部门而言,组织的发展并非仅仅依赖自身的努力和政府的许可,也要靠全体利益相关者的总体投入,因此在第三部门的发展过程中必须考虑利益相关者的需求和权益。利益相关者的存在既是对第三部门投入资源的补充,同时也分担了第三部门发展的部分风险,所以第三部门的发展必须及时回应利益相关者,通过对利益相关者需求的满足来获得组织可持续发展的动力。

第二节 第三部门治理的关系性理论

第三部门治理的关系性理论反映了第三部门与政府、企业等组织之间的关系,本节介绍了失灵理论、政府与第三部门关系理论、双重赋权理论、民营化理论以及多中心治理理论。

一、失灵理论

(一)市场失灵/政府失灵理论

市场失灵/政府失灵理论(Market Failure Theory/Government Failure Theory)由美国经济学家伯顿·韦斯布罗德于1974年提出。该理论回答了为什么由第三部门在政府与市场的空缺空间提供部分公共产品的问题。[1] 基于"供给—需求"框架的分析,该理论指出政府、市场和第三部门在满足需求方面存在互补关系,第三部门能够供给政府和市场无法提供(不能提供或不愿提供)的公共产

---

[1] Burton Weisbrod, "Toward a Theory of the Voluntary Non-Profit Sector in Three Sector Economy," in Edmund S. Phelps, ed., *Altruism, Morality, and Economic Theory*, New York: Russell Sage Foundation, 1975, pp. 171–196.

品,形成了第三部门的发展空间。经济学的"供给—需求"框架关注了第三部门的补位作用,开创了研究的新领域,但其缺陷在于尚未深入组织内部探讨供给能力的来源。

市场失灵/政府失灵理论的主要观点如下。

(1)布坎南等人的研究细分了政府失灵的类型,从经济人假设出发,强调决策失误、供给低效、政府扩张和权力寻租是政府失灵的根本原因。[1] 第三部门作为政府之外的公共物品提供者,在政府失灵时就有了存在的功能价值。

(2)市场失灵/政府失灵的另一条研究路径则聚焦于公共物品的供给。公共物品的不可分割性和非排他性决定了市场供给机制的失效和政府供给机制的高成本,从而揭示了第三部门对政府和市场的替代作用。[2] 市场失灵/政府失灵理论突出了第三部门在公共服务供给中的独特优势,从第三部门与政府、市场的供给能力比较中揭示了第三部门在公共物品供给中的重要地位与作用。

(二)合约失灵理论

美国经济法学家亨利·汉斯曼于1980年撰文提出合约失灵理论(Contract Failure Theory)。他创造性地从生产与消费的关系中解释了公共物品的供给者是第三部门而不是私营企业的原因。汉斯曼指出:"消费者往往缺乏足够的信息来评价服务质量。"[3]消费者与私营企业缔结的合约如果由第三部门提供,第三部门的"利润非分配"会抑制机会主义,降低监管的成本。

汉斯曼提出的合约失灵理论重点描述了因信息不对称而造成的合约无法限制物品生产者损害物品消费者利益的现象,因此在公共物品的供给中需要引入第三部门等以防止出现合约失灵的现象。[4] 合约失灵理论以市场无法有效供给公共物品,唯有第三部门供给公共物品为前提。合约失灵理论强调了以下三个方面的内容。

(1)市场机制下消费者监管能力低下和监管的弱势地位。

---

[1] 张建东、高建奕:《西方政府失灵理论综述》,《云南行政学院学报》2006年第5期。
[2] 谢蕾:《西方非营利组织理论研究的新进展》,《国家行政学院学报》2002年第1期。
[3] Henry Hansmann, "The Role of Nonprofit Enterprises," *Yale Law Journal*, Vol. 89, 1980.
[4] Ibid.

（2）第三部门以"利润非分配"为逻辑起点，相较于市场中的私营企业，其机会主义动机并不强烈，因此降低了对监管严格程度的要求。

（3）在供给公共物品的过程中，第三部门承担的生产者角色更易为消费者所接受，第三部门因此可以取代私营企业成为公共物品供给中的主要力量。

（三）志愿失灵理论

萨拉蒙教授指出，虽然第三部门部分替代了政府和市场在公共物品供给中的作用，但第三部门的内在局限性造成它难以独立推动公共物品供给，因此产生了"志愿失灵"问题。① 志愿失灵理论的焦点在于避免在第三部门与政府、市场的替代性和互补性作用的讨论中停滞不前，而是深入剖析第三部门这一概念的本质，从第三部门的权力分配、人员组成、资源供给等方面阐释志愿失灵理论的核心观点。

志愿失灵理论聚焦于三个方面。

（1）第三部门掌握资源分配话语权产生的家长作风。这一特征主要与第三部门接受捐赠的来源有关。当第三部门从公共部门吸纳的资源不足从而主要依赖于私人捐赠时，往往倾向于满足捐赠者的需要以鼓励他们持续的捐赠，服务于社会的慈善和志愿理念逐渐淡化。

（2）第三部门工作者的专业性欠缺影响服务质量。由于第三部门工作的多样性和特殊性，工作人员富有激情和责任感，但专业技能往往不足。第三部门的财力不足限制了工作人员专业化规模的扩大，第三部门的专业化难以凸显。

（3）第三部门的服务供给需要政府和市场的资金支持。第三部门的财力往往依赖于政府和企业，其自身的财力供给能力不足，不容易掌握足够的资源来应对社会的突出问题，最终只能按照服务的紧迫性加以选择，实行部分覆盖。

二、政府与第三部门关系理论

（一）政府、市场与第三部门依赖理论

吉德伦、克莱默和萨拉蒙等学者尝试建构一种基本框架以更好地描述福利

---

① Lester Salamon, "Rethinking Public Management: Third-Party Government and the Changing Forms of Government Action," *Public Policy*, Vol. 29, No. 3, 1981, pp. 255-275.

国家政策背景下政府与第三部门之间的关系。该理论认为,所有的福利政策和公共服务存在两个关键要素:一是服务的资金筹集和授权;二是服务的实际配送。两种要素的变化和组合形成了政府与第三部门关系的四种基本模式。政府、市场与第三部门相互依赖的理论最终促成了多个主体之间的合作。这一结果改善了原来由政府提供公共服务时的等级制和官僚化形象,同时也兼顾了服务成本和质量方面的考虑。①

政府、市场与第三部门相互依赖理论涉及对四种依赖模式的讨论。②

第一种模式是政府支配模式。在此模式中,政府在资金筹措和服务配送中占据着支配性地位。政府既是主要的资金提供者,又是福利服务的主要提供者。政府通过税收制度来筹集资金,由政府雇员来提供需要的服务。第三部门在自治筹措和服务供给中缺少足够的力量。

第二种模式是第三部门支配模式。这一模式中,志愿组织在资金筹措和服务配送中起着支配性的作用。产生这种模式的原因往往与意识形态或宗教因素有关,民众对政府的极度不信任导致对政府供给公共物品的强烈抵制。

第三种模式是指向消费者的混合供给模式。政府、市场和第三部门的服务对象区分较为明显,第三部门主要向政府、市场服务尚未触及的消费者提供公共服务,弥补政府和市场在公共服务供给体系中的不足。

第四种模式是指向服务领域的混合供给模式。在这一模式中,第三部门主要向服务对象提供政府和市场未能提供的具体服务,满足民众对各类服务的基本需求。

(二) 政府与第三部门的合作关系理论

为了提升公共服务的质量,政府与第三部门建立了合作关系,政府移交了服务项目,承担了服务监管的责任,第三部门则承担项目的具体运行。③ 政府与第三部门的合作关系理论重点考察了第三部门与政府之间的关系,从财政和服

---

① 王名、刘培峰等:《民间组织通论》,时事出版社2004年版,第35页。
② Benjamin Gidron, et al., eds., *Government and the Third Sector: Emerging Relationships in Welfare States*, San Francisco: Jossey-Bass, 1992, p. 18.
③ 〔美〕戴维·奥斯本、特德·盖布勒《改革政府:企业精神如何改革着公营部门》,上海市政协编译组、东方编译所译,上海译文出版社1996年版,第24页。

务两个维度形成了三种具体关系:一是互补关系,政府提供财政支持,第三部门供给具体服务;二是补位关系,第三部门通过委托授权或自行筹款供给服务,以此满足第一部门和第二部门尚未满足的社会需求;三是对抗关系,第三部门更多承担政治职能,作为公共利益的代表,通过政治参与和动员影响公共政策的制定过程。

该理论的主要观点有如下四个方面。

(1) 政府与第三部门应该建立一种合作关系,即政府委托与第三部门供给的合作方式。政府为实现自己的目标而将提供公共服务的任务委托给第三部门来承担,二者之间达成一种依赖各自比较优势的分工,政府负责资金动员,第三部门负责提供服务,二者的合作可以使双方各自发挥出自己的优势。这一措施可以提高效率,节约成本,使政府利用已有机构,减少建立新的组织架构和雇用新雇员的成本。同时,这种合作可以较好地适应地方的实际情况,满足其需求,避免出现广大官僚系统效率低下的弊端。

(2) 第三部门的特点使得政府与第三部门的合作比与市场组织的合作更加有保障。除去节约成本外,第三部门的内部机制、结构使其与市场组织相区别,客观上保证了它们的行动目标,同时也降低了讨价还价的成本。

(3) 第三部门与政府间的关系存在一定的风险,主要呈现为官僚化、控制不当和自主性危机。具体表现为以下三个方面:一是第三部门在公共物品的供给过程中出于获取资金保障和政策支持等方面的考虑,会选择满足政府的政策要求,可能将官僚作风带入第三部门之中。二是第三部门获得政府支持的同时,往往也要接受政府的监管。出于管理的便利,政府监管的标准可能会更加严格,容易出现控制过度和控制不当的问题。三是第三部门在接受政府资金支持的过程中逐渐丧失了决策的自主权,其服务行动受到政府的制约。①

政府与第三部门合作关系理论突出了政府与第三部门在公共服务供给中的不同功能和角色。在公共服务的供给过程中,政府往往发挥委托和监督的作用,第三部门主要承担执行的职责。政府和第三部门双方作用的发挥在一定程

---

① 谢蕾:《西方非营利组织理论研究的新进展》,《国家行政学院学报》2002年第1期。

度上取决于对方的工作效率和执行力,二者存在一定的依赖关系,但同时也具有各自的特性。

阅读材料

国际非政府组织建立政府、企业与非政府组织三位一体的多元合作伙伴关系

由外交部、中共中央对外联络部、国务院扶贫开发领导小组办公室牵线,中国扶贫基金会与中国驻苏丹大使馆建立联系,成功保障阿布欧舍医院的顺利建设与运行。

苏丹政府对医院项目提供一定的支持,苏丹卫生部部长和州长等高级官员出席项目的启动会议。苏丹驻华大使馆向中国扶贫基金会推荐一些苏丹本土非政府组织,中方机构与苏方机构的理念契合,在执行力、经验等方面也保持高度的一致性。中国扶贫基金会在一番筛选后选择了当地执行能力强的非政府组织,同时收到包括中国石油天然气集团有限公司尼罗河公司在内的多家海外中资企业的捐款,并得到中资公司的深度支持。

阿布欧舍医院建设初期只成立基金管理专项委员会,在运营过程中成立董事会,有效避免"人走茶凉"的局面。董事会成员共9名,分别来自中国外交部、中共中央对外联络部、国务院扶贫开发领导小组办公室等政府机构,中国石油天然气集团有限公司尼罗河分公司等捐赠企业,中国扶贫基金会、比尔特瓦苏慈善组织等。

(资料来源:康晓光主编:《中国第三部门观察报告(2016)》,社会科学文献出版社2016年版,第185—187页。)

三、双重赋权理论

(一)理论起点

第三部门的权力来源是分析第三部门运行发展的重要理论视角。有学者将第三部门的权力来源概括为法律授权、政府委托、契约形成三个途径。结合现实的分析,"双重赋权"是第三部门的重要特征。双重赋权的深刻内涵在于,

第三部门的权力来源一方面是内部组成人员的赋权，另一方面则是政府和市场的赋权。①

双重赋权理论（Double Empower Theory）指出第三部门的权力来自内部固有权力和外部赋予。双重赋权理论在系统化地阐释第三部门的职能，为第三部门发挥作用创造条件的同时，有助于第三部门与政府关系的重塑，让第三部门在保持自身独立性的前提下处理好与政府之间的合作关系。

（二）主要观点

对双重赋权的审视需要说明第三部门内部固有的权能以及外部赋权。

（1）第三部门的内部赋权主要分为以下三个方面：一是代表职能。第三部门的成员需要借助组织整体表达权益诉求，即第三部门聚合内部成员的诉求和意见，为内部成员争取正当权益。有学者将代表职能概括为"行政合法性"，并强调其在行业协会合法性体系中的地位与作用。② 二是维护职能。第三部门的内部成员聚合形成整体的利益，这就需要第三部门通过自律和制度、规范等规则维护内部成员的利益。商会的会员性再造仍需其内部组织规则的完善，商会的组织资源需与商会内生的组织规则相辅相成，才能最终推动商会组织化的发展。③ 三是服务职能。第三部门对内部成员的服务表现在信息供给、知识供给、开拓市场等方面。④

（2）第三部门的政府赋权则表现为法律法规的授权和政府的委托两种形式。⑤ 法律授权或政府委托的方式使第三部门能行使部分的公共事务职能，确保政府部门有更多的时间和精力处理其他事务，提高行政效率。

四、民营化理论

（一）理论起点

民营化理论（Privatization Theory）伴随新公共管理运动而产生。经济学家

---

① 徐家良：《双重赋权：中国行业协会的基本特征》，《天津行政学院学报》2003年第1期。
② 李建琴：《转型时期行业协会的行政合法性》，《中共浙江省委党校学报》2004年第5期。
③ 黄冬娅、张华：《民营企业家如何组织起来？——基于广东工商联系统商会组织的分析》，《社会学研究》2018年第4期。
④ 徐家良编著：《社会团体导论》，中国社会出版社2011年版，第32页。
⑤ 同上。

弗里德曼、图洛克、唐斯以及管理学家德鲁克等人在早期民营化理论的形成过程中起到推进作用,提出相关概念及初步理论框架,但真正的民营化理论系统构建者则是萨瓦斯。① 根据其三十余年在美国联邦政府和地方各级政府的工作经历以及对其他国家民营化实践的考察,萨瓦斯总结归纳出民营化的基本形式和具体操作原则,并将民营化定义为"以政府高度介入为特征的治理安排向较少政府介入的治理安排的转化",在公共事务治理安排中更多依靠市场或第三部门等民间力量,而减少对政府的依赖。②

(二)主要观点

民营化理论强调政府的有限介入,将民间力量作为公共物品和公共服务的供给主体。与失灵理论类似,民营化是在对政府失灵的反省过程中所产生的一种治理战略选择,包括如下三个方面的主要观点。

(1)采取多种形式打破政府对公共服务的垄断。为了在物品和服务生产方面减少使用政府角色,需要通过外包、补助、凭单、特许经营、自由市场、志愿服务和自我服务等多种形式把相应责任委托给私营公司或第三部门,以打破政府垄断地位,提高公共物品和服务的供给绩效。

(2)政府提供制度保障。政府不仅仅是监督者,即使放弃了服务生产者职能,它仍然保留一部分服务提供者的职能。政府的主要责任包括征收税费以保证公共服务供给,根据公众需求决定服务内容和水平,根据自身收入状况以及直接服务生产者的产出情况决定支付费用的手段和方式等。

(3)第三部门作为市场的主要补充。在民营化理论体系中,市场无法提供的公共资源或集体物品才是第三部门重点需要投入的领域,如自然资源保护、社区内互助性志愿行为等。在提供这些公共物品或服务时,第三部门需要政府的相应规制配合,与政府部门明确责任分工,在设定清晰目标和了解环境状况的基础上,选择合适的民营化形式来完成具体项目任务。表2-1为民营化的主要形式。

---

① 胡海、刘新峰:《公共服务民营化:理论与实践》,《江西行政学院学报》2004年第21期。
② 〔美〕E.S.萨瓦斯:《民营化与公私部门的伙伴关系》,周志忍等译,中国人民大学出版社2002年版,第4页。

表 2-1　民营化的主要形式

类别	具体方式
委托授权	合同承包、特许经营、补助、凭单制、法令委托
政府撤资	出售、无偿赠予、清算
政府淡出	民间补缺、撤出（卸载）、放松规制

资料来源：武静：《责任、风险与能力：民营化框架的扩展——评〈民营化与 PPP 模式——推动政府和社会资本合作〉》,《中国第三部门研究》2015 年第 2 期。

五、多中心治理理论

（一）理论起点

多中心治理理论（Polycentric Governance Theory）是政治学和公共管理学科的重要理论之一。多中心的概念最早由博兰尼提出，他认为人类社会中因自发秩序而形成的工作任务带有多中心特性，只有多种体系互相调整，才能处理一系列社会事务。① 多中心治理理论的创立者是美国印第安纳大学教授奥斯特罗姆夫妇。在观察到市场及政府在公共事务治理过程中时常出现失灵的现象之后，奥斯特罗姆夫妇认为，公共事务的治理应该摆脱市场或政府单中心的治理方式，建立一个多种主体共同参与的治理模式，有效克服对单一主体依赖所导致的不足。②

多中心治理理论强调对于不同的公共需求和公共物品，应当由不同的组织承担生产和供给责任。对第三部门而言，其对公共物品的供给应当与政府、企业生产的物品保持一定的差异，从而体现出第三部门在公共服务和公共物品供给中的独特作用。多中心治理理论同时关注了不同组织之间合作过程的建立：政府、企业和第三部门通过合同、协商等方式明确组织的共同利益，缓和组织间的矛盾与冲突，共同形成一个公共服务供给的网络。这一网络不依赖于某一个或某一类主体，而是由于所有主体的合作努力而存在。

---

① 〔英〕迈克尔·博兰尼：《自由的逻辑》，冯银江、李雪茹译，吉林人民出版社 2002 年版，第 191 页。
② 〔美〕奥斯特罗姆、帕克斯和惠特克：《公共服务的制度建构——都市警察服务的制度结构》，宋全喜、任睿译，上海三联书店 2000 年版，第 11—12 页。

(二) 主要观点

关于包括第三部门在内的多中心如何完成治理目标,多中心治理理论有如下观点。

(1) 允许多个中心存在。多中心治理理论强调自主治理,认为可以有多个权力或服务中心存在,给予公民更多选择权,实现服务质量提升,减少"搭便车"现象,一定程度上避免公地悲剧和集体行动困境,扩展治理公共性。①

(2) 加强多种主体的协同共治。多中心治理理论主张采用分级别、分层次、分阶段的制度设计,加强政府、市场和社会多种主体间的协同共治,形成权力分散和叠加管辖的多层级政府安排,最大程度上抑制集体行动中的机会主义,保障公共利益得到维护。②

(3) 第三部门作为中心之一参与公共事务治理。多中心治理意味着多种主体参与,第三部门作为社会主体的代表,只要得到公众认可,同样可成为权力中心之一。在多中心治理体系中,各主体处于相对独立的状态,但又彼此相互联系。第三部门可以代表公众有效表达其意愿,参与到公共事务治理及其效果评价之中,同时依据自身力量提供一定规模的公共物品。

多中心治理理论并非简单强调由单个中心向多个中心的渐变过程,而是突出每一个组织在多中心治理中都有成为中心的可能;多中心治理并非等待某一个或多个中心的突然出现从而解决问题,而是强调所有组织的努力和行动都非常重要,每一个组织都可以行动起来,从而在制度安排层面呈现出多样性,综合运用多种机制来解决社会问题。

第三节 第三部门治理的价值性理论

第三部门治理的价值性理论体现了第三部门理论研究的核心和关键,限于篇幅,本节主要介绍合法性理论、第三方治理理论与市民社会理论。

---

① 吴磊、徐家良:《多中心治理视野下第三部门GDP核算制度研究》,《学习与实践》2016年第2期。

② Elinor Ostrom, Larry Schroeder, and Susan Wynne, *Institutional Incentives and Sustainable Development Infrastructure Policies in Perspective*, CO: Westview Press, 1993.

一、合法性理论

（一）理论起点

合法性（legitimacy）的含义主要表现为以下几个方面：根据法律和符合法律；与既定的规章、标准相一致；正当的，指某一事物具有被承认、被认可、被接受的基础。广义的合法性讨论社会的秩序、规范或规范系统，狭义的合法性可以理解为国家的统治类型、政治秩序和政府管理。马克斯·韦伯将合法性看作正当性和认同性的综合体，与权威的三种经典分类紧密联系。哈贝马斯的合法性意味着某种政治秩序被认可的价值以及事实上的被承认。[1] 李普塞特将合法性确定为政治系统的一种能力，这一能力主要表现在政治系统能够形成并维护使其成员确信现行制度对于该社会最为适当的信念。[2] 戴维·伊斯顿将合法性的来源总结为意识形态、政治制度和领导人特质三个方面。[3] 合法性理论关注组织中的社会权力，并分为力量、权威、支配及吸引力等四大项。[4]

（二）主要观点

合法性理论对第三部门的理论探讨提供了以下四个方面的借鉴和思考。

（1）合法性理论构成了第三部门组织治理的基础。合法性代表着组织内部和外部成员的支持和认可，一旦失去合法性，第三部门就无法有效运行。

（2）合法性理论为第三部门领导人提供了权威保障。合法性贯穿于第三部门运行的全过程之中，推动第三部门的正常运行。

（3）合法性理论为第三部门提供了获取资源的基础。第三部门的组织合法性为第三部门加强和外部组织的沟通与交流提供了平台，推动了第三部门的可持续发展。

（4）出现了不同的合法性类别。合法性理论深刻地影响着第三部门的成

---

[1] 刘旺洪、徐梓文：《合法性理论及其意义——韦伯与哈贝马斯的比较》，《世界经济与政治论坛》2017年第6期。

[2] Seym Martin Lipset, "Some Social Requisites of Democracy: Economic Development and Polotical Legitimacy," *American Political Science Review*, Vol. 53, No. 3, 1959, p. 86.

[3] 〔美〕戴维·伊斯顿：《政治生活的系统分析》，王浦劬等译，华夏出版社1989年版，第317—318页。

[4] 蔡宏进：《社会组织原理》，五南图书出版股份有限公司2006年版，第261页。

立和运行。康晓光将第三部门的合法性分为官方合法性和社会合法性。① 官方合法性强调政府对第三部门的信任,社会合法性则来自社会的承认和信任。高丙中强调了第三部门在现实运行中的四种合法性:社会合法性、法律合法性、政治合法性与行政合法性。② 徐家良关注社会组织的内部合法性,并将其划分为组织合法性与成员合法性。组织合法性重视组织内部权威结构的确立,主要通过组织成员的加入退出机制得以实现。成员合法性则是指第三部门领导人被组织成员所接受和认可的状况。③ 对不同类别的合性法的讨论深化了第三部门合法性的研究。

二、第三方治理理论

(一) 理论起点

1981年萨拉蒙提出第三方治理理论(Third-party Government Theory)以弥补市场失灵、政府失灵、合约失灵等理论解释的局限性。萨拉蒙认为,各级政府在公共福利的供给过程中综合运用直接政策工具和间接政策工具,各级政府在治理过程中逐渐从直接管理转向"第三方治理",地方政府的监管任务逐渐增加,福利供给的职责则交予第三方组织承担。④ 联邦政府主要发挥资金支持、业务指导等方面的作用,而地方政府直面需求,侧重于服务的购买和转包,第三方包括地方政府、企业与第三部门。第三部门作为第三方的重要主体承担服务的具体供给,民众则是服务效果的感知者和受益者。

第三方治理理论强调政府对第三部门作用的补充,在第三部门交易成本高、难以发挥作用的领域,政府应当弥补缺陷,积极作为。

(二) 主要观点

作为治理理论的重要分支,第三方治理理论的宏观背景是国家与社会关系

---

① 康晓光:《创造希望——中国青少年发展基金会研究》,漓江出版社、广西师范大学出版社1997年版,第636—637页。
② 高丙中:《社会团体的合法性问题》,《中国社会科学》2000年第2期。
③ 徐家良编著:《行业协会组织治理》,上海交通大学出版社2014年版,第32页。
④ Lester M. Salamon and Alan J. Abramson, *The Federal Government and the Nonprofit Sector: Implications of the Reagan Budget Proposals*, Washington DC: Urban Institute, 1981.

的调整,它侧重于政府与社会职能的再分配,政府将部分职能剥离,第三部门承担更多的社会服务职责。

微观层面的服务碎片化和环境复杂性使得第三方治理应运而生。治理的发展要求政府避免单打独斗,将更多的力量引入治理过程中,降低治理的成本,提升治理的能效。①

三、市民社会理论

(一) 理论起点

市民社会理论(Civil Society Theory)经历了三次大的范式转变:一是市民社会与自然状态分离。这一观点与城邦国家的发展相联系,亚里士多德、西塞罗是这一时期的代表人物。二是市民社会与政治国家的分离。这一观点始于资本主义早期,主要体现在黑格尔、马克思等人的思想中。三是市民社会与文化的联系,哈贝马斯等学者的观点引领着研究的方向。②

(二) 主要观点

对市民社会的理解往往被置于资本主义的框架和背景之下,将对资本主义生产关系的理解融入市民社会的概念分析之中。对市民社会理论的理解首先应当关注二分法的运用。爱德华兹将市民社会作为与政治社会相对的一个概念,认为市民社会主要包括三方面:公共生活、良善社会和公共领域,认为市民社会是在政治社会外发扬民主传统的重要场所。③ 市民社会与政治社会相对应,划定了政府及政党以外的领域空间。

三分法的运用也是理解市民社会的重要方法。俞可平、何增科等按照公域、私域和第三域的划分标准,强调第三部门在成员聚合方面的自主性和自愿性。④

---

① 林修果主编:《非政府组织管理》,武汉大学出版社 2010 年版,第 43 页。
② 邓正来、〔英〕J. C. 亚历山大编:《国家与市民社会:一种社会理论的研究路径》,中央编译出版社 2002 年版,第 47 页。
③ Michael Edwards, *Civil Society*, Cambridge: Polity Press, 2004, preface, pp. 6-9.
④ 俞可平:《中国公民社会:概念、分类与制度环境》,《中国社会科学》2006 年第 1 期;何增科:《全球公民社会引论》,《马克思主义与现实》2002 年第 3 期。

市民社会特别是全球市民社会可以增强公民的政治参与,并以有无公民参与来衡量公共政策的合法性,以强化市民社会对政府、政府间国际组织和跨国公司的监督和制约。

市民社会的多元行动者体系较为完善,慈善组织、教会、社区组织、公民团体、商会等机构都是重要的组成部分。

案例分析

深圳市律师协会罢免案

深圳律师刘子龙协同六十余名深圳律师,在2004年7月25日召开的深圳市第四届律师代表大会第二次会议上,联名提出罢免他们在一年前选出来的会长。这位名叫徐建的会长是全国首个由律师会员直接从执业律师中选举出来的会长,深圳市律师协会也是全国首个由官办转向民间自治的地方律师协会。选出会长后,深圳市司法局放手让律协自治,将前几届律师协会积累下来的1200余万元会费直接交给律师协会。

民选班子认为律师协会最需要解决的问题是搬出老旧狭小的办公室,买下办公新房。2004年8月,深圳市律师协会的理事会全票通过买楼决议,决定以律师协会会费买下价值2000余万元的办公楼。但以深圳市律师冯友为代表的部分律师坚决反对,称这一重大的事项应在全体深圳律师中公示,并召开临时律师代表大会进行表决。临时代表的提议人没有到法定人数,但深圳市律师协会依然签下买楼合同。反对者认为负债经营的做法不合理,并且该方案没有在律师中公示,部分律师甚至认为会长和秘书长在买楼中拿了好处。深圳市司法局立即介入调查,调查结果表明会长徐建是清白的。

引发买楼风波的重要原因是预决算监督制度不够健全。不少律师代表在大会的发言中直言利弊,指出律师协会改为民间自治之后在运作上出现的问题,焦点还是集中在买楼上。甚至有律师提出,应该成立一个独立的买楼调查委员会,对买楼事件做一次彻底的调查。作为对这种意见的回应,律师代表大会在新的律协章程中规定设立监事会,以类似于公司治理结构的方式来监督理事会和会长的作为。

不少律师表示,为了避免争议,可以要求会长全职,并承诺高薪。深圳市司法局则认为,这一设想的可操作性不强,律协未必能够支付高薪,同时这一做法可能会在深圳律师界引起新一轮的争议与风波。

(资料来源:陈善哲:《深圳律师协会罢免案》,《南方都市报》2004年7月26日。)

分析要点

1. 合法性代表着组织内部和外部成员的支持和认可,一旦失去合法性,社会组织难以有效运行。

2. 社会组织的理事长或秘书长以全职或兼职两种不同的方式开展工作对社会组织的正常运行会产生不同影响,全职可能更容易获得全体成员的信任与支持。

3. 社会组织内部的争议多与财务管理制度相关,必须做好社会组织的财务管理和预决算管理工作。

本章小结

第三部门治理理论的历史和传统推动了第三部门的整体发展,当前的第三部门治理理论可以从基础性理论、关系性理论和价值性理论三个方面透视理论体系的起源和焦点。

第一,基础性理论是第三部门治理研究的根源。资源依赖理论、治理理论、社会资本理论、交易成本理论和利益相关者理论等基础性理论关注了第三部门运行所需要的基本资源、社会资本、交易费用、利益主体方等内容,反映出第三部门生存与发展的必要条件。

第二,关系性理论是第三部门治理研究的重点。失灵理论、政府与第三部门关系理论、双重赋权理论、民营化理论和多中心治理理论等关系性理论强调了第三部门治理过程中内部要素与外部要素、组织与环境之间的互动关系,深入刻画了第三部门的动态治理过程。

第三,价值性理论是第三部门治理研究的灵魂。合法性理论、第三方治理理论和市民社会理论组成的价值性理论体系拓展了第三部门治理研究中的价值性问题,强调从组织内外部的权力来源、治理主体、公民自治等方面考量第三部门生存与发展的最基本的问题。

本章思考题

1. 如何区分第三部门治理理论中的基础性理论、关系性理论与价值性理论?
2. 第三部门治理理论中的双重赋权理论的主要内容是什么?
3. 请结合现实对第三部门治理理论中的合法性理论加以阐释。

阅读书目

1. 蔡宏进:《社会组织原理》,五南图书出版股份有限公司2006年版。
2. 邓延平主编:《多维审视下的组织理论》,清华大学出版社、北京交通大学出版社2007年版。
3. 〔美〕詹姆斯·N.罗西瑙主编:《没有政府的治理:世界政治中的秩序与变革》,张胜军、刘小林等译,江西人民出版社2001年版。
4. 〔美〕罗伯特·D.帕特南:《使民主运转起来:现代意大利的公民传统》,王列、赖海榕译,江西人民出版社2001年版。
5. 康晓光:《创造希望——中国青少年发展基金会研究》,漓江出版社、广西师范大学出版社1997年版。
6. 林修果主编:《非政府组织管理》,武汉大学出版社2010年版。

第三章 第三部门法律制度

【本章教学目标】

中国属于大陆法系国家,制定法律对于界定政府行为边界具有至关重要的作用。因此,在学习第三部门这一课程时,对基本法律制度的掌握是非常重要的。本章主要介绍与第三部门相关的基本法律制度,重点分析第三部门领域的主要立法,包括法律和行政法规。

第一节 有关第三部门的基础性立法

首先,我们需要对中国的法律体系有所了解。法律体系是指"一个国家的全部现行法律规范分类组合为不同的法律部门而形成的有机联系的统一整体"[①]。中国的法律体系的特征可以概括为"统一而又多层级"。"统一"是指所有立法都不能与宪法相抵触,最高立法权集中在全国人民代表大会及其常务委员会,下位法不能与上位法抵触。"多层级"是指除全国人大及其常委会享有立法权外,国务院、省级人大及其常委会、民族自治地方的人大及其常委会、省级

---

① 中国大百科全书总编辑委员会《法学》编辑委员会编:《中国大百科全书·法学》,中国大百科全书出版社1984年版,第84页。

人民政府等也可以制定行政法规、地方性法规、民族自治条例和地方政府规章等。①

本节在介绍《中华人民共和国宪法》(简称宪法)中与第三部门相关的基本内容的基础上,再介绍那些与第三部门相关的民事立法、支持性立法、管理性立法以及处罚性立法。

一、宪法

宪法是国家的根本大法。1949年中华人民共和国成立后,《中国人民政治协商会议共同纲领》起到临时宪法的作用。1954年第一部《中华人民共和国宪法》通过审议,之后于1975年、1978年和1982年通过了第二部、第三部和第四部宪法。现行有效的宪法是1982年颁布的,历经五次修订,分别于1988年、1993年、1999年、2004年和2018年通过。

(一) 宪法的授权性规定

宪法第三十五条规定,中华人民共和国公民有言论、出版、集会、结社、游行、示威的自由。除此之外,宪法还规定了公民在年老、疾病、丧失劳动能力后有获得物质帮助权,公民有受教育权和劳动权,宗教信仰自由,男女性别平等,未成年人、残障人士获得特殊保护的权利等,这些都为第三部门开展社会服务、公民权利保障等提供了法律保障。

(二) 宪法的禁止性规定

宪法第五条规定,各社会团体、各企业事业组织都必须遵守宪法和法律。一切违反宪法和法律的行为,必须予以追究。宪法第三十六条规定,中华人民共和国公民有宗教信仰自由。任何国家机关、社会团体和个人不得强制公民信仰宗教或者不信仰宗教,不得歧视信仰宗教的公民和不信仰宗教的公民。

宪法中有关慈善或社会组织的直接条款较少。但是,其关于结社自由、宗教自由的规定以及对特殊群体的救助和特别保护的条款都是慈善和社会组织立法的依据。同时,宪法规定了禁止性条款,对慈善和社会组织的行为设定了边界。

---

① 张志铭:《转型中国的法律体系建构》,《中国法学》2009年第2期。

二、相关民事立法

除了宪法外,与第三部门相关的基本法律就是民事基本法。2020年5月28日,民法典由第十三届全国人民代表大会第三次会议表决通过。

(一) 民法典关于法人的规定

民法典用了九个条款就非营利法人做了规定,非营利法人是第三部门的主要主体。

民法典第八十七条对非营利法人做了界定,为公益目的或者其他非营利目的成立,不向出资人、设立人或者会员分配所取得利润的法人,为非营利法人。该法条将事业单位也纳入非营利组织的范畴。第八十八条和八十九条就事业单位法人的设立和治理做了初步规定,第九十和九十一条对社会团体法人的设立和治理做出了规定。第九十二至九十四条对捐助法人,包括基金会和社会服务机构的设立、治理及监督做出了规定。第九十五条主要规定非营利法人终止时财产的处理。第九十六条规定的机关法人、农村集体经济组织法人、城镇农村的合作经济组织法人、基层群众性自治组织法人为特别法人,其中基层群众性自治组织也属于广义上的第三部门。

第一百零二条谈到非法人组织,它不具有法人资格,但是能够依法以自己的名义从事民事活动。非法人组织包括个人独资企业、合伙企业、不具有法人资格的专业服务机构等。在非法人组织中,不具有法人资格的专业服务机构,也属于广义上的第三部门。

(二) 其他民事立法方面的规定

在财产权方面,相关立法也做出了规定。民法典第三百九十九条规定,学校、幼儿园、医疗机构等为公益目的成立的非营利法人的教育设施、医疗卫生设施和其他公益设施不得抵押。2006年修订的《中华人民共和国合伙企业法》(简称合伙企业法)第三条明确规定,社会团体不能成为普通合伙人。2004年修订的《中华人民共和国土地管理法》(简称土地管理法)第五十四条就公益事业用地给予了政策倾斜,即可以通过划拨方式取得,而不必通过有偿方式取得。民法典第六百五十八条对公益性赠与合同的撤销做了限制性的规定,规定赠与人在赠与财产的权利转移之前可以撤销赠与,但经过公证的赠与合同或者依法不得撤销的具有救灾、扶贫、助残等公益、道德义务性质的赠与合同则不可以撤销。

三、支持性立法

第三部门主要在慈善领域开展工作,所以政府在税收和其他方面的支持非常重要。

(一)税收支持

税收是很重要的调节机制,但目前调整第三部门税收的法律主要在行政法规和政策性文件层面。本书在此介绍法律层面的相关条款,如果要深入了解,需要进一步查询国务院出台的行政法规以及财政部、国家税务总局等发布的部门规章及政策性文件。

立法层面的税收规定主要体现在捐赠领域的税收减免。2018年修订的《中华人民共和国企业所得税法》第九条对企业的公益性捐赠支出的税收减免进行了规定:企业发生的公益性捐赠支出,在年度利润总额12%以内的部分,准予在计算应纳税所得额时扣除;超过年度利润总额12%的部分,准予结转以后三年内在计算应纳税所得额时扣除。同年修订的《中华人民共和国个人所得税法》(简称个人所得税法)第六条规定,个人将其所得对教育、扶贫、济困等公益慈善事业进行捐赠,捐赠额未超过纳税人申报的应纳税所得额百分之三十的部分,可以从其应纳税所得额中扣除;国务院规定对公益慈善事业捐赠实行全额税前扣除的,从其规定。2016年修订的《中华人民共和国公共文化服务保障法》第五十条规定,公民、法人和其他组织通过公益性社会团体或者县级以上人民政府及其部门,捐赠财产用于公共文化服务的,依法享受税收优惠。国家鼓励通过捐赠等方式设立公共文化服务基金,专门用于公共文化服务。1987年通过实施的《中华人民共和国海关法》第四十条规定,经济特区等特定地区进出口的货物,中外合资经营企业、中外合作经营企业、外资企业等特定企业进出口的货物,有特定用途的进出口货物,用于公益事业的捐赠物资,可以减征或者免征关税。在2017年修订之后,相关条款已被删除,将临时减征或免征关税的立法权授予国务院。对慈善组织税收优惠的主要规定被列入行政法规和政策文件之中。如公益事业捐赠法第二十六条规定,境外向公益性社会团体和公益性非营利的事业单位捐赠的用于公益事业的物资,依照法律、行政法规的规定减征或者免征进口关税和进口环节的增值税。

(二)其他支持

除税收支持外,中国在一系列立法中明确对社会组织予以赋权。《中华人民共和国教育法》《中华人民共和国高等教育法》《中华人民共和国妇女权益保障法》《中华人民共和国残疾人保障法》《中华人民共和国未成年人保护法》《中华人民共和国义务教育法》等都明确规定,鼓励社会团体、基层群众性组织等参与相关社会服务供给,为特定困难群体提供保护。

还有一些立法赋予社会团体和社会组织特别的权利或资格,如2017年修订的《中华人民共和国标准化法》鼓励社会团体参与标准化的开展和制定工作,并规定社会团体可以向国务院标准化行政主管部门提出强制性国家标准的立项建议。2017年修订的《中华人民共和国水污染防治法》鼓励社会团体支持水污染受害者提起诉讼。2018年修订的《中华人民共和国产品质量法》第二十三条授权从事消费者权益保护的社会组织处理建议权和支持起诉权。2014年修订的《中华人民共和国环境保护法》(简称环境保护法)第五十八条直接赋予社会组织提起公益诉讼的诉讼资格。当然,这些社会组织需要满足一些条件,如在相应的民政部门登记并连续专门从事环保公益活动五年以上,而且不能有违法记录。

我国对社会组织的法律支持主要体现在税收和公益诉讼资格两个方面,但总体上还倾向于以监管为主,有限的立法支持在实践层面还受到比较大的限制。在税收支持方面,"多数税收优惠政策管理过严,门槛太高,致使许多符合条件的社会组织和捐赠难以享受税收优惠政策"[1]。在公益诉讼资格方面,环境保护法第五十八条是一个非常大的突破,但当环境保护组织真正试图承担这一角色时,会面临很多内部治理和外部审查的挑战。[2]

---

[1] 靳东升、原泽文、凌萍:《支持社会组织发展的税收政策研究》,《财政研究》2014年第3期。
[2] 张锋:《环保社会组织环境公益诉讼起诉资格的"扬"与"抑"》,《中国人口(资源与环境)》2015年第3期。

四、管理性立法

(一) 明确特定组织为社会团体

依据《中华人民共和国红十字会法》(简称红十字会法)律师法《中华人民共和国工会法》(简称工会法)、《中华人民共和国注册会计师法》《中华人民共和国公证法》(简称公证法)、《中华人民共和国拍卖法》《中华人民共和国仲裁法》《中华人民共和国证券法》《中华人民共和国证券投资基金法》《中华人民共和国保险法》等相关规定,中国红十字会、地方各级红十字会和行业红十字会,中华全国律师协会及省、地市级律师协会,中华全国总工会、地方总工会、产业工会,中国仲裁协会,各级注册会计师协会,中国拍卖行业协会,中国证券业协会,中国基金业协会,中国保险行业协会等是社会团体法人。

同时,劳动立法和会计立法等都规定,第三部门与劳动者建立劳动关系参照普通立法执行,如2018年修订的《中华人民共和国劳动法》第二条和2012年修订的《中华人民共和国劳动合同法》第二条都规定,民办非企业单位、事业单位、社会团体和劳动者之间建立劳动关系或发生劳动合同相关事宜,都遵从这些法律规定执行。《中华人民共和国会计法》(简称会计法)第二条也明确了该法规定的会计事务适用于社会团体、事业单位等组织。

(二) 特别管理立法

《中华人民共和国产品质量法》第五十八条、《中华人民共和国食品安全法》第一百四十条第三款、《中华人民共和国消费者权益保护法》第四十五条第三款等都规定,社会团体、社会中介机构等对产品质量做出不实承诺或参与虚假宣传、虚假广告,给消费者推荐食品、其他商品或服务,给消费者造成损失的,应该承担连带责任。

总体来看,管理性立法对社会组织的管理主要是明确行业协会、社会团体等属于社会团体性质法人,同时规定劳动和会计方面的法律对其直接适用,还重点提醒以社会团体为主的第三部门在介入有关产品、服务、食品等领域时,不能随便参与对商品的宣传、广告和推广,否则因不实或虚假宣传给消费者造成损害的,要承担连带责任。

五、处罚性立法

第三部门在违反法律之后,公权力介入的处罚包括行政处罚和刑事追责。

(一) 行政处罚

社会团体、社会服务机构和基金会以及它们的负责人除了遵守普通的行政管理法规外,2012 年修订的《中华人民共和国治安管理处罚法》(简称治安管理处罚法)第五十四条还专门规定了对某些社会团体相关的违法行为的罚则:违反国家规定,未经注册登记,以社会团体名义进行活动,被取缔后,仍进行活动的,处十日以上十五日以下拘留,并处五百元以上一千元以下罚款;情节较轻的,处五日以下拘留或者五百元以下罚款。

(二) 刑事追责

刑事法律主要规定哪些是犯罪行为以及被认定犯罪行为后应当承担何种责任。刑法中对社会团体或第三部门有一些特别的规定。例如,2017 年修订的刑法第九十一条将用于扶贫和其他公益事业的社会捐助或者专项基金的财产界定为公共财产;第二百七十三条将挪用用于救灾、扶贫、救济款物的行为定义为"挪用特定款物罪",最高可处以 7 年以下有期徒刑;第三百八十四条将挪用用于救灾、扶贫、救济款物归个人使用的行为定义为"挪用公款罪",需要从重处罚,最高可处以 10 年以上有期徒刑或者无期徒刑;第九十三条规定,国有企事业单位、机关委派到社会团体从事公务的人员仍要以国家工作人员论,从而承担相应的公职人员可能构成的职务犯罪或经济犯罪责惩。

治安管理处罚法和刑法对第三部门的特别规定较少,但从有限的专门条款看,治安管理处罚法重点打击的是身份违法类活动,而刑法则强调对公众捐助财产的保护。

第二节 有关第三部门的专门立法

本节主要介绍第三部门领域的几部专门立法,包括公益事业捐赠法、慈善法、境外非政府组织境内活动管理法、红十字会法和工会法。

一、公益事业捐赠法

公益事业捐赠法于1999年6月28日由第九届全国人民代表大会常务委员会第十次会议通过,同年9月开始生效,主要是用于规范和鼓励公益捐赠。该法共分为六章,包括总则、捐赠和受赠、捐赠财产的使用与管理、优惠措施、法律责任以及附则。

公益事业捐赠法适用于向公益性社会团体(包括以公益为目的的基金会和慈善组织等)或非营利性事业单位(非营利的教育、科研、医疗卫生、公共文化、公共体育、社会福利等机构)的捐赠。至于何为公益性或非营利性事项,该法第三条使用了非常宽泛的界定,包括救灾、济贫、助残,教育、科学、文化、卫生、体育,环境保护、社会公共设施建设及促进社会发展和进步的其他公益性事项。该法还将捐赠财产及增值界定为社会公共财产,予以保护。

在捐助和受赠方面,公益事业捐赠法强调自愿,捐赠人要捐赠自己有处分权的财产,受赠人要按捐赠意愿使用捐赠财物,而且账务要明确,接受捐赠人、社会和国家监督。在优惠措施方面,规定了国家对捐赠的企业、个人进行所得税减免、关税减免。对于捐赠的工程项目,当地政府要给予支持和优惠。法律责任部分,主要是打击违反捐赠用途或对捐赠物贪污、挪用的行为,同时也打击以捐赠名义进行偷税和逃税行为。

公益事业捐赠法出台的积极意义在于第一次通过立法形式将公益捐赠确定下来。但也有学者认为,该法形式意义大于实际意义,其在实践中几乎没有发挥作用,完全忽视了受益人的权利,而且让县级以上人民政府同时作为受赠人和监管人,也没有跟税务政策进行对接以激励捐赠等内容。[①]

二、慈善法

慈善法于2016年3月16日由第十二届全国人民代表大会第四次会议通过,并于当年9月1日开始实施,是调整慈善事业领域的基础性和综合性法律。该法共有十二章,包括总则、慈善组织、慈善募捐、慈善捐赠、慈善信托、慈善财

---

① 陈恩美:《〈公益事业捐赠法〉缺陷评析》,《西南民族学院学报(哲学社会科学版)》2000年第5期;李晓丽、杨帅:《〈公益事业捐赠法〉在中国实施陷入困境原因探析》,《法制与社会》2007年第11期。

产、慈善服务、信息公开、促进措施、监督管理、法律责任和附则。

在组织成立方面,慈善法明确了慈善组织的几种组织形式,包括基金会、社会团体和社会服务机构等,同时规定慈善组织应当满足以下七个方面的条件:以开展慈善活动为宗旨、不以营利为目的、有自己的名称和住所、有组织章程、有必要的财产、有符合条件的组织机构和负责人以及法律、行政法规规定的其他条件。对于慈善法颁布之前在民政部门登记的基金会、社会团体或民办非企业单位,可以向民政部门申请认定为慈善组织。

在慈善募捐方面,慈善法将慈善募捐分为面向社会公众的公开募捐和面向特定对象的定向募捐两类。对于公开募捐,该法规定了附加条件,如依法登记满两年的慈善组织,在向民政部门申请获得公开募捐资格证书后才可公开募捐。对于采用现场方式开展的公开募捐,要受地域管辖;采用媒体或线上开展的募捐则不受此限制。

除了民法典与公益事业捐赠法的相关规定外,慈善法在捐赠方式上明确捐赠者可以直接向受益人捐赠,也可以通过慈善组织捐赠,同时要求接受捐赠的慈善组织开具财政部门统一监(印)制的捐赠票据。就指定用途或受益人的捐赠,捐赠人不得将自身的利害关系人指定为受益人。

慈善法还就慈善信托、慈善组织财产、慈善服务等予以规定。在慈善信托方面,该法规定慈善信托属于公益信托,应当设立慈善信托、确定受托人和监察人,而且要到民政部门备案。慈善信托的受托人包括慈善组织和信托公司两类。慈善信托还可以确定信托监察人。在慈善组织财产方面,慈善法规定慈善组织的财产包括发起人捐赠、资助的创始财产,募集的财产和其他合法财产。慈善组织的财产不得分配,慈善组织可以进行增值、保值性投资;重大投资方案要经决策机构组成人员三分之二以上同意。慈善组织终止后,慈善财产有剩余的,要按捐赠协议处理,募捐方案或捐赠协议未规定的,应将剩余财产用于相同或者相近的其他慈善项目。在慈善服务方面,慈善法规定服务主体可以是慈善组织、其他组织或个人,而服务的性质是志愿无偿或者非营利性的。慈善法要求慈善服务开展中,慈善组织应该尊重志愿者的隐私和人格尊严,并且安排与其年龄、专长等相适应的工作,还要就必要的风险履行告知义务并购买相应的人身意外伤害险;而志愿者则要服从管理并接受必要的培训。

慈善组织承载着社会信用,因此信息公开是慈善事业管理中一项非常重要的内容。在信息公开方面,慈善法要求县级以上政府建立慈善信息统计和发布制度,为慈善组织建立统一的信息发布平台。该法规定慈善组织、慈善信托的受托人应当履行信息公开义务,向社会公开工作报告和财务报告。具有公开募捐资格的慈善组织还要定期公开募捐情况和慈善项目实施情况。

在促进措施方面,慈善法在税收制度方面比以往规定得更全面,规定了慈善组织、捐赠人税收方面的减免,并配合企业所得税法的修订,允许企业捐赠应纳税所得额扣除结转三年。慈善法还规定跨境物资捐赠在关税方面的减免,以及实物、有价证券、股权和知识产权捐赠的行政事业性费用免征,并明确提出对扶贫济困类慈善活动实行更为特殊的优惠政策。

在监督管理方面,慈善法将县级以上民政部门界定为慈善活动的监督主体,并赋予民政部门一定的执法权限,包括现场检查、查阅资料、调查相关方以及经同级政府批准查询慈善组织账户等。慈善法规定民政部门应建立与慈善相关的信用记录和评估制度,并赋予慈善行业组织健全行业规范的权利,赋予公众和媒体以舆论和社会监督权利。

慈善法非常重视法律责任,在第十一章用十二个条款来明确:第九十八至一百条主要界定慈善组织日常运行中的违法行为,如违背慈善宗旨开展活动、未履行信息公开义务、泄露受益人隐私等;第一百零一和一百零二条主要调整慈善募捐中的违法行为,如虚构事实、变相摊派、不开捐赠票据等;第一百零三和一百零四条主要是处罚骗税或危害国家安全的行为方面的规定;第一百零五条主要处罚慈善信托中的违法行为,第一百零六条规范慈善服务中的侵权行为。上述行为的执法机关是民政部门,而第一百零七条和一百零九条则规定了由公安机关处罚的行为,与治安管理处罚法相衔接。第一百零八条主要是处罚政府和其工作人员在慈善监管中的失职行为。

在慈善法出台以前,我国的慈善立法主要存在三个方面的问题:一是制定法律条文落后于社会发展的需求,不符合时代发展的主题,部分关键性的法律要素缺失;二是立法机关和行政机关之间的分工与协调能力不强,在慈善立法方面没有实现充分的合作;三是对监管体系的关注不足,仅强调立法机关和行政机关的"体制内监督",对行业自律、公众监督、组织内部治理等内容涉及不多。慈善法的出台,就是努力破解这些问题。前全国人大法工委副主任阚珂在接受记者采访时将慈善法的意义概括为"构建我国慈善领域的基本制度,实现加强慈善制度顶层设计的要求"①。慈善法的价值受到来自学界的充分肯定,但同时也被认为存在一定的局限性,如慈善组织的认定范围过窄、慈善组织的税收优惠政策不到位、慈善组织监管方式不完善等。②

慈善法于 2016 年 3 月通过,9 月正式实施。但公益慈善事业并非仅由慈善法进行调整,它还受到由法律、法规、部门规章和政策文件组成的法律体系的调整(详见表 3-1)。

表 3-1 慈善法及相关法律法规、政策文件的层级与发布部门

层级	发布部门	名称
政策(党和国家)	中共中央办公厅、国务院办公厅	《关于改革社会组织管理制度促进社会组织健康有序发展的意见》
法律	全国人民代表大会	《中华人民共和国慈善法》
行政法规	国务院	《基金会管理条例》《社会团体登记管理条例》《民办非企业单位登记管理暂行条例》
部门规章/规范性文件	民政部等	《慈善组织认定办法》《慈善组织公开募捐管理办法》《关于慈善组织开展慈善活动年度支出和管理费用的规定》《慈善组织信息公开办法》等
政府规章	地方政府	《广州市社会组织管理办法》等

资料来源:章高荣:《政治、行政与社会逻辑:政策执行的一个分析框架——以〈慈善法〉核心条款的实施为例》,《中国行政管理》2018 年第 9 期。

三、境外非政府组织境内活动管理法

境外非政府组织境内活动管理法于 2016 年 4 月 28 日由第十二届全国人民代表大会常务委员会第二十次会议审议通过,并于 2017 年 1 月 1 日起实施。该

---

① 殷泓、王逸吟:《开启依法治"善"新时代》,《光明日报》2016 年 3 月 19 日。
② 徐家良:《〈慈善法〉实施两周年,带来了哪些改变?》,《善城》2018 年第 9 期;吕鑫:《分配正义:慈善法的基本价值》,《浙江社会科学》2018 年第 5 期。

法共七章，分别为：总则、登记和备案、活动规范、便利措施、监督管理、法律责任、附则。

境外非政府组织境内活动管理法对境外非政府组织做了界定。该法第二条规定了哪些是该法的调整范围，同时在第五十三条规定哪些不是该法的调整范围：属于该法调整范围的是境外的基金会、社会团体、智库机构等非营利、非政府的社会组织；不属于该法调整范围的是境外学校、医院、自然科学和工程技术的科研机构或者学术组织与境内学校、医院、自然科学和工程技术的研究机构或者学术组织开展交流合作。

我国对境外非政府组织实行双重管理，将主管部门分为登记管理机关和业务主管单位。登记管理机关是国务院公安部门和省级人民政府公安机关，而业务主管单位是国务院有关部门和单位、省级人民政府有关部门和单位。

在登记和备案部分，该法将境外非政府组织的合法活动形式分为代表机构登记和临时活动备案两类。境外非政府组织可以在中国登记设立代表机构，但不能设立分支机构，除非经国务院特别规定，代表机构不具备法人资格；未设立代表机构的，应该就临时活动进行备案，临时活动期限不超过一年。

境外非政府组织的代表机构受地域管辖限制，其活动地域范围和活动具体内容要征得业务主管单位的同意，并向登记管理机关备案。代表机构也在中国开设银行账户，接受中国的会计审计，依法办理纳税登记，并遵从外汇管理的规定。境外非政府组织的代表机构，应该设首席代表，同时可以依实际需求不同，设置一到三名代表。

该法要求中国政府为境外非政府组织在中国境内的合法活动提供必要的便利和服务，明确作为登记管理机关的公安部门应该及时制定境外非政府组织可开展的活动领域和项目目录，并公布业务主管单位名录；规定年度检查不能收取费用，同时要提供相应的税收优惠等。

境外非政府组织违反相关法律，可能面临取缔临时活动、吊销登记证书的处罚，构成违法犯罪的，还将被依法追究行政或刑事责任。被撤销、吊销或取缔的境外非政府组织，五年内不得在中国设立代表机构或开展临时活动。

境外非政府组织境内活动管理法是一部调整境外非政府组织的专门立法，

被学者认为是"法治化监管"的重要标志。① 当然,在实践方面还有很多需要完善的地方,如建立统一的平台、实现业务主管单位名录动态更新等。②

四、红十字会法和工会法

(一)红十字会法

红十字会法于1993年10月31日由第八届全国人民代表大会常务委员会第四次会议审议通过,并在2009年和2017年进行修订。2017年修订的红十字会法共设总则、组织、职责、标志与名称、财产与监管、法律责任、附则七章。与2009年相比,2017年修订的红十字会法增加了财产与监管、法律责任这两个部分。

红十字会主要从事人道主义救援,有自己专门的名称和标志。红十字会除了遵守中国的宪法和法律外,还要遵循国际红十字和红新月运动确立的基本原则,依照中国参加的《日内瓦公约》及附加议定书开展工作。

在中国,红十字会的性质属于社会团体,包括中国红十字会总会、地方各级红十字会和行业红十字会。红十字会通过民主选举产生会长和副会长,同时设名誉会长和名誉副会长。

红十字会主要履行以下几个方面的职责:自然灾害和突发事件中的伤病救助、普及卫生救护和防病知识、开展红十字青少年活动、参加国际人道主义救援、宣传国际红十字和红新月运动的基本原则、依照国际红十字和红新月运动的基本原则完成人民政府委托事宜及依照《日内瓦公约》和附加议定书开展活动等。

红十字会有一些特殊的权力。如在战争、武装冲突、自然灾害和其他突发事件中,配有红十字标志的救援人员、物资和交通工具有优先通行权。再比如,根据《日内瓦公约》及附加议定书,红十字标志具有保护作用,即在战争和武装冲突中的双方,必须尊重和保护红十字的人员、设备和设施。

红十字会的主要收入来源包括会费、境内外捐赠、动产和不动产收入、政府

---

① 陈晓春、彭燕辉、陈文婕:《在华境外非政府组织法治化监管研究》,《中国行政管理》2017年第7期。
② 贾西津:《境外非政府组织境内活动管理法实施观察》,《中国非营利评论》2018年第1期。

拨款以及其他合法收入。和其他社会团体一样,红十字会可以组织募捐,但必须到民政部门领取募捐资格证书,当然也可享受税收优惠。2017年修订的红十字会法强化了对红十字会的财务监管,要求其募捐遵守慈善法规定,如开具财政部门统一监(印)制的公益事业捐赠票据。同时,红十字会法还要求,红十字会应当及时聘请独立的第三方机构,对捐赠款物的收入和使用进行审计,审计结果除向内部理事会和监事会报告外,还要向社会公布。该法还要求,红十字会接受的境外捐赠款物,要接受专项审查。

(二)工会法

工会法于1992年4月3日第七届全国人民代表大会第五次会议通过,并于2001年和2009年修订。该法包括总则、工会组织、工会的权利和义务、基层工会组织、工会的经费和财产、法律责任以及附则共七章。

根据工会法,工会是工人阶级的群众组织,在法律上,其性质是社会团体法人。我国的工会分为中华全国总工会、地方总工会和产业工会。该法要求企事业单位和机关会员人数达到二十五人以上的,就应当建立基层工会,下一级工会成立,需要报上一级工会批准。职工达到二百人以上的企事业单位的工会,可以设专职工会主席。

工会法规定工会履行如下几个方面的职责:通过平等协商和集体合同制度,协调劳动关系,维护企业职工劳动权益,组织职工主要通过职工代表大会等形式参与决策、管理和监督。对企事业单位违反劳动权益的,可要求企事业单位改正或请求当地政府处理。

工会经费的主要来源包括以下几个方面:会员会费、建立工会组织的企事业单位和机关按每月全部职工工资总额的百分之二向工会拨缴的经费、工会所属的企事业单位上缴的收入、政府补助及其他收入。对于经费使用的监督,则主要是通过经费审查委员会审查,并向会员大会或会员代表大会汇报,同时接受国家监督。

红十字会和工会是两类比较特殊的社会团体法人,了解它们与普通社会团体法人在登记要求、监管模式、功能定位和经费特点等方面的异同非常重要,有助于更好地推进社会团体法人的立法和理论发展。有些学者也将基层自治组

| 第三部门概论 |

织列入广义的第三部门,但本书出于篇幅限制,对《中华人民共和国村民委员会组织法》和《中华人民共和国城市居民委员会组织法》将不再具体介绍。

阅读材料

关于对锡盟钱币学会等26家社会组织进行行政处罚的决定

锡民政社组字〔2019〕9号

按照《社会团体登记管理条例》《民办非企业单位登记管理暂行条例》的有关规定,我局每年5月31日前对社会组织进行年度检查,但部分社会组织存在拒不接受或者不按照规定接受监督检查、未按时办理业务主管单位变更手续等严重失信、违规行为,为进一步规范社会组织行业行为,加强综合监管,我局决定对此类社会组织进行行政处罚,具体处罚情况如下:

1. 对锡林郭勒盟钱币学会、锡林郭勒盟蒙古族传统生活文化商会和锡林郭勒盟经纪人协会等9家未按时参加2017年年度检查的社会组织给予警告,并要求其在整改期内(4月28日—5月27日)补齐年检相关手续;

2. 对锡林郭勒盟民俗摄影协会、锡林郭勒盟民族工艺美术协会和锡林郭勒盟阳光冠军足球俱乐部等17家连续两年未参加年检或在规定时间未办理变更登记的社会组织给予撤销登记。

请相关社会组织自接到通知后15个工作日内(5月8日—28日)到锡林郭勒盟民政局社会组织登记管理窗口(锡林郭勒盟政务服中心3楼51号窗口)领取通报文件。被撤销的社会组织,从决定生效当日起向登记管理机关上缴《社会团体法人登记证书》或《民办非企业单位法人登记证书》及印章,并清理债权债务,依法办理注销登记。逾期未办理的,依据《社会组织信用信息管理办法》将列入异常活动名录,登记管理机关协调配合相关部门,在各自职权范围内,依据社会组织信用信息采取相应的惩戒措施,重点推进对失信社会组织的联合惩戒。

锡林郭勒盟民政局
2019年4月24日

资料来源:张艳利:《这26家社会组织被行政处罚!》,《内蒙古日报》2019年5月14日。

第三节 有关第三部门的行政法规

对于社会团体、民办非企业单位、基金会、事业单位及宗教团体等第三部门具体的组织类型,其主要的管理依据不是法律而是行政法规,所以,在本节将对几项主要行政法规做简要介绍。

一、《社会团体登记管理条例》和《外国商会管理暂行规定》

外国商会是社会团体的一部分,由于历史的原因,我国针对外国商会采取了特殊的管理制度,用行政法规加以规范。

(一)《社会团体登记管理条例》

《社会团体登记管理条例》于1998年9月25日国务院第八次常务会议通过,2016年修订,包括总则、管辖、成立登记、变更注销、监督管理、罚则和附则共七章。

该条例第二条对社会团体从四个方面做了界定:由公民自愿组成、为实现共同意愿、根据章程开展活动以及非营利性。该条例明确规定下列社会组织不属于它的调整范围:(1)参加中国人民政治协商会议的人民团体;(2)由国务院机构编制管理机关核定,并经国务院批准免于登记的团体;(3)机关、团体、企业事业单位内部经本单位批准成立、在本单位内部活动的团体。

该条例规定对社会团体实行双重管理,由业务主管单位和登记管理机关进行管理。社会团体的登记实行属地管辖,全国性的社会团体由国务院登记管理机关管理,地方性的社会团体由所在地的政府登记管理,而跨地域的社会团体则由所跨行政区域的共同上一级民政部门登记管理。

该条例第三章规定了成立社会团体的六项条件,如50人以上的个人会员或30个以上的单位会员。它同时对社会团体的命名也提出了要求。该条例还规定了社会团体申请登记时向登记管理机关提交的文件清单、章程应该有的内容以及不予登记的情形。

第四章对何种情形下变更注销、变更注销后如何进行清算及多长时间内应该进行注销登记等进行了规定。

第五章监督管理部分规定了登记管理机关和业务主管单位各自的管理职责,同时也对社会团体在财务、募捐、银行账户等方面进行了规定。

第六章罚则部分规定,如社会团体违反相关规定,登记管理机关将根据情形给予警告、责令改正、限期停止活动;严重的,该社会团体则面临撤销登记甚至承担刑事责任的惩罚。筹备期间或未经登记擅自以社会团体名义开展活动的,则面临取缔、没收非法财产等后果。

2018年,国务院正式启动《社会组织登记管理条例》的起草工作,准备取代《社会团体登记管理条例》《民办非企业单位登记管理暂行条例》和《基金会管理条例》,作为对上述三类社会组织进行管理的统一行政法规,并于当年8月公布征求意见稿。在《社会组织登记管理条例(草案征求意见稿)》中,社会团体相关内容与《社会团体登记管理条例》的规定有一些显著区别。

一是部分类型社会团体可直接登记。允许行业协会商会、自然科学和工程技术领域的科技类社会团体和社会服务机构、公益慈善类社会团体及城乡社区服务类社会团体和社会服务机构直接登记,不需要寻找业务主管单位,其中城乡社区服务类社会团体只允许在县一级登记。

二是对发起人人数有最低要求。成立全国性社会团体和地方性社会团体分别需要满足10名和5名发起人的最低要求。

三是新增登记提交文件内容。在《社会团体登记管理条例》基础上,发起人所需提交文件新增会员名单和建立中国共产党组织工作方案。

四是新增章程载明事项。在《社会团体登记管理条例》基础上,社会团体章程新增的需要载明的事项包括注册资金数额、来源以及党建工作要求。

五是有限度放开业务范围近似的社会团体登记。允许设立业务范围相同或相似的社会团体,但只在地方层面放开,国务院登记的社会团体仍要求业务范围不得与已登记社会团体重复,而此规定在征求意见过程中遭到普遍反对。

(二)《外国商会管理暂行规定》

《外国商会管理暂行规定》是1989年4月28日经国务院第三十九次常务会议通过的行政法规,并于2013年予以修订。由于国务院机构调整,2013年修订的《外国商会管理暂行规定》中不再要求外国商会成立前要通过中国国际商会提出书面申请,也不需要再经过商务部(原外经贸部)的审查,而是可以直接向民政部提出书面申请。该规定修订前后都没有区分章节,修订后用简单的14个条款予以规定。

该规定从以下几个方面界定外国商会:一是指由外国在中国境内的商业机构及人员申请成立;二是不从事任何商业活动,或者说必须为非营利性组织;三是以促进其会员同中国发展贸易和经济技术交往为宗旨。

《外国商会管理暂行规定》第四条规定了外国商会成立的条件;第五条允许其有团体会员和个人会员两种形式;第六条要求外国商会的名称应当冠其本国国名加上"中国"二字;第七条规定登记管理机关为民政部;第八条规定了外国商会成立需要提交的文件;第九至十三条则主要是一些管理性规定,如会费不能汇出境外,修改章程、变更地址或负责人时应该及时登记,向登记管理机关提交年度报告,解散后应由会长签字申请注销登记等。

与其他几个条例相比,对外国商会的规范较为简单,对其运作的机制、治理等都没有具体规定,外国商会以既成事实方式运作,现有规定对其性质没有定位,监管主体也不明确,这导致其与中国社会组织管理及税务机制的对接存在不确定性。① 学界也在呼吁对该规定进行必要的修订。

二、《民办非企业单位登记管理暂行条例》

《民办非企业单位登记管理暂行条例》于1998年9月25日由国务院第八次常务会议通过,分为总则、管辖、登记、监督管理、罚则和附则六个部分。

该条例主要从两个方面对民办非企业单位进行界定:利用非国有资产举办和从事非营利性社会服务。条例对民办非企业单位实行双重管理,管理部门有登记管理机关和业务主管单位。登记管理机关是县级以上民政部门,业务主管单位是县级以上政府授权的组织。在管辖上,登记管理机关负责同级业务主管单位审查同意的民办非企业单位的登记管理,登记管理机关、业务主管单位与其管辖的民办非企业单位的住所不在一地的,可以委托民办非企业单位住所地的登记管理机关、业务主管单位负责委托范围内的监督管理工作。

---

① 张虎:《中国外国商会管理制度的问题及对策》,《大连海事大学学报(社会科学版)》2017年第2期。

该条例第三章登记部分，明确了登记注册要满足的五个条件，且不得冠以"中国""全国""中华"等字样。与《社会团体登记管理条例》相似，该条例也规定了需要提交的材料及章程应该有的内容，同时规定了不予登记的情形。第四章监督管理部分，除了关于财务和银行账户等规定外，还明确规定，民办非企业单位不得设立分支机构。在分立、注销、变更及监管机构和业务主管部门职责等内容上，跟《社会团体登记管理条例》类似。第五章罚则部分规定了民办非企业单位违反相关规定要承担的行政和刑事责任，与对社会团体相应规定基本一致，此处不再赘述。

《民办非企业单位登记管理暂行条例》的颁布让大量非官办的民间组织得以注册和发展，但其双重管理模式也让大量的民间组织无法得到注册。在2018年公布的《社会组织登记管理条例（草案征求意见稿）》中，民办非企业单位已在名称上被改为社会服务机构，与慈善法和民法典对应，在注册和监管上都要比原来宽松。[①] 从具体条文来看，社会服务机构的相关规定与《民办非企业单位登记管理暂行条例》存在如下一些区别。

一是部分类型社会服务机构可直接登记。允许自然科学和工程技术领域的科技类社会服务机构、公益慈善类社会服务机构及城乡社区服务类社会服务机构直接登记，不需要寻找业务主管单位，其中城乡社区服务类社会服务机构只允许在县一级登记。

二是注册资金要求差异化。国务院登记的社会服务机构注册资金不得低于1000万元人民币，地方社会服务机构的注册资金标准则由各省自行制定。而以往规定中对民办非企业单位的注册资金要求为3万元。

三是登记提交文件变化。新的法规不再要求社会服务机构登记必须提交业务主管单位证明文件，但必须提交发起人、理事的相关信息以及建立中国共产党组织的工作方案。

四是新增章程载明事项。在《民办非企业单位登记管理暂行条例》基础上，社会服务机构需要在章程中列明注册资金信息，理事、监事职责及任免程序，以及党建工作要求。

---

① 邓国胜：《〈民办非企业单位登记管理暂行条例〉修订草案征求意见稿的七大突破》，《中国社会组织》2016年第13期。

三、《基金会管理条例》

《基金会管理条例》于2004年2月11日由国务院第三十九次常务会议通过,分为七个部分:总则,设立、变更和注销,组织机构,财产的管理和使用,监督管理,法律责任,附则。条例就何为基金会从三个方面进行了界定:基于捐赠财产、以公益为目的以及依法成立的非营利性法人。

该条例依据是否公开募捐,将基金会分为公募基金会和非公募基金会两类,而公募基金会则因募捐范围不同被划分为全国性公募基金会和地方性公募基金会。基金会的登记管理机关是国务院和省级民政部门,全国性公募基金会、法定代表人为非中国内地居民的基金会和原始资金超过2000万的非公募基金会等由民政部登记管理。值得一提的是,原本境外基金会在华代表机构也受到《基金会管理条例》约束,但在境外非政府组织境内活动管理法实施后改为受其规范,其管理权限也交由公安部门负责。《基金会管理条例》规定,基金会仍然需要业务主管单位,但后续政策调整已不再将业务主管单位作为基金会成立的必要条件。

第二章规定了基金会的设立、变更和注销,包括基金会的设立条件、需要提交的文件、基金会章程应当载明的事项,还包括基金会设立分支机构的程序等。此外,该章还规定了基金会撤销的条件及撤销登记的程序。

第三章对基金会的组织机构予以明确规定,包括基金会理事人数上下限要求、理事会任期限制、非公募基金会近亲属关系理事的比例限制及领取报酬理事比例限制、基金会理事人选的条件等。该章规定基金会应该设监事。

第四章就基金会的募捐、接受捐赠等活动进行了规定,并特别提出基金会的年度支出要求:公募基金会每年用于从事章程规定的公益事业支出,不得低于上一年总收入的70%;非公募基金会每年用于从事章程规定的公益事业支出,不得低于上一年基金余额的8%。

《基金会管理条例》在当时的立法背景下,有些创新性做法,如明确了基金会的公益性质,实施分类管理,对基金增值保值做出了开放性规定,强化内部自律机制及明确税收优惠及监管。但是,该条例在执行中也出现了一些问题,如申请设立基金会不容易找到业务主管部门从而出现登记难的问题,以及基金会保值增值开放性规定给个别基金会进行关联交易提供了可乘之机等。①

在慈善法出台以及《社会组织登记管理条例(草案征求意见稿)》对外公布后,基金会管理的相关规定也出现一些变化,主要体现在如下四个方面。

一是不再强制区分公募基金会与非公募基金会。新成立基金会一律被视作慈善组织,已成立基金会则均可申请慈善组织认定及公开募捐资格。

二是统一注册资金标准。新的行政法规拟要求一般基金会注册资金不低于800万元,国务院登记基金会注册资金为6000万元,改变了《基金会管理条例》中200万元、400万元、800万元的阶梯式分档,但此条规定在征求意见时招致较为激烈的反对。

三是限定中央层面基金会的活动范围。新的行政法规拟要求在国务院的登记管理机关登记的基金会,应当以资助慈善组织和其他组织开展公益慈善活动为主要业务范围,且发起人在有关领域具有全国范围的广泛认知度和影响力,注册资金不得低于6000万元人民币。然而,相关规定同样招致争议。

四是新增章程载明事项。除《基金会管理条例》中对章程要求外,新规还要求基金会在章程中列明财产来源与构成、项目管理制度和信息公开制度、党建工作要求以及章程修改程序。

四、《事业单位登记管理暂行条例》

《事业单位登记管理暂行条例》1998年9月25日由国务院第八次常务会议通过,并于2004年修订。该条例分为总则、登记、监督管理和附则四章。与1998年相比,2004年修订的《事业单位登记管理暂行条例》只在一处有所修改——第五条明确由县级以上各级政府机构编制管理机关所属的事业单位登记管理机构负责实施事业单位的登记管理工作,而非直接由编制管理机关经手,同时强调编制管理机关仍然需要履行监督检查职能。

该条例对事业单位做了明确的界定:国家为了社会公益目的,由国家机关举办或者其他组织利用国有资产举办的,从事教育、科技、文化、卫生等活动的社会服务组织。对事业单位也实施双重管理,需要先经过政府主管部门批准,

---

① 刘忠祥:《从〈基金会管理条例〉到〈慈善法〉》,北京联合出版公司2017年版,第7—8页。

然后再到机构编制管理机关登记注册。

第二章就登记为事业单位法人的条件、需提交的文件及登记程序等予以规定。该条例规定,已经取得相应许可执业证书的事业单位可以不用再登记法人,但需要备案成为法人单位。除此之外,该章还就事业单位变更、撤销、解散,名称、住所等变更的备案等程序做了规定。

第三章监督管理部分既包括对事业单位在接受捐赠、业务开展、财务、税务审计方面的规范,也包括罚则,如对不及时变更或注销登记,或涂改、出租事业单位法人证书等惩罚规定。

《事业单位登记管理暂行条例》的出台对于规范事业单位管理、推进事业单位法人登记方面发挥了积极的作用,但实践中也暴露出一些问题,如重登记轻监管、登记管理机关定位不清晰、法人登记存在随意性、寻求独立法人资格难等问题。[①] 因此,学界和实务界都在呼吁对该条例进行进一步修订。

五、《宗教事务条例》

《宗教事务条例》于2004年7月7日由国务院第五十七次常务会议通过,2017年修订。《宗教事务条例》分为总则、宗教团体、宗教院校、宗教活动场所、宗教教职人员、宗教活动、宗教财产、法律责任和附则共九章。与前述《事业单位登记管理暂行条例》和《外国商会管理暂行规定》不同,《宗教事务条例》在修订时调整的内容较多,包括宗教活动场所法人资格、宗教临时活动地点审批程序、宗教造像修建、互联网宗教信息管理等内容,主要集中在如下几个方面。

一是进一步保障公民宗教信仰自由。要求各级政府为宗教活动等提供公共服务;宗教界可以兴办公益慈善事业;宗教教职人员享有社会保障权利;宗教院校及活动场所可申请法人登记,并享有相关财产权利。

二是致力促进宗教和谐。规定县级以上政府宗教事务部门管理涉及国家利益和社会公共利益的宗教事务;信教和不信教公民相互尊重;各宗教独立自主自办;任何组织或个人不得在不同宗教之间或内部制造矛盾等。

三是规范宗教事务管理。宗教事务管理坚持"保护合法、制止非法、遏制极

---

① 湖南省委编办课题组:《对于修订〈事业单位登记管理暂行条例〉的思考和建议》,《中国机构改革与管理》2019年第4期。

端、抵御渗透、打击犯罪"的原则,并要求加强监督管理宗教财产等。

《宗教事务条例》规定,宗教事务的行政管理权限属于县级以上政府,其他有关部门在各自职责范围内依法负责有关的行政管理工作。宗教院校则只能由全国性宗教团体或者省、自治区、直辖市宗教团体设立。该条例第十三条明确了设立宗教院校的条件。被批准后的宗教院校要申请法人登记。宗教活动场所开展三个月以上的宗教培训,应该得到相应的宗教事务部门的审批。

《宗教事务条例》主要期望实现三个目的:一是引导宗教与社会主义社会相适应;二是推进依法管理宗教;三是坚持中国化的宗教方向。① 当然,宗教与其他社会事务相比,有其复杂性,在中国背景下如何就立法规制和宗教自由进行平衡仍然任重道远。

案例分析

环保组织发挥监督功能　公益诉讼捍卫生态环境

2014年9月,宁夏明盛染化有限公司、宁夏蓝丰精细化工有限公司等8家化工企业违法排污被曝光。8家公司为了节约处理废水的费用,将生产过程中超标废水直接排入蒸发池。这种行为严重违法,并造成周边的腾格里沙漠环境受到严重污染。这一污染事件曝光后,环保组织中国生物多样性保护与绿色发展基金会(以下简称"绿发会")多次赶赴腾格里沙漠腹地,对沙土、水源、植被进行全方位调查采样。腾格里令很多人心向往之,而绿发会的采样结果显示腾格里沙漠早已是一片黄沙黑水之地。8家公司所在的宁夏回族自治区中卫市环保局责令整改,但8家公司整改进度缓慢,治理整改工作历时一年多仍未完成,最终被中华人民共和国环境保护部、宁夏回族自治区环境保护厅挂牌督办。

2016年2月3日,宁夏回族自治区中卫市中级人民法院立案受理腾格里沙漠环境污染公益诉讼系列案。绿发会共提出8项诉讼,包括:要求被告消除环境污染危险,恢复生态环境或成立沙漠环境修复专项基金,并委托第三方进行

---

① 卓新平:《落实〈宗教事务条例〉依法管理宗教事务》,《中国宗教》2017年第9期。

修复,由环保专家、人大代表等进行验收,赔偿环境修复前生态功能损失等。

案件审理过程中,中卫市中级人民法院先后于2017年3月3日、6月23日、8月28日召开庭前会议并进行调解。调解过程中,8家企业积极投入治理整改,最终环境污染治理工作通过验收。后原被告达成协议,8家企业共承担5.69亿元用于环境服务功能修复,并因其环境污染行为向社会公众公开赔礼道歉。中卫市中级人民法院将调解协议在该院公告栏、《人民法院报》进行了为期三十日的公告。公告期满后未收到任何意见或建议。该院于2017年8月28日公开开庭进行了调解确认。开庭当日,该院邀请了市、区两级人大代表、政协委员、环保部门有关人员旁听,并邀请多家新闻媒体进行现场直播。截至2018年7月31日,所有执行款全部到位。在后续的监督与追责工作中,共有宁夏回族自治区环保厅、阿拉善盟、阿拉善左旗、腾格里经济开发区共24名相关责任人先后被问责,并受到党纪政纪处分,至此,备受关注的宁夏腾格里沙漠污染事件正式画上句号。

(资料来源:王学义:《腾格里沙漠污染公益诉讼立案应成样本》,《人民公安报》2015年12月10日。有删改。)

分析要点

1. 环保组织积极发挥环境监督功能,实现组织使命与社会利益的有机结合。

2. 公益诉讼在解决当地环境问题的同时,对其他企业在生产过程中的行为,特别是在遵纪守法和环境保护方面,也起到了警示作用。

3. 社会组织的积极参与推动了公益诉讼的发展,实现了经济效益与环境保护的有效结合。

本章小结

中国在第三部门的立法规制方面还处于比较分散的状态,而且法律层面的规定比较抽象,其具体调整还依赖行政法规,甚至政策性文件。

第一,民法典从非营利法人角度规定第三部门几种组织形式的法人身份,其他立法则从税收、公益诉讼资格等方面给予社会组织以一定的支持,同时,立法也从管理、行政处罚及刑罚处罚的角度予以规制。

第二,慈善法对慈善组织认定、慈善募捐、慈善捐赠、慈善服务、促进措施等都给予了相对综合的规定,《社会团体登记管理条例》《民办非企业登记管理暂行条例》《基金会管理条例》三大条例面临进一步完善、修订的迫切性。

第三,红十字会法、工会法将红十字会和工会组织界定为社会团体,但两者又有不同于其他社会团体的特点。红十字会组织在人道主义救援方面由国际法来加以调整,有其特殊性;同时,需要加强对其接受社会募捐的监管,2017年修订的红十字会法强化了这一点。工会组织是会员性组织,同时又是群众性组织,强调民主参与。

第四,民法典在非营利法人中规定了事业单位法人,但非常笼统;《事业单位登记管理暂行条例》在具体落实层面还没有完全理顺与其他非营利法人管理制度的对接。外国商会的规范就更粗糙,《外国商会管理暂行规定》与境外非政府组织境内活动管理法如何对接,也是下一步要具体思考的问题。

第五,现有的《宗教事务条例》试图对宗教事务进行比较全面的规范,从宗教团体、宗教院校、宗教活动、宗教教职人员等方面都做了具体规定。如何平衡世俗立法与宗教自由之间的关系是条例执行中必须重视的内容。

本章思考题

1. 慈善组织与非营利性法人是什么关系?
2. 红十字会与普通的社会团体有何差别?
3. 事业单位、外国商会与社会团体、基金会、民办非企业单位在监管上有哪些差异?

阅读书目

1. 阚珂主编:《中华人民共和国慈善法释义》,法律出版社2016年版。
2. 徐麟主编:《中国慈善事业发展研究》,中国社会出版社2005年版。

3. 民政部政策法规司编:《中国慈善立法课题研究报告选编》,中国社会出版社 2009 年版。

4. 刘忠祥:《从〈基金会管理条例〉到〈慈善法〉》,北京联合出版公司 2017 年版。

5. 〔澳〕马修·哈丁:《慈善法与自由国》,吕鑫、李德健译,社会科学文献出版社 2019 年版。

6. 薛宁兰、邓丽主编:《中国慈善法研究与立法建议稿》,中国社会科学出版社 2014 年版。

第四章　第三部门内部治理结构

【本章教学目标】

第三部门内部治理结构决定着第三部门的运行与创新,在第三部门生存与发展中扮演着非常重要的角色。本章从理论、法律政策与实践层面介绍第三部门内部治理结构中会员代表大会、理事会、监事会、秘书处等机构的作用与定位,介绍的组织主体涉及社会团体、民办非企业单位和基金会。这些内容将有助于从整体上理解第三部门的组织结构,加强组织内部治理能力建设。

第一节　理论层面的第三部门内部治理

与政府、市场相比,第三部门有其独特的存在价值,并与政府、市场共同形成了完整的三圈互动模型。为了更好地把握第三部门在政府、市场与社会中的作用,需要从理论层面对第三部门的内部治理结构进行系统研究,既要对统治、管理与治理的场域情境进行一定的了解,对内部治理结构进行详细的解析,还要对理事会、秘书长等概念做出理论化的解释。

一、统治、管理与治理

在论述第三部门的治理结构之前,首先需要明确"治理"的含义以及一些可能混淆的概念,如"统治"和"管理"。无论是从概念的基本内涵还是外延方面,统治、管理与治理三个概念都属于不同的层次。

(一) 统治

根据《辞海》解释,"统治"一词主要有两层意蕴:其一,统治具有支配和控制的含义;其二,从政治上讲,统治是指以政权来控制、管理国家或地区。韦伯在官员问责制的基础上提出传统型统治、魅力型统治与法理型统治,认为统治是"在可以标明的一些人当中,命令得到服从"[1]。有人认为传统层面的统治是一种自上而下的理念,拥有高地位、强权力的统治者对处于低地位的人进行统治,而被统治者处于一种被动地位,对权利和自身利益决策没有独立的自主权。[2] 综合来看,统治概念的特点有以下两个方面:一是强制性。强制性迫使组织和公众服从公共权力的安排。二是单一中心性。公共事务的最终决策都由政府做出,其他的组织如企业和社会组织都只起辅助性作用。

(二) 管理

"管理"一词主要运用于营利部门。有"科学管理之父"之称的学者弗雷德里克·泰勒认为:"管理就是要确切地知道你要别人干什么,并使他用最好的方法去干。"[3]管理是在特定的环境条件下,以人为中心通过一系列的计划、组织、指挥、协调、控制与创新的途径对组织所拥有的人力资源、财务资源及信息等资源进行有效决策。[4] 现代社会的行政管理呈现出两个方面的特点:一是配置资源,即通过资源的有效配置实现组织目标;二是单一中心,即以政府公共权力为主导,安排公共事务,向其他社会组织发出指令,进行决策。与统治相比,管理在一定程度上打破了上下级之间的地位差异。以政府与公民关系为例,两者之间由不平等转变为平等,政府是公民的委托人,代表公民管理公共事务。尽管在管理的过程中,有时仍然需要通过行政命令来推动政策的执行,但管理融入了更多协商与沟通的活动。

---

[1] [德]马克斯·韦伯:《经济与社会》(上卷),林荣远译,商务印书馆1997年版,第81页。
[2] 陈丽娟:《参与式治理视阈下我国基层治理困境探究》,《法制与社会》2018年第20期。
[3] [美]弗雷德里克·泰勒:《科学管理原理》,马风才译,机械工业出版社2013年版,第22页。
[4] 孙永正等编著:《管理学(第2版)》,清华大学出版社2007年版,第8页。

（三）治理

治理与统治、管理存在一定联系,但也有诸多差异。首先,与统治、管理相比,治理的权力主体更加多元。其次,从权力的属性来看,统治和管理更侧重于强调权力的强制性,而治理更加强调权力的协商性。再次,从权力运行的方向来看,统治和管理主要采用的是自上而下的权力运行方式,而治理的方向可以是自下而上或是平行,因此治理的范围更加广泛。[①]治理的权力运行更加重视结果而非过程,重视责任在治理过程中的作用发挥。最后,从执行过程来看,治理侧重于公共部门与私人部门的通力合作,私人部门在公共领域发挥更大的作用。整体来看,治理这一概念具有两大主要特征:一是协调多元主体之间的关系,减少组织间的矛盾与冲突,实现共同目标;二是多中心的治理结构,在处理社会公共事务的过程中,政府、企业与第三部门发挥各自的作用,并不存在绝对唯一的主体,而是更加突出多元主体在各自领域内的配合与合作。

与广义的治理概念相比,第三部门内部治理中的治理概念有更为强烈的结果与组织运作导向。萨拉蒙将第三部门治理视为对组织内部结构及运作实施的限制,认为第三部门需要通过治理保障组织自身的自治性和独立性,同时使组织的治理层具备控制组织的能力以承担相应责任。在他看来,第三部门内部治理关注的应是决策的权力归属及程序、理事会与执行机构的角色,以及权力和责任的分配等问题。[①] 吉斯等人将第三部门治理精炼地概括为"组织依赖其设定长期方向并保证组织完整的机制"[②]。赛德尔与哈兰则将第三部门治理定义为理事会和秘书长发挥关键作用的行动领域,与组织的目标、决策和环境密切相关,组织通过治理设定组织的活动内容,并明确具体参与者。[③] 从上述概念中可以看出,第三部门语境下的治理,重点强调的是组织的决策机制以及权力划分,其基本目的是使组织能够形成有效决策,实现组织目标并指导日常工作。

---

① Lester M. Salamon, *The International Guide to Nonprofit Law*, John Wiley, 1997, p. 12.
② David L. Gies, Steven Ott and Jay M. Shafritz, *The Nonprofit Organization: Essential Readings*, CA: Brooks & Cole Publishing, 1990, p. 83.
③ Judith R. Saidel and Sharon L. Harlan, "Contracting and Patterns of Nonprofit Governance," *Nonprofit and Management Leadership*, Vol. 8, No. 3, 1998, pp. 243-259.

二、内部治理结构

严格意义上来说,第三部门的内部治理与内部治理结构是两个有区别的概念:前者更为动态化,强调的是治理层通过一系列方式与策略动员资源以实现组织使命;后者则是相对静态的概念,是较为稳定的组织内部权力的配置机制,其结构决定了组织权力的划分和制衡关系。①

第三部门治理结构的相关研究主要借鉴营利性公司治理的相关概念。实际上,治理结构这一概念是随着法人制度的不断完善而发展来的,它形成于公司发展过程中,并在股份有限公司的发展中得到完善。正是因为此种结构的科学合理性与功能价值的有效性,治理结构后来被应用于第三部门中。公司法中公司治理结构是"三会四权"制度,即股东大会、董事会、监事会及经理层,分别行使最终的组织控制权、经营决策权、监督权与经营指挥权。三会四权制度仅是从一般意义上来分析公司治理结构,对部分公司而言,其并不具备完整的三会四权制度。例如公司法第四十条规定,有限责任公司不设董事会的,股东会会议由执行董事召集和主持。对人员规模较小、业务总量不大的小微公司而言,其一般不实行完整的三会四权制度。与之相仿,在国内学者的相关研究中,第三部门的治理结构主要由以下几个方面组成:社团总会、董事会(非营利社团法人);理事会、监事会(非营利财团法人);权力机关(社员总会)、经营决策和执行管理机关(董事会或理事会)、监察机关(监事会)之间形成权责明确、相互制约、运转协调和决策科学的统一机制。第三部门的内部治理需要关注结构要素之间的关系,在社会组织治理结构关系之中,除了理事会这个主要角色外,还包括会员大会和首席执行官以及监事会。②

实际上,上述复杂的治理结构可以简化为四种不同类型的治理主体,即委托者、决策者、监督者和执行者。其中,委托者的代表是在社会团体和部分民办非企业单位中广泛存在的会员大会,其对应公司中的股东大会,是组织委托代理关系中的委托方,由其授权理事会及秘书处行使权力。决策者常用的名称是理事会(在部分语境中也称董事会),它作为第三部门的组织决策机构,负责对

---

① 刘春湘:《非营利组织治理结构研究》,中南大学博士学位论文,2006年4月,第30页。
② 马庆钰等:《社会组织能力建设》,中国社会出版社2011年版,第25页。

组织的重大事项进行决策。监督者常用的名称是监事会,它是组织内部的监督机构,负责对组织的财务状况以及理事和执行团队履职状况等事项进行监督。执行者则是组织的日常运营机构,负责具体执行理事会决策,一般以秘书处的名义活动,并设秘书长一职,作为执行负责人。在本章的后续内容中,还会对上述内部治理结构的功能进行详细描述。

在第三部门的治理结构中,委托者、决策者、监督者和执行者之间通过分工与合作,形成权责明确、有效制约、规范代理、保障使命以及通过法规、规章和章程等制度化的角色关系模式。① 第三部门治理结构的优化要求提升组织公信力来保证组织的健康发展和实现组织的目标。从过往研究看,内部治理最重要的主体是作为决策者的理事会和作为执行者、以秘书长为首开展工作的秘书处。

三、理事会

尽管第三部门的类型会有不同,但基本都是以理事会为治理结构的核心组成部分并承担相应职责。② 对理事会治理正当性的描述有以下几种观点。

(一)康尼尔的民主制

美国学者康尼尔认为,理事会通过研讨的方式,确立组织政策;组织的信用和角色将会反映在决策上;会议和个人指派执行的能力反映了组织成员对组织及其发展的热衷程度;在劝募过程中,无论是在领导组织的资源上,还是在积累资源的层面上,理事会都扮演着重要角色;尊重每一位员工的能力,在规定的政策范围内,负责组织运营。理事会设定好组织发展的愿景,针对员工特征给员工提供针对性的援助,并给员工留有进行自我发挥完成任务的发展空间。③ 这种方式强调员工的自我价值,具有民主制的典型特征。

(二)理事会的整合性功能

有学者认为理事会需要全权负责组织的事务。第三部门理事会的职能主

---

① 马庆钰等:《社会组织能力建设》,中国社会出版社2011年版,第21页。
② 在中国,大部分第三部门的决策机构被冠以理事会之名,同作为企业决策机构的董事会相区别,因此在本书中也主要使用理事会概念。实际上在西方第三部门研究中,两者都被称为board,并无明确的区分。
③ 〔美〕詹姆斯·P.盖拉特:《21世纪非营利组织管理》,邓国胜等译,中国人民大学出版社2003年版,第189—190页。

要有:第一,根据组织定位与组织发展决定组织的宗旨与目标;第二,根据实际情况决定组织的计划与发展;第三,进行预算和财务监督;第四,开展筹款;第五,招聘或解聘领导人;第六,作为桥梁与社区沟通联系。① 陈金贵认为理事会主要有十大职能:第一,决定组织的具体任务和发展目的;第二,根据组织发展甄拔行政主管,进行人事安排;第三,全面支持行政主管的具体工作和评估其日常工作表现;第四,根据组织发展确定有效的组织规划;第五,进行资源动员,确定合适的资源;第六,有效地管理资源,实现资源价值最大化;第七,决定和监管组织方案和服务,确保组织可以有效运行;第八,提升组织发展的公共印象,增强组织竞争力;第九,为组织提供法律援助服务,维护组织利益;第十,评估理事会自身的表现。② 迈克尔·J. 沃斯认为理事会的功能性职责主要有五个层面:一是任命、支持和评估首席执行官;二是明确组织的使命和目标;三是批准组织的项目;四是确保组织有良好的财务管理状况和财政稳定性;五是为组织建立组织绩效标准并确保严格执行。③ 从上述不同的理事会职能可以看出,无论是哪一种观点都体现出了理事会的综合服务功能与整合价值。

四、秘书长

第三部门的运作中,秘书长④的作用非常重要。董事会的重要任务之一是选择秘书长并评价其工作绩效。

(一) 秘书长人选标准

美国独立部门(全国性的基金会和非营利组织联盟)提出的第三部门秘书长的选择标准如下:热衷于公益服务;善于人际沟通协调;为达成组织的任务,愿意调整个人时间进度;有耐心;人格个性成熟;工作勤奋且效率高。⑤ 同时,为了提升

---

① 王名、刘培峰等:《民间组织通论》,时事出版社 2004 年版,第 109 页。
② 陈金贵:《美国非营利组织的人力资源管理》,台湾瑞兴图书股份有限公司 1994 年版。
③ 〔美〕迈克尔·J. 沃斯:《非营利管理:原理与实务(第 3 版)》,韩莹莹、张强、王峥译,华南理工大学出版社 2016 年版,第 90—91 页。
④ 秘书长是目前国内第三部门对执行负责人的通称,多用于基金会和社会服务机构。部分民办教育机构也将执行负责人称为"校长"或"主任",而部分以研究所命名的民间智库则会将执行负责人称为"所长"或"院长",在此不做细致辨析,统一称之为秘书长。
⑤ 〔美〕里贾纳·E. 赫兹琳杰等:《非营利组织管理》,北京新华信商业风险管理有限责任公司译,中国人民大学出版社、哈佛商学院出版社 2000 年版,第 200—201 页。

秘书长工作的积极性,发挥秘书长的工作价值,仍然需要对秘书长的工作情况做出评价。评价可以从正式合约、年度运营计划、工作成果鉴定评估三个层面进行。从微观层面上讲,具体评估标准有如下几个方面:(1)管理能力。管理人事,带领工作人员做好工作。(2)领导能力。作为社区的领导者,鼓舞士气。(3)组织能力。合理安排多项事务的优先级顺序和进度。(4)人际关系。能和各种不同性格的人共事,包括员工和志愿者。(5)向理事会及时汇报工作,掌握组织运营方面的专业知识。(6)募款能力。(7)引进新概念并提高组织工作效率的能力。在胜任力视角下,第三部门的从业人员,特别是秘书长,需要从知识、智力、能力、组织认同、思想观念、人格特质等层面培养综合素质。[①]

(二)秘书长的基本职责

秘书长负责制是现有第三部门的主要工作机制,秘书长直接向董事会或者理事会负责。为此,秘书长需要明确其基本职责,不仅需要熟练掌握政策与法规,确保组织发展的方向,还要积极吸纳新的观念,开拓性与前瞻性地开展工作,为理事会决策提供重要依据,充分协调各类突发事件。[②] 有学者认为,服务是秘书长工作的永恒职责,引导是秘书长工作的首要任务,整合是秘书长工作的必然选择,协调是秘书长的重要手段。若圆满完成这四大工作职责,一定能将秘书长工作做得非常出色。[③]

第二节 法律政策层面的第三部门内部治理结构

法律及政策的相关规定是第三部门内部治理的基础性依据,是组织开展活动的前提。为了更好地理解第三部门的内部治理结构,一方面要了解海外主要国家在第三部门领域的法律制度,另一方面还要结合我国现有的法律政策对社会团体、民办非企业单位、基金会的具体规定做有针对性的探讨与研究。

---

① 丁建文:《胜任力理论视角下社会组织从业人员素质结构研究》,《内蒙古农业大学学报(社会科学版)》2017年第3期。
② 陶鸣:《从"秘书长负责制"谈如何做好秘书长工作》,《中国社会组织》2015年第15期。
③ 范德明:《服务、引导、整合、协调是秘书长工作的主要职责》,《中国社会组织》2015年第15期。

第四章 第三部门内部治理结构

一、海外第三部门内部治理的相关法律政策

第三部门发育良好的国家,其第三部门的内部治理一般都具有较为完善的法律制度规范。本节将对美国、英国、德国和日本的基本情况进行介绍。

(一) 美国

作为联邦制国家,美国并无针对第三部门领域的全国性法律,联邦只提供模板性质的非营利法人示范法,关于第三部门内部治理的规则主要由各州制定。第三部门组织以公司、非法人社团和信托等形式开展活动,其中非营利性公司又是法人组织最主要的形式。非营利性公司通常由理事会负责管理。对于非营利性公司的理事会构成,各州法律一般没有明确限制,只要求组织在章程中予以明确,同时相关法律也不限制理事会成员资格的周期性或永久性。①

社会团体等会员性第三部门的治理结构通常由成员大会(最高权力机构)、理事会和高层经营人员(管理与执行机构)以及独立会计师(监督机构,并非组织内设,一般聘请独立会计师事务所行使审计监督职能)三部分组成。② 在各州法律中并不会对成员大会、理事会和经营人员的资质有过于细致的要求。

(二) 英国

在英国,英格兰、威尔士与苏格兰实行的是不同的法律体系,一般的研究仅以英格兰和威尔士的判例法为主要对象。英国的第三部门一般被称为志愿与社区部门,其中最为典型的组织形式是慈善组织。因此,在探讨英国第三部门内部治理相关的法律政策时,主要围绕慈善组织展开。

英国的法人类型只分为公司和个人两种,因此慈善组织通常以公司性质登记为法人实体。与营利性公司一样,慈善组织的内部治理遵循自治原则,自主独立决策;同时,慈善组织由于其所承载的道德风险,需要设立相应的问责、监督机制。③ 英国慈善法奉行利他主义管理原则,要求慈善组织实行没有报酬的志愿托管人制度。托管人是慈善法中的核心概念之一,是"对慈善组织的运行进行全面

---

① 郑国安、赵路、吴波尔、李新男主编:《国外非营利组织法律法规概要》,机械工业出版社 2000 年版,第 59 页。
② 方文进:《民办非企业单位治理结构问题探讨》,《社团管理研究》2010 年第 11 期。
③ 李德健:《英国慈善法研究》,法律出版社 2017 年版,第 108 页。

控制与管理之人",即理事。根据英国慈善法,慈善组织必须由三人以上的托管人组成,并负责组成管理委员会、执行委员会、理事会等决策机构,慈善性质公司的理事必须是不领取报酬的志愿者。除此之外,其资格、选任方式、权利、义务和责任主要依据判例法产生。

(三)德国

与美国和英国不同,作为典型的大陆法系国家,德国的第三部门治理结构受到成文法的约束。在德国,民间组织(社团)的法律制度框架非常完善,是以德国宪法及德国的基本法为基础,民法典总则中有关社团法人的规定为基本规则,联邦社团法的专门规定为补充的完善的、系统的框架结构。

社会团体类组织受到以德国的基本法和宪法为基础的德国民法典规范。根据德国民法典,社会团体正式注册时需要有至少7名会员,且任何时候会员人数不能少于3人。社会团体需要设置一般成员大会和理事会两个内部机构,相关的机构管理规定需要在社会团体章程中得以体现。成员大会可一至两年举办一次,拥有对社会团体事务的最终决定权。社会团体的法定代表人由章程决定的选举方式产生,其人数可以为1—3名。

基金会相关规定同样见于德国民法典中,但具体管理办法由各州自行制定。不同于社会团体成立时至少要有7名成员,基金会成立只需要1名出资发起人。同时,基金会必须组建理事会,且理事会中通常需要有一名来自政府部门的代表,监事会则主要由政府部门人员和金融界人士组成。[①] 同社会团体一样,基金会负责人自行选举产生。

有限责任公司主要受德国商法典制约。与基金会类似,有限责任公司也只需要有1名出资发起人,而其决策机构为出资股东组成的公司大会,股东表决权可取决于其占股份额,也可在章程中专门规定。非营利性质的有限责任公司同样需要设立总经理,其管理权限大于其他股东。

(四)日本

在日本,第三部门体量并不是很大,但是类型多样。1998年以前有公益法人、社会福利法人、学校法人、宗教法人、医疗法人等几大类,1998年以后又以《特定非

---

① 李德健:《英国慈善法研究》,法律出版社2017年版,第99页。

营利活动促进法》为契机产生了特定非营利活动法人。其中,公益法人是最为典型的第三部门形式。公益法人经政府部门认定产生,社团法人的决策机构为会员大会,财团法人的决议机构则为3名以上人员组成的评议员会。公益法人必须建立理事会和监事会,且理事数量不少于3人,监事至少1人。此外,法律还对理事会构成有较为具体的规定,如负责人近亲在理事中比例不得超过1/3,与其他团体保持密切利益相关者亦不得超过1/3。理事可以领取薪水,但必须有公开合理的报酬标准。[①]

日本第三部门基本形成了以会员大会(最高权力机构)、理事会(对外代表法人)、监事会(承担监督职能)为主的治理结构,主要采取"主管官厅负责制",即组织登记必须获得主管官厅的许可,但日本的第三部门对政府的依赖性较大,有相当多的组织都是由政府推动成立并提供资金。[②]

二、中国第三部门内部治理的相关法律政策

(一) 社会团体的内部结构

社会团体作为由自然人、法人或其他组织自愿或依据法律规定形式组成,为实现会员共同的发展意愿,按照自身章程开展活动的非营利性组织,有会员代表大会、理事会、秘书处等机构。

1. 社会团体会员及会员代表大会

社会团体由一定数量的会员组成,以此明确社会团体主要的服务主体,这是社会团体存在的基础。民政部1998年发布的《社会团体章程示范文本》提出:在会员类型方面,会员可以分为单位会员和个人会员;在会员条件方面,会员需拥护本团体章程,需要有加入本团体的意愿以及在本团体的业务(行业、学科)领域内具有一定的影响力;在会员入会程序方面,会员入会不仅需要提交入会申请书,而且要经理事会讨论通过,最后由理事会或理事会授权的机构发放会员证等;在会员享有的权利方面,会员有选举权、被选举权和表决权,参加本团体活动、获得本团体服务的优先权,以及对本团体工作的批评建议权和监督权,且有入会自愿、退会自由的权力等;在会员履行的义务方面,会员要执行本团体的决议,维护本团体

---

① 王名、李勇、廖鸿、黄浩明编著:《日本非营利组织》,北京大学出版社2007年版,第90—91页。
② 周强:《日本非营利组织发展简史》,《学会》2007年第3期。

合法权益,完成本团体交办的工作,按规定交纳会费,向本团体反映情况、提供有关材料等。

社会团体的最高权力机构是会员大会(或会员代表大会),会员大会有以下几个方面的职权:(1)制定和修改章程;(2)选举和罢免理事;(3)审议理事会的工作报告和财务报告;(4)决定终止事宜;(5)决定其他重大事宜;等等。会员大会须有2/3以上的会员(或会员代表)出席方能召开,其决议须经到会会员(或会员代表)半数以上表决通过方能生效。会员大会每届最长不超过5年,最长不超过一届。因特殊情况需提前或者延期换届的,须由理事会表决通过,经业务主管单位审核同意后,报登记管理机关批准。延期换届最长不超过1年。

2. 社会团体理事会

社会团体需要设理事会作为会员(代表)机构的实际执行机构,在会员(代表)大会闭会期间负责领导社会团体开展日常工作,对大会负责。理事会成员人数依据社会团体章程规定,且人数应为奇数,由会长、副会长、理事(常务理事)三个部分组成。

理事会的主要职权有:第一,执行会员大会(或会员代表大会)的决议;第二,选举和罢免理事长(会长)、副理事长(副会长)、秘书长;第三,筹备召开会员大会(或会员代表大会);第四,向会员大会(或会员代表大会)报告工作和财务状况;第五,决定会员的吸收或除名;第六,决定设立办事机构、分支机构、代表机构和实体机构;第七,决定副秘书长和各机构主要负责人的聘任;第八,领导团体各机构开展工作以及制定内部管理制度。

社会团体还需要设立常务理事会。常务理事会由理事会选举产生,在理事会闭会期间行使相关职权(不包括选举和罢免理事长、副理事长、秘书长),对理事会负责。常务理事会每半年至少召开一次会议,但在情况特殊时也可采用现代通信方式召开。

3. 社会团体负责人的职责分工

对于社会团体理事长(会长)、副理事长(副会长)、秘书长等的任期,现有的法律及文本有规定,一般为1—5年。社会团体理事长或者会长为其法定代表人。秘书长的职权主要涉及:第一,主持办事机构日常工作的开展,组织实施年度工作计划;第二,协调各分支机构、代表机构、实体机构开展具体的实务工作;第三,提名副秘书长以及各办事机构、分支机构、代表机构和实体机构主要负责人,交理事会或常务理事会进行具体决议;第四,决定办事机构、代表机构、实体机构专职工作人员的聘用以及具体的福利待遇情况;第五,处理组织内部的其他日常事务。

(二)社会服务机构的治理结构

2016年慈善法第八条明确指出,慈善组织可以采取基金会、社会团体、社会服务机构等组织形式。至此,社会服务机构已成为一种有效的组织形式,基本替代了民办非企业单位。通过分析现有的政策法规可知,社会服务机构的成立与监管的主要法律依据是1998年出台的《民办非企业单位登记管理暂行条例》。党的十九大以后,有关社会服务机构的法律法规进一步完善,《民政部关于进一步加强和改进社会服务机构登记管理工作的实施意见》等规范性文件先后出台。

1. 机构性质及法定代表人

民法典对社会服务机构的性质做出了明确规定:第八十七条规定社会服务机构属于非营利法人;第九十二条规定,具备法人条件,为公益目的以捐助资产设立的社会服务机构经依法登记成立,取得捐助法人资格。1998年通过的《民办非企业单位登记管理暂行条例》第二条规定,民办非企业单位是指企业事业单位、社会团体和其他社会力量以及公民个人利用非国有资产举办的,从事非营利性社会服务活动的社会组织。第三条则规定了成立民办非企业单位,应当经其业务主管单位审查同意,并依照本条例的规定登记。第十八条规定民办非企业单位成立、注销以及变更名称、住所、法定代表人或者负责人,由登记管理机关予以公告。

2. 理事的产生及职能

从法理上讲,理事会是民办非企业组织重要的决策执行机构,对于组织发展至关重要。《民办非企业单位法人章程示范文本》指出,"理事由举办者(包括出资者)、职工代表(由全体职工推举产生)及有关单位(业务主管单位)推选产生"。理事享有的权力包括:修改章程;制订业务活动计划;制定年度财务预算、决算方案;增加开办资金的方案;本单位的分立、合并或终止;聘任或者解聘本单位院长(或校长、所长、主任等)和其提名聘任或者解聘的本单位副院长(或副校长、副所长、副主任等)及财务负责人;罢免、增补理事;内部机构的设置;制定内部管理制度;从业人员的工资报酬等。

《民办非企业单位法人章程示范文本》规定理事长的职权有以下三个方面:第

一,召集和主持理事会会议;第二,检查理事会决议的实施情况;第三,法律、法规和本单位章程规定的其他职权。同时,设置副理事长一职,其主要职责是协助理事长做好各项工作,在理事长不能行使职权的情况下代其行使职权。

3. 监事会的产生及职责

社会服务机构应当设立监事会,监事由出资者选出或者委托的代表担任。《民办非企业单位法人章程示范文本》指出,监事需要在举办者或者出资者以及本单位从业人员或有关单位推荐的人员中产生或更换,以确保人员对工作熟悉。监事会中的从业人员代表需要由单位从业人员民主选举产生,组织内部的理事、理事长及财务负责人不得担任监事。

同时,该文本明确指出监事会成员不得少于3人,并推选1名召集人。而对于那些人数较少的民办非企业单位可以不设立监事会,但必须设1—2名监事。监事任期与理事的任期相同,任期届满之后可以连选、连任。

(三)基金会的治理结构

1. 理事会及职责

理事会是基金会受社会捐赠者委托,实现公共利益的代表,也是基金会的最高决策机构。《基金会管理条例》第二十条规定,基金会设理事会,理事为5人至25人,理事任期由章程规定,但每届任期不得超过5年。理事任期届满,连选可以连任。理事会设理事长、副理事长和秘书长,从理事中选举产生,理事长是基金会的法定代表人。第二十一条规定,理事会是基金会的决策机构,依法行使章程规定的职权。第二十二条规定,基金会设监事。监事任期与理事任期相同。理事、理事的近亲属和基金会财会人员不得兼任监事。第二十三条规定,基金会理事长、副理事长和秘书长不得由现职国家工作人员兼任。基金会的法定代表人不得同时担任其他组织的法定代表人。从《基金会管理条例》关于组织机构的法条规定来看,相关法律法规对基金会的理事会、监事会、理事长等关键要素做出了明确的规定。

《基金会管理条例》第二十一条规定,理事会每年至少召开2次会议。理事会会议须有2/3以上理事出席方能召开;理事会决议须经出席理事过半数通过方为有效。下列重要事项的决议,须经出席理事表决,2/3以上通过方为有效:章程的修改;选举或者罢免理事长、副理事长、秘书长;章程规定的重大募捐、投资活动;

基金会的分立、合并。理事会会议应当制作会议记录,并由出席理事审阅、签名。除《基金会管理条例》的具体规定外,基金会的理事在开展相关活动应当遵守法律法规和本组织章程的规定,严格履行相关职责。

2. 监事(会)及职责

根据《基金会管理条例》第二十二条的规定,基金会设监事。监事任期与理事任期相同。理事、理事的近亲属和基金会财会人员不得兼任监事。监事依照章程规定的程序检查基金会财务和会计资料,监督理事会遵守法律和章程的情况。监事列席理事会会议,有权向理事会提出质询和建议,并应当向登记管理机关、业务主管单位以及税务、会计主管部门反映情况。

在基金会治理结构中,监事会负责对基金会的运作、发展、决策进行监管,主要代表着委托人与受益人的利益,当发现受托人违背捐赠人的受托意愿,或者发现基金会的决策行为可能损害社会公益时,有权实施制约行为,维护基金会的公益性价值。

3. 秘书处及职责

秘书处是基金会内部治理的重要组织部门。一般而言,秘书处的主要工作职责包括:主持办事机构开展日常工作,组织实施年度工作计划;协调各分支机构开展工作,定期召开秘书处联席会议;制定基金会各项规章制度,决定办事机构专职工作人员的聘用;定期召开基金会理事会议,向理事会进行工作报告;处理其他日常事务。

基金会理事、监事以及秘书处的工作都会在很大程度上影响基金会发展。《基金会年度检查办法》第七条指出,基金会理事、监事及专职工作人员私分、侵占、挪用基金会财产的,登记管理机关应当视情节轻重分别作出年检基本合格、年检不合格的结论。

第三节 实践层面的第三部门内部治理结构

尽管在理论层面,任何组织都需要有良好的内部治理才能持续生存和发展,且中外法律都对第三部门的治理结构进行了一定程度的规范,但在实践中,第三部门的内部治理结构因组织类型不同、所处发展阶段不同、所在地域空间不同以及工作领域侧重不同而存在差异,呈现出一定的多样性。本节将结合现实案例,对实践中的第三部门内部治理结构进行梳理与分析。

一、会员大会

在会员制的社会团体当中,会员大会不仅是向理事会授权的委托方,而且是组织实际上的最高权力机关,具有制定和修改章程、选举和罢免理事、审议组织工作报告及财务报告等权力。实践中,会员大会通常利用这些权力参与到组织内部的治理当中。

(一)定期召开会员大会

实践中,定期召开会员大会讨论第三部门发展的重大事项,是会员制组织的常见治理形式。大多数会员并非参与到组织的日常运营管理活动中,需要通过参加会员大会了解本组织一个周期内的运作情况以及执行团队所拟定的未来发展规划,并通过审议工作报告来实现对组织工作的监督。

对于会员人数众多且设置分支机构的社会团体,并非所有会员都能够参加会员大会,只能选取代表接受会员委托参会。以社会团体较为发达的德国为例,最大的社会团体之一地球之友的会员人数多达39.5万人,在全德16个联邦州设有2000家分会。该组织每年召开的会员大会,实际上是会员代表大会——各州分会及联邦总会推选出大约200名代表参会,决定预算等重大事务。①

中国的社会团体同样有定期召开会员大会讨论和决策重大事项的惯例。以中国最大的民间社会团体阿拉善SEE生态协会为例,在2017年以前,该协会每两年召开一次会员大会,会议议程包括选举会长、理事、监事和章程委员会委员,讨论和表决章程修改等。值得注意的是,会员在开会过程中并非对各项动议都是形式化的通过,而是会经过认真讨论乃至辩论后再投票表决。在2017年的会员大会上,该组织章程修改的四大表决项全部未能获得通过,需要返回章程委员会,经过研究修改直到下次大会再行表决。② 正是在会员大会这一运作机制之下,社会团体实现了成员对于重大事务的平等参与和协商,并制衡理事会等日常决策机构的权力。

---

① 王名、李勇、黄浩明编著:《德国非营利组织》,清华大学出版社2006年版,第196—198页。
② 高文兴:《阿拉善SEE第七届治理团队换届完成 "50后"与"90后"将如何共同治理机构?》,《公益时报》2017年11月14日。

(二) 完善委员会建设,吸纳新成员

除了在相对固定化的会员大会上参与组织治理,会员制组织的会员参与治理的另一主要形式是加入不同类型的专业委员会。部分社会团体通过设置专业委员会来吸引相关领域具备较强专业技能的个体与团体会员,为组织发展提供更多资源。对于规模较大、会员构成广泛的社会团体,专业委员会的架构也相对复杂。以日本经济团体联合会为例,其设置4大类、近80个委员会,包括:政策类的综合政策委员会、国家基本问题检查委员会等;国别类的美国委员会、加拿大委员会、中国委员会等;特别类的防卫生产委员会、自然保护委员会等;运营类的事业委员会、财务委员会等。委员会成员从该联合会的1600余名会员中产生,每个委员会由1—2名委员长负责。①

中国的社会团体同样形成了委员会式的会员动员模式。以中国社会工作教育协会为例,该组织的团体会员皆为开办社会工作专业的院校,个人会员为该领域的资深学者和专家。依托上述专业资源,该协会建立起学校社会工作专业委员会、残疾人社会工作专业委员会、青少年社会工作专业委员会、家庭社会工作专业委员会、禁毒社会工作专业委员会、灾害社会工作专业委员会、慈善专业委员会、社会工作理论专业委员会、高职高专专业委员会等近20个专业委员会,每个委员会根据特定的服务领域再吸纳团体会员。每年在中国社会工作教育协会主办的社会工作年会期间,协会除了召开会员大会之外,也会召开相关的专业委员会会员大会。

二、理事会

无论是中国还是外国,理事会都是第三部门治理机构的核心。在社会团体类组织中接受会员大会委托、授予的权力,负责组织日常决策;在财团类组织如基金会中,理事会则位于组织权力的顶端,以集体领导的方式担负组织的统御职责。由于组织性质的差异,理事会在内部治理中的角色不尽相同,但共通性的主要职能包括推选负责人、制订活动计划、审核预算及制定管理制度等。

---

① 王名、李勇、廖鸿、黄浩明编著:《日本非营利组织》,北京大学出版社2007年版,第221页。

（一）推选负责人

在实践中,理事会一般有权选任本组织的负责人,包括作为组织法定代表人的理事长(或会长),以及负责组织日常工作的秘书长。在如阿拉善 SEE 生态协会等一般性的社会团队类组织中,经由会员大会选举产生的理事会,需要在理事内部投票产生会长。而在如上海真爱梦想公益基金会等财团类组织中,由主要捐赠人、发起人和登记管理机关共同协商确定候选人,经选举产生的理事会则拥有选举和罢免理事长的权力。理事长一般有权提名秘书长人选,但人选需要经过理事会选举确定。

理事长在组织发展中起着主导作用,不仅要把握第三部门发展的整体方向,还要负责组织内部治理建设,如招聘和培养高级管理人员。此外,理事长还需要主持理事会会议并形成相关决议。某种程度上说,理事长或会长的能力直接影响理事会治理的实践效果。根据第三部门各自的章程规定,对理事长通常有以下几个方面的基本要求:一是熟悉组织工作;二是德高望重,具有一定的社会知名度,有广泛的社会、人际关系;三是有较多的时间和精力从事领导工作。不过,对于新生成的第三部门,也有部分理事长相对年轻且富有朝气。

（二）制订活动计划

与会员大会偏宏观性的治理参与不同,理事会治理包含更多具体的工作,其中之一就是制订组织的项目活动计划。对于社会团队类组织,项目活动计划一般要先征求会员意见后,再由理事会具体落实;对于财团类组织,项目活动计划则由理事会通过会议商讨确定,一般会重点参考组织的使命愿景和过往项目设置。以美国福特基金会为例,通过审批预算,理事会决定组织每一财年的重点关注领域和主要活动地域,授权会长及高级官员支配相关预算,并在一年三次的理事会常务会议上审核项目的执行进度。理事还通过加入不同的专业委员会,设计出相应领域的项目战略方案。

中国的第三部门理事会在活动计划制订中也扮演着重要角色。以上海真爱梦想公益基金会为例,其理事会除了承担常规的战略制定职能外,还要重点讨论与设计筹款和投资事宜,探索组织可开展活动的新业务领域,尤其在该基金会从非公募转向公募组织的过程中,理事会需要明确转型后组织的发展模式。可见,随着组织发展阶段的不同,理事会需要灵活调整项目活动内容设计和侧重点。

（三）审核预算和管理制度

合理编制的预算是第三部门开展活动的重要基础。一般来说，无论何种组织类型的第三部门，其理事会都不会直接经手预算编制工作，而是负责审核及确认由秘书处等执行团队拟订的预算方案。例如美国福特基金会等资助型组织，其预算的审核与组织的具体项目活动密切相关——最终确定的预算分布即代表着组织将要关注的重点领域的构成。国内组织中，南都公益基金会较为注重理事会对预算的把控，除了审核预算之外，对于较大额度的预算外支出，也必须由秘书长报理事长进行审批。

同样，理事会一般不会直接制定财务管理、人力资源管理、项目管理、信息公开以及绩效考核等方面复杂的管理制度，而是将拟订各项管理制度的权限下放给执行机构，理事会只负责这些制度的审定工作。值得注意的是，对于基金会等财团类组织，一般章程也包含在理事会有权制定和修改的管理制度当中；但对于会员制的社会团体类组织，章程制定和修改的权限则归属于会员大会。

三、监事会

在第三部门内部治理结构的设置中，监事会是内部监督机构，负责监督组织的业务活动开展，并在必要时参与决策。在德国的一些第三部门组织中，监事会与理事会构成上下级关系，理事会的工作需要向监事会汇报，在重大投资和财务支出方面要征得监事会同意，甚至理事人员构成也会受到监事会干预。[1] 但在更多的实际案例中，监事会同理事会是平级关系，只是前者有对后者进行监督的义务和权限。在社会团队类组织中，监事往往与理事一样，由会员大会选举产生；在财团类组织中，监事则由主要捐赠人、业务主管部门和登记管理机关分别选派。以深圳市壹基金公益基金会为例，其 2017 年产生的监事团队中既包括作为深圳市人大代表且主管部门极为认可的高级会计师和律师，也包括与理事会团队关系良好的企业界人士。

---

① 刘春湘：《非营利组织治理结构研究》，中南大学博士学位论文，2006 年 4 月，第 102 页。

监事会履行治理职能较为典型的方式是列席会员大会及理事会会议：一方面通过观察的方式，确认会议流程的合法性；另一方面则通过质询和建议，了解理事的实际履职状况和组织活动开展的细节。以阿拉善SEE生态协会为例，其监事会不仅能监督理事会的工作开展，还能对秘书处的日常工作进行督促和检查，并在检查过程中做出组织决策及行动是否合规的判断。

值得注意的是，在中国的社会团体类组织中，绝大多数组织能够成立会员（代表）大会、理事会等机构，但在监事会设置方面则有不小的缺口。存在缺口的组织，其内设机构存在权力不平衡的问题。没有内部监督机构来约束决策部门，导致组织容易陷入"内部人控制"的困境，产生决策不民主、不规范的现象。这一现象在部分行政化色彩较强的组织中尤其明显。迫于舆论压力，为了纠正这一状况，一批第三部门组织采取了改革措施，如过往从未设立监事会的各级红十字会，在纲领性文件《中国红十字会总会机构改革方案》中明确表示将增设监事会，履行对决策部门和执行部门的监督职责。2017年修订的红十字会法第八条规定，各级红十字会设立监事会。监事会由会员代表大会选举产生，向会员代表大会负责并报告工作，接受其监督。监事会民主推选产生监事长和副监事长。理事会、执行委员会工作受监事会监督。

四、秘书处

在实践中，第三部门的执行机构大多被称为秘书处，有的也称作办公室或执行团队。无论称呼为何，其都是以秘书长为核心执行人，执行理事会决策的常设机构。不同于会员大会、理事会或监事会，秘书处在日常保持着稳定运作，实际负责组织不同项目的推进。在秘书处工作开展过程中，秘书长是核心角色，其所履行的具体职能包括实施工作计划、拟订年度预算和管理制度并报上级审批、协调各部门开展工作以及聘用或辞退组织的专职工作人员。因此，组织治理过程的执行环节能否顺利开展，很大程度上取决于秘书长的配置。

（一）秘书长配置现状

长期受行政化的发展模式影响，中国第三部门中的秘书长有如下特点：第一，官办的第三部门中的秘书长大多为退休的政府官员。这一现象在民办第三部门中比较少。第二，懂专业的人员多。尽管他们大多数来自政府部门或事业单位,但有较丰富的社会经历,熟悉自身所在行业。第三,职业化程度不高。尽管部分组织向社会公开招聘,但数量较少,且大多数秘书长来源都与组织原来依附的企业、政府部门、事业单位有关,真正职业化的人员不多,职业化程度不高。

(二) 秘书长素质要求

第三部门对秘书长的基本素质要求如下:一是了解服务领域的相关知识;二是有较强的敬业精神;三是有合作沟通交际能力;四是具有开拓精神。一位优秀的秘书长不仅可以为第三部门的发展提供发展方向,还可以为组织的内部治理、组织决策和关系网络注入新的活力。

第三部门内部治理主要围绕着会员(代表)大会、理事会、监事会、秘书处进行建构和运作。长期以来,无论是从理论层面,还是从实践层面,第三部门治理可以被看作理事会、监事会、秘书长为了组织目标而采取的集体行动。同时,第三部门的内部治理结构也会随着社会环境与政策的变化发生改变,这也是一个系统性、开放性的发展过程。

案例分析

异地商会再现"罢免"风波

2014年1月,山东省江苏商会换届选举过程中出现争执:部分理事提议罢免现任会长并采取新的换届方案;另一部分理事则在前期未参会的情况下,直指"会议非法"。主持会议的监事长介绍,现任会长违规操纵商会换届工作,侵犯了会员合法的民主权利。

山东省江苏商会成立于2009年4月27日,是继浙江、福建之后,山东成立的第三个省级异地商会。按商会章程,领导班子每三年换届一次,2012年4月26日江苏商会应举行换届选举,但商会并未进行换届选举。会长等人不仅被扣上了操纵换届的帽子,还被指责在"商会大厦"建设等问题上"假公济私"。

会议随后对罢免会长进行了举手表决。据介绍,山东省江苏商会共有理事101人。会议人员统计,当天参会的68名理事中,有67人同意,1人弃权。会议宣布该表决通过并生效。

就在表决结束后,会议室大门突然被推开,七八个人闯了进来。"我们也是理事,开会为何不叫我们?"领头人告诉记者,"这次会议是非法的"。

他们向记者提供了一份"关于山东省江苏商会有关情况的介绍",称 2011 年 11 月 27 日,商会决定成立换届筹备组,后因主管单位变更等原因,商会换届选举大会的时间延后。2013 年,商会有人质疑"商会大厦"项目等问题,换届筹备工作暂停。

为澄清质疑,部分商会会员此前已对此进行了调查,认为"假公济私"的结论根据不足。投资人已承诺从项目利润中拿出 200 平方米办公用房作为会产。

反对者还称,商会另外一部分理事还计划在 1 月 11 日召开换届理事会。

(资料来源:陈川:《异地商会再现"罢免"风波》,《齐鲁晚报》2014 年 1 月 9 日。)

分析要点

1. 社会团体中会长的权力受到理事会制约,理事会有权动议罢免会长。
2. 商会章程中规定换届时间,却未规定筹备委员会的组建方式,这为治理争议埋下隐患。
3. 财务监督机制缺失会影响商会治理过程的公开透明,直接导致治理结构的混乱。

本章小结

第一,第三部门发展需要尊重内部治理结构的差异性。通过本章学习,要明确我国第三部门内部治理是基于现有的法律规范形成的,与国际组织相比,既有相同之处,也有差异性。中国的第三部门治理需要立足于中国特色社会主义这一政治方向进行针对性配置。

第二,第三部门内部治理是一个开放的系统,需要综合考量。没有任何一个组织可以独立存在,组织必然受到社会环境的影响,这种影响会反作用于组织的部门与职位设置,使内部治理处于动态变化的过程。

第三,社会团体、民办非企业单位、基金会是第三部门的重要组成部分。慈善法颁布后,随着中国社会体制与慈善环境的优化,第三部门组织数量在不断增加,内部治理对于优化组织发展生态、强化组织公信力具有重要价值。

本章思考题

1. 第三部门内部治理结构的要素有哪些?
2. 第三部门章程中对治理结构一般有哪些规定?
3. 第三部门的治理结构在实际运作过程中有哪些问题?
4. 第三部门内部治理结构中涉及的多个部门(如理事会、秘书处、监事会)之间存在哪些关系?

阅读书目

1. 田凯:《非协调约束与组织运作——中国慈善组织与政府关系的个案研究》,商务印书馆2004年版。
2. 〔美〕保罗·C.莱特:《持续创新:打造自发创新的政府和非营利组织》,张秀琴译,中国人民大学出版社2004年版。
3. 陆道生、王慧敏、毕吕贵:《非营利组织企业化运作的理论与实践》,上海人民出版社2004年版。
4. 金锦萍:《非营利法人治理结构研究》,北京大学出版社2005年版。
5. 徐家良:《互益性组织:中国行业协会研究》,北京师范大学出版社2010年版。
6. 马国芳等:《社会组织发展实证研究:基于社会治理的视野》,社会科学文献出版社2017年版。

第五章　第三部门登记认定制度

【本章教学目标】

第三部门登记认定制度关乎第三部门运作的合法性问题。本章主要涉及第三部门登记认定制度的概念与作用、制度内容以及法人地位取得、法人形式与登记制度的特点等诸多内容。

第一节　第三部门登记认定制度的概念与作用

第三部门登记认定制度对于第三部门的发展具有重要意义,本节主要介绍第三部门登记认定制度的概念与作用。

一、第三部门登记认定制度的概念

(一)广义概念

第三部门登记认定制度为组织提供了合法身份。登记管理机关和业务主管单位对社会团体、民办非企业单位、基金会、事业单位、外国商会、慈善组织、境外非政府组织、宗教活动场所等不同类型组织进行成立登记、变更登记、注销登记等。

(二) 狭义概念

第三部门登记认定制度是民政部门、公安部门、编制部门等部门开展的登记及备案等对第三部门身份进行认定的制定。

二、第三部门登记认定制度的作用

(一) 依法管理

通过法律规范,第三部门登记认定制度改变了原先的分散管理,转变为集中统一管理,同时监督与管理并重。第三部门登记认定制度肯定了第三部门的价值,并为监督第三部门行为提供合法性与合理性。在此基础上,形成针对第三部门的规范化的管理体系。

(二) 责任分担

在登记认定过程中,登记管理机关、业务主管单位、备案机关承担不同的责任。大多数第三部门组织的管理制度中只涉及登记管理机关和业务主管单位。以社会团体为例,《社会团体登记管理条例》第二十四条规定,登记管理机关负责社会团体的成立、变更、注销的登记;第二十五条规定,业务主管单位负责社会团体成立登记、变更登记、注销登记前的审查。除法律法规规定的可以直接登记的社会组织之外,社会服务机构(民办非企业单位)和基金会的登记管理机关与业务主管单位也基本参照上述规定进行分工。

第二节 第三部门登记认定制度的内容

第三部门登记认定工作主要有三项内容:注册登记、变更登记和注销登记。具体登记认定制度可根据社会团体、民办非企业单位、基金会、外国商会、慈善组织、宗教活动场所、境外非政府组织和事业单位等不同组织加以分析。

一、社会团体

社会团体注册登记。社会团体登记工作依照《社会团体登记管理条例》执行。社会团体的登记管理机关由县级以上民政部门担任,同级的政府有关部门及政府授权组织则是有关行业、学科或者业务范围内社会团体的业务主管单位。有一些特殊性质的社会团体不在民政部门的管辖范围内,如参加中国政治协商会议的八大人民团体,中国红十字会等经国务院批准免登记的团体,机关、团体、企事业单位的内部团体等。

根据《社会团体登记管理条例》的规定,成立社会团体需要满足一系列相关的条件:第一,成员人数要求,个人会员须达到50人以上,单位会员需要达到30人以上;第二,社会团体名称和组织机构应符合规范;第三,场地要求,组织有固定办公住所;第四,人员要求,专职工作人员配置符合活动需要;第五,资金要求,全国性的社会团体活动资金至少10万元,地方性的社会团体3万元(有的地方出台专门文件降低资金标准,如《广州市社会组织管理办法》规定当地社会团体登记没有注册资金的限定);第六,组织能够独立承担民事责任。另外,只有全国性社会团体才能在经批准情况下使用包含"中国""全国""中华"等词条的名称。

社会团体变更登记。根据《社会团体登记管理条例》的规定,社会团体如需要变更登记事项,首先需要经过业务主管单位审查,获得业务主管单位同意后必须于30日之内向登记管理机关提出变更申请。如果变更事项为修改章程,还需要经过登记管理机关核准。惠州市民政局规定自受理之日起5个工作日内做出批准或不予批准的决定;予以批准的,证件制作人员根据决定发变更登记批复及《社会团体法人登记证书》,加盖实施机关印章;证件送达人员自完成证件制作之后及时按照法定或者约定的方式,将审批证件送达申请人。其中,实施机关做出不予审批决定的,要告知申请人并说明理由。

社会团体注销登记。根据《社会团体登记管理条例》,在四种情况下,社会团体需要申请注销登记:第一种情况是社会团体已经完成章程规定的宗旨,可以结束活动;第二种情况是经过成员同意或默认,社会团体自行决定解散;第三种情况是一家社会团体分立出多个社会团体,或与其他社会团体合并;第四种情况则是由于其他原因导致的社会团体终止。社会团体的注销登记需要首先经过业务主管单位审查同意,然后向登记管理机关申请注销登记。

在注销登记前,社会团体首先需要完成清算工作。清算需要经业务主管单位或者其他相关政府部门指导,且清算期间社会团体只能进行清算相关活动。清算结束后15天内,社会团体可前往登记管理机关,提交注销申请文件和清算证明文件,办理注销登记。如果注销登记获得准许,登记管理机关会向申请者发放注销证明文件,并收缴该社会团体登记证书、印章和财务凭证。社会团体处分注销后的剩余财产,按照国家有关规定办理。

二、民办非企业单位

民办非企业单位注册登记。民办非企业单位登记工作依照《民办非企业单位登记管理暂行条例》执行。成立民办非企业单位,首先需要业务主管单位审查同意,再向登记管理机关提出申请。县级以上民政部门是民办非企业单位登记管理机关,同级的政府有关部门及政府授权组织则是有关行业、业务范围内民办非企业单位的业务主管单位。

根据《民办非企业单位登记管理暂行条例》,申请登记民办非企业单位必须满足一系列条件:第一,程序要求,接受业务主管单位审查并获得其同意;第二,具备符合规范的名称以及能够满足运作需求的组织机构;第三,人员要求,具备能够满足业务活动需求的从业人员;第四,资金要求,有足以完成业务活动的合法财产,但未规定具体数额;第五,场地要求,有开展工作的场所。与社会团体和基金会不同,不论哪一个层级登记的民办非企业单位,其名称内均不得包含"中国""全国""中华"等字样。

根据《民办非企业单位登记管理暂行条例》,申请民办非企业单位登记需要提交的文件与申请社会团体登记的文件类型基本相同,同样包括申请书、业务主管单位批准文件、验资报告、场所使用权证明、拟任负责人信息以及章程草案。区别于社会团体和基金会,民办非企业单位并非只可以登记法人一种组织形式,而是包括法人、合伙和个体三种组织形式,同时民办非企业单位不得设立分支机构。

民办非企业单位变更登记。民办非企业单位的登记变更流程与社会团体类似。根据《民办非企业单位登记管理暂行条例》,民办非企业单位如需要变更登记事项也需要先征得业务主管单位审查同意,再向登记管理机关提交申请。

另外，民办非企业单位修改章程也需要经由登记管理机关核准。

民办非企业单位注销登记。民办非企业单位的注销登记较为自由。根据《民办非企业单位登记管理暂行条例》，民办非企业单位可以自行解散，也可以由于分立、合并或者其他原因而注销，但无论何种情况都需要到登记管理机关办理手续。民办非企业单位注销登记前同样需要完成清算工作并提交相应材料，并从登记管理机关处获取相应的注销证明文件来完成注销手续。

三、基金会

基金会注册登记。基金会登记工作依照《基金会管理条例》执行。与社会团体及民办非企业单位不同，基金会登记成立并非必须获得业务主管单位同意。在实践中，一部分基金会通过直接登记的方式成立。

根据《基金会管理条例》，成立基金会需要满足以下一系列相关条件：第一，成立目的要求，出于公益目的而设立；第二，资金要求，具备一定数额的原始基金，全国性公募基金会不低于800万元人民币，地方性公募基金会不低于400万元人民币，非公募基金会不低于200万元人民币，且不论基金会为何种性质，其原始基金必须为到账货币资金；第三，需要具备规范的名称、符合条例规定载明具体事项的章程，较为完善的组织机构，以及配备与完成工作相适应的专职工作人员；第四，场地要求，基金会有固定的住所；第五，能够独立承担民事责任。

根据《基金会管理条例》，基金会在登记注册时需提交一系列相关文件：一是申请书；二是章程草案；三是验资证明和住所证明；四是理事名单和身份证明以及拟任理事长、副理事长、秘书长简历；五是业务主管单位提供的同意文件。区别于社会团体，基金会的设立登记没有筹备阶段，基金会申请人直接向登记管理机关申请设立基金会，自批准之日起基金会具有法人资格。

2009年7月，民政部和深圳市政府签署了《推进深圳民政事业综合配套改革合作协议》，鼓励深圳市探索建立社会组织直接向民政部门申请登记的制度，民政部将深圳实践作为观察点跟踪研究。此外，民政部会商国家有关部门将驻在深圳的涉外基金会的登记管理权限下放深圳市，授权深圳市开展基金会、跨省区行业协会、商会登记管理试点。

基金会变更登记。根据《基金会管理条例》,基金会的登记事项变更可直接向登记管理机关提出申请。修改章程经过业务主管单位同意,再由登记管理机关核准。登记事项的变更包括名称、住所、类型、宗旨、活动范围等信息,与社会团体不同的是基金会登记变更增加了"类型"这一登记事项。

基金会注销登记。基金会可在出现下列情况之一时提出注销登记申请:一是章程中已经规定可以终止的情况,组织按照章程约定终止的;二是组织已没有能力依据章程规定的宗旨活动,被迫终止的;三是由于其他原因终止的。与社会团体类似,基金会在办理注销登记前也应该进行清算。但基金会的清算工作应当在登记管理机关、业务主管单位的共同指导下完成。同样,基金会也必须在清算结束之后15日内向登记管理机关办理注销登记;在清算期间也只能专注于清算工作。注销的基金会,其分支机构、代表机构同时注销。

四、慈善组织

慈善组织的登记认定依照慈善法和《慈善组织认定办法》执行。慈善组织设立有登记和认定两种途径。前者适用于组织同时获得法人身份和慈善组织资格的情况,后者则适用于已经设立的社会组织完成慈善组织身份获取的情况。无论登记还是认定都由县级以上民政部门负责,目前在实践中较为普遍的是认定慈善组织。

慈善法第二十条规定,慈善组织的组织形式、登记管理的具体办法由国务院制定。下一步,国务院将根据法律的这一授权,按照慈善法的相关规定,对现行社会组织的"三大条例"进行修改。①

根据慈善法,成立慈善组织,应当向县级以上民政部门提出申请。登记慈善组织需要由民政部门在三十日内做出是否同意的决定,而认定慈善组织则需要民政部门于二十日内做出决定。如果民政部门同意登记或认定慈善组织,需要向社会发布公告;如果民政部门不予同意,则需要书面说明理由。特殊情况

---

① 李适时、李立国主编:《中华人民共和国慈善法释义》,中国民主法制出版社2016年版,第49页。

设立申请的裁定也可以适当延长至六十日以内。

根据《慈善组织认定办法》,已成立组织想要申请认定为慈善组织,需要满足以下一系列相关条件:(1)申请时具备相应的社会组织法人登记条件;(2)以开展慈善活动为宗旨,业务范围符合慈善法第三条的规定;申请时的上一年度慈善活动的年度支出和管理费用符合国务院民政部门关于慈善组织的规定;(3)不以营利为目的,收益和营运结余全部用于章程规定的慈善目的;财产及其孳息没有在发起人、捐赠人或者本组织成员中分配;章程中有关于剩余财产转给目的相同或者相近的其他慈善组织的规定;(4)有健全的财务制度和合理的薪酬制度;(5)法律、行政法规规定的其他条件。

不同形式的社会组织需要提交的慈善组织认定材料不尽相同。根据《慈善组织认定办法》,基金会需要提交申请书,声明组织符合成立条件且不存在违规行为的书面承诺,以及理事会同意认定的会议纪要。社会团体和社会服务机构(民办非企业单位)除提交与基金会相同的材料外,还需要提交包含申请理由、慈善宗旨、开展慈善活动等情况的说明,以及上一年度的财务审计报告。民政部门经过征求和听取意见的流程后,需要在二十日内做出是否允许认定的决定,如同意则可向组织换发表明慈善组织属性的登记证书。

从当前慈善组织的改革进程来看,绝大部分的慈善组织可以向民政部门直接申请登记或者认定。但现实情况中可能出现特殊情况下的"双重管理"。对于专业性较强、涉及领域较为特殊的慈善组织,作为登记管理机关的民政部门对其活动审查的专业性不足,在审查过程中需要业务主管单位的审批,这一部分慈善组织仍然适用"双重管理"体制。①

从全国慈善信息公开平台所呈现的数据来看,慈善组织认定在不同地域的分布不均衡:截至 2018 年年底,认定慈善组织数量在 500 家以上的仅有北京、广东和浙江三个省级行政区,其认定数量分别为 852 家、723 家和 630 家,合计占据全国慈善组织总数的 41.7%。同时,仍有十六个省级行政区的认定慈善组织总数不足 100 家,个别省级行政区已有慈善组织数量甚至不足 10 家。由于

---

① 李适时、李立国主编:《中华人民共和国慈善法释义》,中国民主法制出版社 2016 年版,第 50 页。

税收减免等具体激励性政策尚未得到落实,部分社会组织进行慈善组织认定的积极性没有充分调动起来。

五、外国商会

外国商会的登记工作依照《外国商会管理暂行规定》执行。在中国成立的外国商会,一般都以国别为单位,遵循"一国一会"的基本原则。在民政部登记的 19 家外国商会中,有 17 家冠以外国国名,剩余两家是中国欧盟商会和中国香港(地区)商会,主要服务于欧盟和中国香港地区的企业需求。

根据《外国商会管理暂行规定》,成立外国商会,需要满足以下四项条件:第一是章程要求,不仅需要制定成文章程且需要反映会员意志;第二是发起人要求,发起会员和负责人数量必须达到一定规模;第三是场地要求,外国商会必须设置固定办公地点,如中国美国商会总部设置在北京三里屯商业中心;第四是资金要求,其经费来源必须合法。另外,外国商会可以有团体会员和个人会员。前者包括外国公司、企业以及其他经济组织依法在中国境内设立的代表机构和分支机构,后者则限于企业内的非中国籍人员。

六、境外非政府组织

境外非政府组织的登记依照境外非政府组织境内活动管理法执行。境外非政府组织在中国境内开展活动可采取两种法定形式,分别是登记设立代表机构和开展临时活动备案。未经上述两种法定流程,境外非政府组织不可在中国境内开展活动。境外非政府组织的登记管理机关由公安部及省级公安部门担任,业务主管单位也必须是省级以上业务部门。

根据境外非政府组织境内活动管理法,境外非政府组织在中国境内登记设立代表机构需要满足以下五个方面的条件:一是在境外合法成立;二是能够独立承担民事责任;三是宗旨和业务范围有利于公益事业发展;四是在境外存续二年以上并实质性开展活动;五是法律、行政法规规定的其他条件。

境外非政府组织申请登记设立代表机构,应当经业务主管单位同意。2016年 12 月和 2019 年 3 月,公安部连续两次公布业务主管单位名录。根据境外非政府组织境内活动管理法,业务主管单位同意之日起三十日内,境外非政府组织可向登记管理机关申请设立代表机构,并向登记管理机关提交申请书和各类证明材料。登记管理机关需要自受理申请之日起六十日内做出准予登记或者不予登记的决定。对准予登记的境外非政府组织代表机构,登记管理机关发给登记证书,并向社会公告。

境外非政府组织变更登记。根据境外非政府组织境内活动管理法,境外非政府组织代表机构需要变更登记事项的,应当自业务主管单位同意之日起三十日内,向登记管理机关申请变更登记。

境外非政府组织撤销登记。根据境外非政府组织境内活动管理法,有下列情形之一的,境外非政府组织代表机构由登记管理机关注销登记,并向社会公告:一是境外非政府组织撤销代表机构的;二是境外非政府组织终止的;三是境外非政府组织代表机构依法被撤销登记或者吊销登记证书的;四是由于其他原因终止的。境外非政府组织代表机构注销登记后,设立该代表机构的境外非政府组织应当妥善办理善后事宜。境外非政府组织代表机构不具有法人资格,涉及相关法律责任的,由该境外非政府组织承担。截至2019年6月,已有七家成立不足三年的境外非政府组织在华代表机构宣告注销。

七、事业单位

事业单位的登记依照《事业单位登记管理暂行条例》执行。事业单位的登记管理工作由县级以上编制管理机关下属事业单位登记管理机构负责,在各地一般设立专门的事业单位登记管理局。同时,事业单位成立也需要获得县级以上主管部门审批。事业单位的审批机关类似于大多数第三部门组织的业务主管单位。

根据《事业单位登记管理暂行条例》,事业单位登记需要满足以下五个方面的条件:一是经审批机关批准设立;二是有自己的名称、组织机构和场所;三是组织人员能够满足其业务活动需求;四是组织资金能够满足业务活动需求;五是组织能够独立承担民事责任。为了完成登记,申请者需要提交登记申请书、审批机关批准文件以及各类证明材料。

登记管理机关在受到申请书之后30日内需要做出是否准予登记的决定。若准予则向事业单位颁发《事业单位法人证书》,作为事业单位法人资格的唯一合法凭证。以养老院的登记注册为例,登记需要提供申请书与可行性研究报告、资金来源材料、场地来源材料等相关资料。

八、宗教组织

宗教组织有狭义和广义之分,狭义的宗教组织主要是指宗教团体,广义的宗教组织不仅包括宗教团体,还包括宗教院校和宗教活动场所。宗教团体、宗教院校和宗教活动场所这三类组织的登记依照《宗教事务条例》《社会团体登记管理条例》等行政法规执行。

宗教团体的登记依照《宗教事务条例》《社会团体登记管理条例》和《宗教社会团体登记管理实施办法》执行。实质上,宗教团体与社会团体的登记过程较为类似。作为宗教团体的业务主管单位,国家宗教事务局负责全国性宗教团体的登记事前审查,地方政府宗教事务部门则负责区域性宗教团体的登记事前审查。经审查同意后,宗教团体可在民政部门申请登记。

宗教院校的登记依照《宗教事务条例》执行,其发起方必须为全国性宗教团体或省级宗教团体,其他任何组织或者个人不得设立宗教院校。《宗教事务条例》第十二条规定,设立宗教院校,应当由全国性宗教团体向国务院宗教事务部门提出申请,或者由省、自治区、直辖市宗教团体向拟设立的宗教院校所在地的省、自治区、直辖市人民政府宗教事务部门提出申请。省、自治区、直辖市人民政府宗教事务部门应当自收到申请之日起 30 日内提出意见,报国务院宗教事务部门审批。宗教院校成立的基本条件包括目标、章程和课程设置、生源、资金、场地来源、专职负责人、教师和管理组织等。

宗教活动场所的登记由民法典指导,并依照《宗教事务条例》执行。民法典第九十二条规定,依法设立的宗教活动场所,具备法人条件的,可以申请法人登记,取得捐助法人资格。法律、行政法规对宗教活动场所有规定的,依照其规定。《宗教事务条例》中列举的宗教活动场所设立条件包括以下几个方面:与社会主义社会相适应;坚持独立自主自办原则;满足当地信教民众需要;有适合的宗教教职人员;有必要资金;布局合理,不影响民众正常生产生活。宗教活动场所的设立申请可向县级以上宗教事务部门提出,但审核需要设区的市级以上政府宗教事务部门完成。建设完工的宗教活动场所需要向县级宗教事务部门申请登记,并获取《宗教活动场所登记证》,符合法人条件的还可向当地民政部门申请法人登记。

2019年1月,为了理顺宗教活动场所法人资格,满足宗教界的合法需求,国家宗教事务局会同民政部联合发布《关于宗教活动场所办理法人登记事项的通知》,将宗教活动场所申请法人登记的条件细化,有以下几个方面:属于经人民政府宗教事务部门依法登记的寺院、宫观、清真寺、教堂;有主持宗教活动的教职人员以及匹配的从业人员;有不少于10万元的注册资金;财务管理合规;组织机构和规章制度健全。值得注意的是,宗教活动场所的法人登记不是强制性的,而是自愿选择的。

第三节 第三部门法人地位取得、法人形式与登记制度的特点

第三部门登记制度的形式和特点反映了第三部门的重要特征,本节主要介绍第三部门登记制度的特点。

一、第三部门法人地位取得与法人形式

(一)合法地位取得

第一,登记取得。《基金会管理条例》第十一条规定,登记管理机关应当自收到本条例第九条所列全部有效文件之日起60日内,作出准予或者不予登记的决定。准予登记的,发给《基金会法人登记证书》;不予登记的,应当书面说明理由。

《社会团体登记管理条例》第九条规定,"申请成立社会团体,应当经其业务主管单位审查同意,由发起人向登记机关申请登记"。第十二条规定,登记管理机关应当自收到本条例第十一条所列全部有效文件之日起60日内,作出准予或者不予登记的决定。准予登记的,发给《社会团体法人登记证书》;不予登记的,应当向发起人说明理由。

第二,依法律规定取得。公证法第四条规定,全国设立中国公证协会,省、自治区、直辖市设立地方公证协会。中国公证协会和地方公证协会是社会团体

法人。《中国公证协会章程》由会员代表大会制定,报国务院司法行政部门备案。公证协会是公证业的自律性组织,依据章程开展活动,对公证机构、公证员的执业活动进行监督。工会法第十四条规定,中华全国总工会、地方总工会、产业工会具有社会团体法人资格。基层工会组织具备民法典规定的法人条件的,依法取得社会团体法人资格。社会团体的法人地位取得是由相应的法律规定的,其承担了社会组织发展过程中的重要职能,因此被这些领域的法律所承认。社会团体自批准成立之日起就具有法人资格,无需经过申请筹备和申请成立登记程序,只需要通过申请备案的方式获得相应证书。

第三,依法免登记取得。依法免登记的社会组织主要为社会团体,此类社会团体主要包括三种类型:一是参加中国人民政治协商会议的八大人民团体;二是经国务院机构编制管理机关核定,国务院批准免予登记的团体,如残联、法学会等;三是机关、团体、企事业单位内部经批准成立、在本单位内部活动的团体,这些团体不具备独立的法人地位,如高等院校的学生社团。

第四,备案取得。为了促进慈善事业的发展,登记管理机关对不具备法人条件、在基层活动的慈善类组织可予以备案,例如在基层活动的慈善类组织可在所属街道备案。非法人的社区社会组织也在所属街道(乡镇)备案。

(二)法人形式

第三部门的形式多样,主要有社会团体、社会服务机构、基金会、商会、事业单位、宗教活动场所等。

根据民法典第五十七条规定,法人是具有民事权利能力和民事行为能力,依法独立享有民事权利和承担民事义务的组织。只有通过相关的法律才能成立法人。成立法人,需要具备相应的一些条件:一是应当有自己的名称;二是要有组织机构;三是要有固定的住所;四是要有一定的财产或者经费。法人在成立过程中,还需要经过一定的程序,根据相关的法律、行政法规的规定要求来进行办理。

法人有两种形式:一是营利法人,二是非营利法人。营利法人主要是指企业。属于非营利组织法人的有社会团体法人、社会服务机构法人、基金会法人、事业单位法人。属于捐助法人的,是宗教活动场所。非法人形式包括慈善组织、境外非政府组织代表机构和备案组织。

二、第三部门登记制度的特点

(一) 从分散登记到集中登记

中国实行改革开放政策初期,第三部门的数量较少,为适应第三部门发展缓慢的情况,当时主要采用分散登记的方式。随着经济社会的变迁,第三部门的种类和数量快速增长。为适应这一发展趋势,1988年,国务院授权民政部成立社会团体管理司,负责管理各种社会团体。1996年,国务院明确原来归口不同政府主管机关的"民办事业单位"统一作为"民办非企业单位",归口县级以上民政部门登记。民政部成立社会团体和民办非企业单位管理司。1998年,社会团体、基金会、民办非企业单位统一使用"民间组织"的称呼,民政部设立民间组织管理局。2016年9月1日,民间组织管理局更名为社会组织管理局。

国务院先后制定《社会团体登记管理条例》《基金会管理条例》《民办非企业单位登记管理暂行条例》,提高了登记的门槛,明确了资金、人员、场地等要求,由分散登记逐渐向集中登记转变。

(二) 归口登记

除法律法规明确规定免予登记的情形外,大部分第三部门需要到县级以上民政部门登记,统一管理并颁发相应的登记证书。在其他国家机关和政府部门进行登记的,不得视为有效。

(三) 双重管理与分级管理

双重管理是指第三部门受到业务主管单位的业务指导和登记管理机关的登记审批,管理职权有所分散。分级管理则是指根据中国的行政级别来分别管理相应的第三部门。中国的行政级别分为国家级、省市级、地市级、县级四个层级,社会组织分别在民政部、省民政厅(市民政局)、市民政局、县民政局注册登记,以当地政府的管理为主,上级民政部门对下级民政部门只作业务指导。

(四) 监管与发展并重

一方面,通过对发起人及负责人身份、注册资金、办公住所以及业务主管单位和登记管理机关等方面提出要求,登记制度实现了对第三部门的初步监管,将第三部门纳入合乎规范的轨道中;另一方面,通过对不同形式法人登记和身份获取渠道的开放,登记制度又在一定程度上使第三部门持续发展变得可行,构建起类型丰富的中国第三部门组织体系,促进了第三部门健康有序发展。

第四节　第三部门登记认定制度的问题与改革趋势

第三部门登记认定制度需要随着经济社会的发展和社会现实的需要不断修正和更新,本节主要介绍第三部门登记认定制度存在的问题与改革趋势。

一、第三部门登记认定制度存在的问题

(一)双重管理体制不适应现代社会

《国务院关于第六批取消和调整行政审批项目的决定》指出:"凡公民、法人或者其他组织能够自主决定,市场竞争机制能够有效调节,行业组织或者中介机构能够自律管理的事项,政府都要退出。"由此可见,社会管理体制正在由集权走向分权,由政府控制走向社会自治。施行已久的双重管理体制造就了中国基层政府与社会组织之间的代理关系与管家关系的差异。[1] 登记制度要求社会组织挂靠在"业务主管"的政府部门,因此政府部门在选择社会组织时往往秉持审慎的态度。双重管理体制最初是在管理部门监督经验不足的背景下而提出,它作为一种"预防型"的管理体制在一定程度上增强了管理的针对性,但同时也产生了社会组织过程监管缺失、社会组织依附性增强等后果,从长期来看不利于社会组织的持续发展。在双重管理制度下,部分从事慈善活动的社会组织由于缺乏业务主管单位而无法登记,部分社会组织因此选择到市场监督管理部门登记为企业。此外,业务主管单位在没有明确约束和激励机制的条件下,存在为减少工作量而推脱、拒绝社会组织申请的情况。因此,寻找业务主管单位的困难以及争取业务主管单位同意的门槛过高,是众多社会组织放弃登记的最

---

[1] 敬乂嘉、崔杨杨:《代理还是管家:非营利组织与基层政府的合作关系》,《中国第三部门研究》2015年第1期。

主要因素。这就造成了大量社会组织无法获得合法身份,处于非法的状态。双重管理体制影响了社会组织的独立性和自治性,成为影响慈善事业发展的重要因素之一。

（二）认定主体不明确

认定主体不明确这一点尤其体现在慈善组织的认定过程中。慈善法的出台和实施应当从法律层面为基层政府明确慈善组织登记认定的负责部门和人员,但实际情况却是地方基层民政部门尚未明确慈善组织认定的行为主体。以A地的实践为例,是慈善处(主管慈善工作的部门)还是社会组织管理局(管理社会组织业务的部门)负责慈善组织的登记一度引起了争论。这就体现了宏观层面的制度设计遇到了"落地难"的问题。

（三）监管重心前移,实质监管虚化

当前对社会组织的监管重点落在登记认定和年度检查等方面,监管的重心前移,对社会组织实际开展活动的效果监管不足,监管的成效降低,监管的风险加大。对登记管理机关和业务指导单位而言,将监管的注意力完全分配在登记认定和年度检查等事项,从长期来看不利于社会组织能力的提升。

二、第三部门登记认定制度的最新发展

（一）直接登记与双重管理并行

2013年3月14日,第十二届全国人民代表大会第一次会议批准通过《关于国务院机构改革和职能转变方案的决定》。该决定明确提出对社会组织登记认定制度采取直接登记制度和双重管理制度混合管理的模式。依据该决定,社会组织分成两部分:第一部分,采取直接登记制度,重点培育、优先发展行业协会商会类、科技类、公益慈善类、城乡社区服务类社会组织。成立这些社会组织,直接向民政部门依法申请登记,不再需要业务主管单位审查同意。第二部分,采取双重管理制度,考虑到政治法律类、宗教类等社会组织以及境外非政府组织在华代表机构的情况比较复杂,成立这些社会组织,仍需要经业务主管单位审查同意,然后再到登记管理机关注册登记。

2016年中共中央办公厅和国务院办公厅联合印发《关于改革社会组织管理

制度促进社会组织健康有序发展的意见》(以下简称《意见》),部分社会组织直接登记制度正式确立。根据《意见》,行业协会商会组织、自然科学和工程技术类组织、传统领域慈善类组织可以直接向县级以上民政部门申请登记,而城乡社区服务类组织则限定在县级民政部门直接登记。上述类型的社会组织登记和准入门槛降低,使这些社会组织在登记前就获得了较充分的自治空间。同时,现有制度仍然是直接登记与双重管理并行的局面,对于直接登记范围之外的社会组织,《意见》仍然要求登记管理机关和业务主管单位双重负责。

(二)多部门协同管理提速增效

为了实现专业化,第三部门的登记管理开始由民政部门、公安部门、宗教部门、编制部门等多部门分别负责不同类型组织的登记工作,并在交叉领域开展合作(如对境外非政府组织同境内社会组织合作活动的管理由民政部门和公安部门共同负责),逐渐形成各司其职和有效协同的局面。第三部门组成要素的复杂性和多样性使得管理部门类型也多种多样。为了保障社会组织的蓬勃发展,现有制度没有选择将管理职能赋予民政部门的"一刀切"做法,而是结合管理的实际进行分类管理和协同管理。

(三)社会组织登记审查更为严格

对于直接登记范围之外的社会组织,《关于改革社会组织管理制度促进社会组织健康有序发展的意见》要求业务主管单位对其名称、宗旨、业务范围、发起人和负责人等方面进行前置全面审查。同时,《意见》要求民政部门会同行业管理部门和党建工作机构,严格审查组织发起人和拟任负责人的资格。对于跨领域的社会组织,其名称和业务范围审核需要听取多方意见。对于全国性社会团体以及跨省社会组织,则需要从成立必要性、代表性等方面从严审核论证。

(四)党建工作成为登记认定过程重点

2015年9月,中共中央办公厅印发《关于加强社会组织党的建设工作的意见(试行)》,其中要求各级党委将社会组织党建工作纳入总体布局,并明确提出"把党的工作融入社会组织运行和发展过程"。该文件明确指出,凡有三名以上正式党员的社会组织,都要按照党章规定,经上级党组织批准,分别设立党委、总支、支部,并按期进行换届。该文件还提出了"应建尽建"的原则,对于暂不具备组建条件的社会组织,"可通过选派党建工作指导员、联络员或建立工会、共青团组织等途径开展党的工作,条件成熟时及时建立党组织";新成立的社会组织,"登记和审批机关应督促推动其同步建立党组织"。在随后发布的《关于改革社会组织管理制度促进社会组织健康有序发展的意见》中,党建工作机构已成为社会组织发起人和负责人资格审查主体之一;各有关部门在开展社会组织登记工作的过程中,也被要求督促推动社会组织及时成立党组织并开展党的工作。

三、未来优化社会组织登记认定制度的主要原则

(一)处理好培育与监管的关系

社会组织相较于政府和企业的天然优势在于供给公共物品的低成本和高效率,所以,过分强调和增加监管的尺度与门槛不利于社会组织能力的提升和发展。社会组织的登记认定需要坚持培育与监管并重的原则。监管的本意在于规范社会组织的行为,推动社会组织的发展。当前社会组织领域登记认定相关的法律法规包括"三个条例"和"一个法",未来应当推动社会组织基本法的立法工作,从立法本身确认培育与监管的关系。

(二)把握好质量与数量的关系

社会组织的登记认定制度保障了社会组织的蓬勃发展。随着社会经济的发展,社会组织的数量和质量相较于过去都有了较大的提升。社会组织的发展既需要组织规模壮大带来的集聚效应,又需要社会组织的质量持续提升。社会组织的登记管理制度不应片面追求"纸面的数量增长",而应当转向为社会组织的长期性、高质量增长提供持续动力。

(三)协调好不合理门槛和基本标准的关系

社会组织登记认定制度从分散认定向集中认定的转变、直接登记制度的发展都表明,登记认定制度在减少不合理、不必要的门槛方面做出了较多的努力,社会组织登记认定的合法性逐渐得以保障。但同时也要认识到登记认定制度

的基本标准存在的必要性。对社会组织数量和质量的发展要求必然需要确定登记认定制度的基本标准,登记认定制度应当结合改革的实际需要而科学地、动态地调整登记认定制度的基本内容,力求保障登记认定制度的合法、合理、公开与高效。

案例分析

"东莞千分一公益服务中心"获准注册

坤叔助学团队是东莞一家公益慈善类社会组织,团队在长期助学过程中,总结出"千分一"的公益理念,呼吁大家拿出收入的千分之一用于慈善事业,把慈善当成一种生活习惯。该团队想以"东莞千分一公益服务中心"的名称,向主管部门申请登记注册。不过,东莞市民间组织管理局认为"千分一"这一名称可能让公众误解为"硬性摊派""强迫捐款",违背了慈善自愿的原则。助学团队发起人坤叔连续七年六次申请"转正"均受挫。

时任广东省委书记汪洋对《南方日报》中的《坤叔公益团队"转正"受挫背后》一稿做出重要批示,要求有关部门转变观念,努力成为社会公益和社会慈善发展的助推者,而不是障碍。规范社会公益组织发展,重在监管,而不是把"人"挡在门外。只有这样,广东的社会组织发展才有良好的空间。

东莞市民间组织管理局的观念和出发点并不坏,但结果却很糟糕。政府不能对公益组织在成立时就搞"有罪"推定,而在其成立后却疏于监管。随后,省委领导做出指示,即派工作组到东莞,指导东莞市民间组织管理局办妥千分一公益团队登记问题。2011年10月1日,《南方日报》记者随同省民政厅副厅长王长胜前往东莞,了解坤叔助学团队登记注册问题。

在与省民政厅工作人员的交流中,坤叔说,20多年来,助学团队不接受任何社会捐款,团队成员公开透明地花自己的钱,资助贫困学生上学,逐渐总结形成"千分一"的理念。团队之所以坚持"千分一"的名称,是因为这是一个公益理念,可以触动更多人养成慈善习惯。"我们手中没有任何权力,怎么可能去给别人'硬性摊派'?"

经过相互沟通协调,坤叔与主管部门达成共识,以"东莞千分一公益服务中心"的名称申请登记注册。东莞市民间组织管理局随后向坤叔送达了《民办非企业登记批准通知》。

(资料来源：苏仕日：《"东莞千分一公益服务中心"获准注册》，《南方日报》2011年10月9日。)

分析要点

1. 政府管理部门要转变观念，努力成为社会公益和社会慈善发展的助推者，而不是障碍。

2. 规范社会组织活动，重在有序监管，而不是依据臆想的问题把"人"挡在门外。

本章小结

社会组织的登记认定既要符合合法性的要求，又要有较高的工作效率，以真正推动社会组织的健康发展。围绕第三部门登记认定制度，需要把握以下四点内容。

第一，熟悉第三部门登记认定制度的概念、作用，掌握第三部门多种类型（社会团体、民办非企业单位、基金会、事业单位、外国商会、慈善组织、境外非政府组织和宗教团体）以及对应的发展情况。

第二，了解第三部门登记认定管理的三个环节：注册登记、变更登记与撤销登记。

第三，了解第三部门登记认定制度的特点。

第四，了解第三部门登记认定制度存在的问题。

本章思考题

1. 如何理解第三部门登记认定制度？
2. 第三部门登记认定制度的内容是什么？
3. 第三部门登记认定制度存在哪些问题？
4. 第三部门登记认定制度改革的趋势体现在哪几个方面？

阅读书目

1. 孙伟林主编:《社会组织管理》,中国社会出版社2009年版。
2. 王名等:《社会组织与社会治理》,社会科学文献出版社2014年版。
3. 徐家良等编著:《社会组织的结构、体制与能力研究》,中国编译出版社2012年版。
4. 赵黎青:《非政府组织与可持续发展》,经济科学出版社1998年版。
5. 民政部民间组织管理局编著:《社会组织登记指引》,中国社会出版社2011年版。

第六章　第三部门年度检查报告制度

【本章教学目标】

第三部门年度检查报告制度是监管和规范第三部门运作的主要方法。第三部门年度检查报告制度日趋完善,这一制度对贯彻党对第三部门"培育发展与监督管理并重"的方针发挥了重要作用。年度检查制度覆盖大多数类型的第三部门,年度报告制度主要用于慈善组织。第三部门年度检查报告制度具有前松后紧、监督的针对性和全面性逐渐增强、纸质材料年检与网检相结合等特点,并逐渐呈现出灵活选用年检制和报告制、重评估抽查轻年检、年检向报告过渡的发展趋势。

第一节　第三部门年度检查报告制度概述

第三部门年度检查报告制度是监督第三部门运行情况、保障第三部门规范发展的重要制度基础,本节主要介绍第三部门年度检查报告制度的概念与作用。

一、第三部门年度检查报告制度

(一)第三部门年度检查制度

第三部门年度检查制度是县级以上的业务主管单位和登记管理机关通过

接收报送材料或实地检查等方式,依法按年度对社会组织一年内遵守法律法规和章程开展活动情况进行检查、监督与管理并得出一定结论的一整套制度规范。年度检查制度是了解社会组织运行的基本情况,发现社会组织运行过程中存在的问题的重要方法。

第三部门年度检查制度包含以下六个要素。

(1) 检查主体。第三部门年度检查的行为主体是业务主管单位和登记管理机关。业务主管单位包括县级以上的党政部门,如党的组织、政府、人大、法院、检察院等。登记管理机关的类型较多,需要按照类别进行细化和区分。县级以上的民政部门是社会团体、社会服务机构、基金会、宗教团体、部分宗教院校和宗教活动场所的登记管理机关。民政部是外国商会的登记管理机关。省级公安部门和公安部是境外非政府组织代表机构的登记管理机关。

(2) 检查客体。作为被检查的对象,第三部门的大多数社会组织都需要接受年度检查。社会服务机构、社会团体、基金会、宗教团体、进行法人登记的宗教院校和宗教活动场所、境外非政府组织代表机构等都需要接受业务主管单位和登记管理机关的监督和管理。

(3) 检查目的。第三部门年度检查制度的目的是了解第三部门的运营情况,发现发展过程中存在的突出问题,及时提供相应对策,提升组织的发展能力,推动组织和行业的发展。

(4) 检查内容。主要对第三部门一年内在遵守法律、法规、章程开展活动方面的具体情况进行检查。

(5) 检查方式。第三部门主动填报上一年度工作材料,如年度工作报告、财务会计报告、审计报告、专项信息审核报告等,交业务主管单位和登记管理机关检查。部分情况下,主管部门还可以对第三部门的业务活动、内部治理、投资理财等事项进行实地检查。

(6) 检查结论。对第三部门各方面情况进行检查后得出合格、基本合格和不合格的结论。

(二) 第三部门年度报告制度

第三部门年度报告制度是指第三部门每年在规定的时间内向登记管理机关及业务主管单位报送年度报告书、年度工作报告和财务工作报告等信息,以便主管部门了解组织运行情况的一整套规范。年度报告制度包括以下四个方面。

(1) 报告主体。第三部门年度报告制度的报告主体主要是事业单位、民政部门登记的慈善组织。在部分已经改革年检制度的省级行政区,也包括社会团体、社会服务机构、基金会等社会组织。

(2) 报告客体。事业单位的报告对象是作为登记管理机关的县级以上事业单位登记管理机构;慈善组织的报告对象是作为登记管理机关的县级以上民政部门;部分试点地区的社会组织的报告对象是登记管理机关和业务主管单位。业务主管单位负责年度报告的初审工作,初审同意后报登记管理机关。对于直接登记的部分社会组织,也可直接向登记管理机关报送年度报告。

(3) 报告目的。第三部门年度报告制度的目的是转变第三部门的监督管理方式,强化组织诚信自律,通过公开年度报告材料,提高信息透明度,扩大社会监督。

(4) 报告内容。第三部门需要提交的年度报告材料一般包括两类:一是年度工作报告,二是经内部审核通过的财务会计报告。此外,获得公开募捐资格的慈善组织需要提交注册会计师审计报告,部分地区民政部门要求组织同时提供登记证书副本。上述材料由组织在登记管理机关指定的公开平台发布,接受全社会监督。

二、年度检查报告制度的作用

(一) 了解情况

年度检查报告制度可以使业务主管单位和登记管理机关及时了解第三部门上一年度的工作情况,包括组织的业务活动开展状况、财务状况、内部治理结构、信息公开情况、制度建设情况、评估等级等方面。

(二) 发现问题,提升能力

通过年度检查报告制度,政府有关部门和第三部门可以及时发现存在的问题,完善治理结构,加强第三部门的能力建设,更好地实现组织宗旨与使命。

(三) 衡量好坏

业务主管单位和登记管理机关通过年度检查报告制度可以了解第三部门是否正常运营,衡量第三部门的发展水平,从而得出第三部门是否合格的结果。

(四) 提高信息透明度和公信力

年度检查结果和年度报告通过业务主管单位和登记管理机关及时向社会公开,增加社会公众对第三部门发展情况的了解程度,提高第三部门的知名度和公信力。

第二节 第三部门年度检查报告制度的内容

第三部门年度检查报告制度因第三部门的管理对象不同而在内容和形式等方面存在一定的差异。

一、第三部门年度检查报告制度的管理对象

(一) 第三部门年度检查制度的管理对象

第三部门年度检查的对象主要是社会服务机构、社会团体、基金会、部分宗教团体和宗教活动场所、境外非政府组织代表机构、事业单位等组织。检查的主要内容包括单位法人条件、履职情况、内部规范化建设和财务管理状况等内容。

(二) 第三部门年度报告制度的管理对象

第三部门报告制度主要面向慈善组织。2020年4月,民政部办公厅发布《关于开展慈善组织(基金会)2019年度年报年检工作的通知》,为支持各慈善组织(基金会)应对新冠肺炎疫情、积极发挥作用,年检年报材料报送截止时间延后至6月30日,可采用在线方式报送。2019年12月31日前登记或者认定为慈善组织的基金会、社会团体、社会服务机构,应当于2020年6月30日前向登记的民政部门报送2019年度工作报告(含财务会计报告),具有公开募捐资格的(包括慈善法颁布之前成立的,虽认定为慈善组织但未领取公开募捐资格

证书的公募基金会),还应当报送审计报告和专项信息审核报告。2019年12月31日前未认定为慈善组织的基金会,应当按照《基金会管理条例》的要求,于2020年6月30日前向登记的民政部门报送2019年度工作报告(含财务会计报告)、审计报告和专项信息审核报告,接受年度检查。在海南、广东等部分省级行政区,年度报告制度已经替代年度检查制度,成为监管社会组织的主要方式。海南省民政厅于2014年5月发布《关于社会组织年检实行年度报告制度的通知》,明确该省的社会团体、民办非企业单位和基金会实行年度报告制度。广东省民政厅于2019年4月印发《关于社会组织年度工作报告的实施办法(试行)》,要求本省登记的社会团体、民办非企业单位(社会服务机构)、基金会每年度在指定社会组织信息平台向社会公开年度工作情况。

二、第三部门年度检查报告制度的具体内容

(一)社会团体

1. 年检依据与主管单位

根据《社会团体登记管理条例》第二十四条和第二十五条的规定,登记管理机关对社会团体实施年度检查,业务主管单位负责社会团体年度检查的初审。

民政部1996年5月发布《社会团体年度检查暂行办法》,具体规定了社会团体年度检查的内容、时间、程序和结论。1998年国务院发布《社会团体登记管理条例》,进一步明确了年度检查的具体时间。年度检查的主体是业务主管单位和登记管理机关,主要的工作由登记管理机关在业务主管单位配合下完成。

2. 年检内容与程序

对社会团体的年度检查主要针对以下七个方面的内容开展:一是执行法律法规和有关政策情况;二是开展业务活动情况;三是开展经营活动情况;四是财务管理和经费收支情况;五是办事机构和分支机构设置情况;六是负责人的变更情况;七是专职与兼职工作人员情况。

社会团体的年检程序分为五个步骤:第一步是登记管理机关发出有关年检公告或通知;第二步是在规定的时间里领取《社会团体年检报告书》;第三步是

按要求准备材料并经业务主管部门审查后,报送登记管理机关;第四步是登记管理机关根据年检内容进行检查并审核有关材料;第五步是登记管理机关做出年检结论。

3. 年检材料与结论

年度检查需要的材料包括年度工作总结和年度工作计划、财务决算材料和第三方审计报告、相关报告书材料、法人登记的相关材料。

根据《社会团体年度检查暂行办法》的规定,年检的结论可分为合格与不合格。但是在实际执行中,年检的结果往往分为合格、基本合格和不合格三种。根据《社会团体年度检查暂行办法》第十条的规定,社会团体符合下列情形的,确定为年检合格:(1)遵守法律、法规和有关政策规定;(2)依照章程开展活动,无违法违纪行为;(3)财务制度健全,收入和支出符合国家有关规定;(4)及时办理有关变更登记及机构设置备案手续;(5)认真按民主程序办事;(6)在规定时限内接受年检。以2018年年底民政部公布的第五批113家全国性社会团体2017年度年检结论为例,84家组织被评定为合格,共计有22家组织被评定为基本合格,6家组织检查结论为不合格。

不合格的年检结论往往与以下情形相关:一是一年内无业务活动;二是经费不足;三是违反章程和财务规定;四是内部矛盾突出;五是办公地点和人员的变更违反程序;六是出现乱收费、弄虚作假等情况。

(二) 民办非企业单位

1. 年检依据与主管单位

《民办非企业单位登记管理暂行条例》和《民办非企业单位年度检查办法》是民办非企业单位接受年度检查的主要法律文件和依据,规定了县级以上的民政部门是民办非企业单位的登记管理机关。民办非企业单位的业务主管单位则主要由政府授权产生。

2. 年检内容与程序

民办非企业单位的年检内容可分为以下几个方面:一是对法律法规和相关政策的遵守情况;二是登记和变更的程序是否符合规定;三是是否按照章程和财务规定开展活动;四是组织专职和兼职人员聘用情况。

民办非企业单位的年检程序主要分为三步:第一步是通过现场或网络领取

年检报告书及其他材料;第二步是登记管理机关审查民办非企业单位提交的相关材料,第三步是登记管理机关根据材料做出结论并发布公告。

3. 年检结论与处置办法

民办非企业单位的年检结论分为"合格""基本合格"和"不合格"三类。

不合格的年检结论往往与以下情形相关:一是违反国家法律法规或组织章程;二是违反财务制度和印章管理制度;三是内部管理混乱,无固定活动场所;四是登记变更和章程修改不符合规定,材料弄虚作假。

"年检基本合格"和"年检不合格"的民办非企业单位,应当进行整改,整改期限为三个月。整改期结束,民办非企业单位应当报送整改报告,登记管理机关对整改结果进行评定并出具意见。

阅读材料

未按期年检,95家民办非企业单位被行政处罚

2017年7月6日,四川省民政厅官网公布了一批《行政处罚事先告知书》送达公告。四川省开智早期教育发展咨询中心等95家民办非企业单位违反《民办非企业单位登记管理暂行条例》,被民政部门依法处以警告、停止活动3个月、撤销登记等不同的行政处罚。

经查,四川省新视野青少年文化中心等12家民办非企业单位未按规定参加2015年年度检查,四川省金秋之家文化俱乐部等28家民办非企业单位未按规定参加2014年和2015年年度检查,四川省开智早期教育发展咨询中心等55家民办非企业单位未按规定参加2013年、2014年、2015年年度检查,违反了《民办非企业单位登记管理暂行条例》。

根据《社会组织登记管理机关行政处罚程序规定》,这些民办非企业单位有权在收到本告知书之日起3个工作日内,向民政机关提出陈述、申辩或要求举行听证,逾期视为放弃。

(资料来源:李丹:《未按期年检,95家民办非企业单位被行政处罚》,《四川日报》2017年7月7日。)

(三) 基金会

1. 年检依据与主管单位

《基金会年度检查办法》于2005年12月27日第六次民政部部务会议通过,2006年1月12日公布之日起施行。《基金会管理条例》第三十四条第一款规定,基金会登记管理机关对基金会、境外基金会代表机构实施年度检查。《基金会管理条例》第三十五条第二款规定,基金会业务主管单位负责基金会、境外基金会代表机构年度检查的初审。在2016年境外非政府组织境内活动管理法出台后,境外基金会代表机构的年检工作不再受《基金会管理条例》约束。

2. 年检内容与结论

《基金会管理条例》第三十六条规定,年度工作报告应当包括:财务会计报告、注册会计师审计报告,开展募捐、接受捐赠、提供资助等活动的情况以及人员和机构的变动情况等。财务会计报告应当符合《民间非营利组织会计制度》规定的内容和要求;对基金会的审计由注册会计师事务所统一受理,并与审计对象签订委托合同,由事务所确定注册会计师审计年度工作报告;开展募捐、接受捐赠、提供资助等活动情况应当包括基金会履行信息公布义务的情况;人员和机构变动情况有按照规定办理变更登记以及基金会换届的会议纪要和更换法定代表人之前进行财务审计的情况等。

在上一年度遵守法律、法规、规章和章程的情况良好,没有违法违规情形的,认定为年检合格。做出基本合格或者不合格年检结论后,应当责令相关组织限期整改,并视情况依据有关规定给予行政处罚。

3. 撤销登记的具体情形

《基金会管理条例》对基金会撤销登记做出了具体的规定。第四十一条规定,基金会、基金会分支机构、基金会代表机构或者境外基金会代表机构有下列情形之一的,登记管理机关应当撤销登记:(1)在申请登记时弄虚作假骗取登记的,或者自取得登记证书之日起12个月内未按章程规定开展活动的;(2)符合注销条件,不按照本条例的规定办理注销登记仍继续开展活动的。第四十二条规定,基金会、基金会分支机构、基金会代表机构或者境外基金会代表机构有下列情形之一的,由登记管理机关给予警告、责令停止活动;情节严重的,可以撤销登记:(1)未按照章程规定的宗旨和公益活动的业务范围进行活动的;(2)在填制会计凭证、登记会计账簿、编制财务会计报告中弄虚作假的;(3)不按照规定办理变更登记的;(4)未按照本条例的规定完成公益事业支出额度的;(5)未按照本条例的规定接受年度检查,或者年度检查不合格的;(6)不履行信息公布义务或者公布虚假信息的。基金会、境外基金会代表机构有前款所列行为的,登记管理机关应当提请税务机关责令补交违法行为存续期间所享受的税收减免。

以山东省济宁市为例,市民政局对一年内未按时参加社会组织年度检查(2017年度)的济宁市马拉松运动协会等42个社会组织依法给予警告;对连续两年不参加年度检查(2016年度、2017年度)或长期未正常开展活动的济宁市孔子宰中都研究会等13个社会组织依法予以撤销登记;同时,依据《社会组织信用信息管理办法》的规定,自行政处罚决定生效之日起,济宁市民政局将撤销登记的社会组织列入社会组织严重违法失信名单。

(四)事业单位

1. 年检依据与主管单位

《事业单位登记管理暂行条例》于2004年修订。事业单位是依法举办的非营利性经营组织,必须实行独立核算,依照国家有关公司、企业等经营组织的法律、法规进行登记管理。根据2014年修订的《事业单位登记管理暂行条例实施细则》第六十四条,事业单位需要提交年度报告,接受登记管理机关的监督管理。

2. 年检时间与内容

事业单位应当于每年1月1日至3月31日,向登记管理机关报送上一年度执行相关政策的年度报告,并向社会公示。

《事业单位登记管理暂行条例实施细则》第六十六条规定,事业单位报送的年度报告应当包括下列内容:(1)开展业务活动情况;(2)资产损益情况;(3)对条例和本细则有关变更登记规定的执行情况;(4)绩效和受奖惩情况;(5)涉及诉讼情况;(6)社会投诉情况;(7)接受捐赠资助及使用情况;(8)其他需要报告的情况。第六十七条规定,事业单位在报送年度报告时还应当提交下列文件:(1)上一年度年末的资产负债表;(2)有关资质认可或者执业许可证明文件(业务范围不涉及资质认可事项或者执业许可事项的除外);(3)法定代表人任职文件(原提交的法定代表人任职文件未设定任职期限或者未超过任职期限且未出现依法应当申请法定代表人变更登记情况的除外);(4)住所证明(原提交的住所证明未设定有效期限或者未超过有效期限且未出现依法应当申请住所变更登记情况的除外);(5)登记管理机关要求提交的其他相关文件。

3. 年检审查与处罚

《事业单位登记管理暂行条例实施细则》对登记管理机关的监督检查职责做出了规定。《事业单位登记管理暂行条例实施细则》第六十八条规定,登记管理机关应当通过审查事业单位年度报告和其他相关方式对事业单位进行以下方面的监督检查:(1)是否遵守有关法律、法规和政策;(2)是否按照核准登记的宗旨和业务范围开展业务活动;(3)是否继续具备承担与宗旨和业务范围相适应的民事责任能力;(4)是否继续具备相关登记事项所要求的资质;(5)是否自核准登记后无正当理由超过一年未开展业务活动或者自行停止业务活动一年以上;(6)是否在出现依法应当申请变更登记的情况后按时申请变更登记;(7)实际使用的名称,包括单位印章、标牌及其他表示该单位名称的标记与核准登记的名称是否一致;(8)有无抽逃开办资金的行为;(9)有无涂改、出租、出借《事业单位法人证书》或者出租、出借单位印章的行为;(10)接受和使用捐赠、资助的情况是否符合条例和其他有关规定;(11)其他需要监督检查的事项。第七十条规定,事业单位有下列情形之一的,登记管理机关根据情况分别给予书面警告并通报其举办单位、暂扣《事业单位法人证书》及单位印章并责令限期改正、撤销登记并收缴《事业单位法人证书》及单位印章的处罚:(1)不按照登记事项开展活动的;(2)不按照条例和本细则的规定申请变更登记、注销登记的;(3)不按照条例和本细则的规定报送并公示年度报告或者年度报告内容与事实不符的;(4)抽逃开办资金的;(5)涂改、出租、出借《事业单位法人证书》或者出租、出借单位印章的;(6)违反规定接受或者违反规定使用捐赠、资助的。

2016年9月,国家事业单位登记管理局对城乡小康发展促进中心做出了行政处罚的决定。据了解,城乡小康发展促进中心存在不按照登记事项开展活动的情况,并在运作过程中违反规定设立带有"全国"字样的下属机构,同时2016年未按规定报送年度报告。基于上述违规行为,国家事业单位登记管理局决定暂扣该组织的法人登记证书,并限期6个月改正上述行为。①

(五) 境外非政府组织代表机构

1. 年检依据与主管单位

境外非政府组织境内活动管理法是境外非政府组织代表机构年检的主要依据。

境外非政府组织代表机构的年检工作由登记管理机关和业务主管单位共同开展。公安部和省级公安机关是境外非政府组织在中国境内开展活动的登记管理机关。国务院有关部门和单位、省级政府有关部门和单位是境外非政府组织在中国境内开展活动的业务主管单位。

2. 年检时间与程序

境外非政府组织代表机构应当于每年1月31日前向业务主管单位报送上一年度工作报告,经业务主管单位出具意见后,于3月31日前报送登记管理机关进行年度检查。

3. 年检内容与结论

境外非政府组织的年检材料主要包括经审计的财务会计报告,开展活动的情况,以及人员、机构变动的情况。境外非政府组织代表机构应当将年度工作报告在登记管理机关公布的统一网站上向社会公开。

境外非政府组织年检情况为合格、基本合格和不合格。境外非政府组织认定不合格的主要依据有以下几个方面:未按照规定办理变更登记、备案相关事项;未按照登记或者备案的名称、业务范围、活动地域开展活动;从事、资助营利性活动,进行募捐或者违反规定发展会员;违反规定取得、使用资金,未按照规定开立、使用银行账户或者进行会计核算;未按照规定报送年度活动计划、报送或者公开年度工作报告;拒不接受或者不按照规定接受监督检查。

---

① 《国家事业单位登记管理局对城乡小康发展促进中心作出行政处罚》,https://www.creditchina.gov.cn/xinxigongshi/shiyedanwei/xinxitonggao/201806/t20180628_119211.html,最后访问日期为2019年8月28日。

4.违法行为及处罚规定

境外非政府组织代表机构以提供虚假材料等非法手段取得代表机构登记证书或者进行临时活动备案,或者伪造、变造、买卖、出租、出借登记证书、印章行为属于违法行为,依照相关规定进行处罚。

境外非政府组织代表机构在年检过程中被发现有上述情况的,由设区的市级以上政府公安机关给予警告或者责令限期停止活动;没收非法财物和违法所得;情节严重的,由登记管理机关吊销登记证书、取缔临时活动。

(六)宗教组织

1.年检依据与主管单位

《宗教事务条例》于2017年6月通过,自2018年2月1日起实行。该条例第五十八条规定,宗教团体、宗教院校、宗教活动场所应当执行国家统一的财务、资产、会计制度,向所在地的县级以上人民政府宗教事务部门报告财务状况、收支情况和接受、使用捐赠情况,接受其监督管理,并以适当方式向信教公民公布。宗教事务部门应当与有关部门共享相关管理信息。政府有关部门可以组织对宗教团体、宗教院校、宗教活动场所进行财务、资产检查和审计。第五十九条规定,宗教团体、宗教院校、宗教活动场所应当依法办理税务登记。宗教团体、宗教院校、宗教活动场所和宗教教职人员应当依法办理纳税申报,按照国家有关规定享受税收优惠。税务部门应当依法对宗教团体、宗教院校、宗教活动场所和宗教教职人员实施税收管理。第六十五条规定,宗教团体、宗教院校、宗教活动场所有下列行为之一的,由宗教事务部门责令改正;情节较重的,由登记管理机关或者批准设立机关责令该宗教团体、宗教院校、宗教活动场所撤换直接负责的主管人员;情节严重的,由登记管理机关或者批准设立机关责令停止日常活动,改组管理组织,限期整改,拒不整改的,依法吊销其登记证书或者设立许可;有违法所得、非法财物的,予以没收:(1)未按规定办理变更登记或者备案手续的;(2)宗教院校违反培养目标、办学章程和课程设置要求的;(3)宗教活动场所违反本条例第二十六条规定,未建立有关管理制度或者管理制度不符合要求的;(4)宗教活动场所违反本条例第五十四条规定,将用于宗教活动的房屋、构筑物及其附属的宗教教职人员生活用房转让、抵押或者作为实物投资的;(5)宗教活动场所内发生重大事故、重大事件未及时报告,造成严重后果的;(6)违反本条例第五条规定,违背宗教的独立自主自办原则的;(7)违反国家有关规定接受境内外捐赠的;(8)拒不接受行政管理机关依法实施的监督管理的。

此外,县级以上政府宗教事务部门依法对涉及国家利益和社会公共利益的宗教事务进行行政管理,县级以上政府其他有关部门在各自职责范围内依法负责有关的行政管理工作。

2. 年检内容与结论

宗教团体的年检内容及程序参照社会团体执行;宗教院校的年度检查或年度报告内容及程序参照事业单位或民办非企业单位规定进行;宗教活动场所年检内容及程序参照民政部门登记社会组织进行。宗教团体的年检主要依据《宗教事务条例》的要求进行。

(七) 慈善组织

1. 报告依据与主管单位

根据慈善法第十三条规定,慈善组织应当每年向其登记的民政部门报送年度工作报告和财务会计报告。民政部主管全国慈善工作,县级以上民政部门主管本行政区域内的慈善工作。

2. 报告内容

根据慈善法第十三条的规定,慈善组织年度报告的主要内容有以下几个方面:年度开展募捐和接受捐赠情况、慈善财产的管理使用情况、慈善项目实施情况以及慈善组织工作人员的工资福利情况。同时,根据慈善法第七十二条的规定,慈善组织的年度工作报告和财务会计报告需要向全社会公开。

3. 违法情形与惩罚措施

根据慈善法第九十九条,慈善组织未依法报送年度工作报告、财务会计报告或报备募捐方案的,将由民政部门予以警告、责令限期改正。同时,如果在年度报告中发现有违反慈善法第九十八条至第一百零一条相关规定的情况,则可以对慈善组织采取从警告、停止活动到吊销登记的一系列处罚措施。

第三节 第三部门年度检查报告制度的特点与发展趋势

第三部门年检报告制度呈现出前松后紧、监督的针对性和全面性逐渐增强、纸质材料年检与网检相结合的特点,并逐渐呈现出灵活选用年检制和报告制、重评估抽查轻年检、年检制向报告制过渡的发展趋势。

一、第三部门年检报告制度的特点

(一)前松后紧的发展过程

第三部门年检报告制度在法律层面做出了详细的规定,但在年度检查的过程中,业务主管单位和登记管理机关往往只要求第三部门提交的年检资料在形式和数量方面合乎要求,对第三部门年检资料的内容审核要求不严。随着第三部门的蓬勃发展和"培育发展和强化监管"双重目标的提出,业务主管单位和登记管理机关加强了对第三部门年度检查报告的力度和强度。第三部门年检报告制度不仅要求年检资料的形式和数量符合规定,还把年检资料的内容合规性和第三部门的实际运行情况也纳入检查的范畴之中。对于年度检查结果不合格的第三部门,业务主管单位和登记管理机关往往会给予相应处罚并责令其限期改正,这些都有利于提升第三部门的合法性和规范性。

(二)监督的针对性和全面性逐渐增强

第三部门年检报告制度在设定之初,由于执行的强度不大,对于第三部门规范内部运营的激励和威慑作用不足,难以有效地推进第三部门按照法律法规的要求规范自身建设、提升组织能力。过去采用的资料年检方式主要以指标来考量第三部门的情况,这一方式往往不能直观地检查第三部门的真实情况。现行的第三部门年检报告制度采用年检与抽查相结合的方式,不定期的抽查便于业务主管单位和登记管理机关了解第三部门检查指标以外的情况,对第三部门发展情况能够做到全面和系统的了解,有效地激励第三部门规范自身建设和内部运营。

(三)纸质材料年检与网检相结合

随着无纸化办公的发展,传统的纸质资料年检的方式逐渐向网络年检发展,呈现出纸质年检与网络年检相结合的发展趋势。对于第三部门年检过程中的重要指标和关键原始资料仍然采用纸质年检的方式,对于相关的辅助性和补充性资料采用网上提交的方式,这种方式成为部分地区年检的首选。这一方式节约了管理人员的时间和人力成本,极大地提高了第三部门年检的速度和效率。随着网络化进程的进一步加快,业务主管单位与民政部门采用网络检查审核的方式开展第三部门年度检查将成为一种常态。

二、年度检查报告制度的发展趋势

(一)根据实际情况采用年检制或报告制

年度检查制度采用多样化指标对第三部门进行考核和审查,其检查对象覆盖社会团体、基金会、民办非企业单位等第三部门的主要类型。慈善法的出台使这一情况发生了转变。慈善法规定,被认定为慈善组织的社会团体、社会服务机构和基金会应当每年向社会公开其年度工作报告,替代以前的年度检查程序。

当前法律法规对于年检制度和报告制度的规定尚未完全衔接好,在第三部门的监督管理中存在"混合使用"的情况。

(二)轻年检,重抽查和评估

年检制度对于登记管理机关了解和把握社会组织的总体发展态势具有重要意义。但随着社会力量的兴起,越来越多的业务主管单位和民政部门对第三部门的检查采用年度检查和现场评估、资料抽查相结合的方式。部分地区通过第三方评估的方式,现场了解第三部门的业务活动,有助于更加全面地了解第三部门的情况。当前的第三部门监督管理朝着适当削弱年检、重视抽查和评估的方向发展。

(三)年检制向报告制的过渡

第三部门年检制度对于规范第三部门的内部运营和自身建设具有重要的作用,但年检制度在运行的过程中出现了诸多的问题。中共中央办公厅、国务院办公厅 2016 年 8 月出台的《关于改革社会组织管理制度促进社会组织健康有序发展的意见》中已明确提出"探索建立社会组织年度报告制度"。随着网络化的发展和第三部门自身能力的提升,减少行政监管、提升第三部门的发展自主性成为进一步推进第三部门高质量发展的重要路径。由年检制逐步调整为年度的工作报告制有利于第三部门的全面发展,这一方面避免了年检的形式化问题,另一方面业务主管单位和民政部门根据第三部门提交的年度工作报告可以适时适量地向全社会公开,有助于增加社会组织的信息透明度,提高社会组织的公信力。

案例分析

社会团体未年检被罚状告民政部

中国国际经济法学会(以下简称"国经学会")因不满民政部对其做出的未年检处罚而将民政部告上法庭,并称自己未年检纯属"事出有因"。一审被驳回后,国经学会又提起上诉。2014年11月24日下午,北京市高级人民法院开庭审理此案。

2013年6月25日,民政部对国经学会做出《行政处罚决定书》,查明该学会存在未按规定参加2011年度社会团体年度检查的违法行为,认为国经学会违反了《社会团体登记管理条例》相关规定,决定对国经学会做出警告的行政处罚。

国经学会认为处罚不当,起诉民政局要求撤销处罚。一审败诉后,国经学会又提出上诉。

2014年11月24日下午,此案在北京高院二审开庭。法庭上,国经学会会长曾华群指出,自己"求检无门",是处于不可抗力的情形才未办理年检,民政部的处罚显失公平。

民政部政策法规司司长许立群作为诉讼代理人出席庭审。他表示,给予国经学会的警告处罚,并未违反相关法律的规定。同时,处罚的种类和幅度与违法情节等相适应,不存在显失公正的情形。此案未当庭宣判。

民政部政策法规司司长许立群表示,"代表民政部出庭应诉,可以和对方面对面地进行交流,这对改进政府机关工作方式,推进依法行政起到积极作用,也有利于纠纷的解决",他介绍称,接到出庭应诉通知后,民政部两个司局的8名同志对案件的情况、当事人的诉求和相关法律法规进行深入研究,进行了充分的准备工作。

国经学会会长曾华群则表示,司长出庭应诉能够从一个侧面体现出政府部门对民间组织诉求的重视,是一种进步。但其同时对民政部不承认处罚不当表示遗憾。

(资料来源:杨凤临:《社会团体未年检被罚状告民政部 司长出庭应诉》,《京华时报》2014年11月25日。)

分析要点

1. 社会组织依法接受年度检查是一项法定的义务,应当配合业务主管单位和登记管理机关做好年检工作。

2. 如果社会团体对业务主管单位变更存在异议,可通过法定程序反映意见,不得拒不接受业务主管单位的监督和检查。

3. 未参加年检的社会团体应当接受相关的处罚并做好补检工作。

本章小结

第三部门年度检查报告制度对于规范第三部门的正常运营、提升外部监管的有效性具有重要意义。

第一,从概念和特征来看,第三部门年度检查报告制度突出了登记管理机关和业务主管单位的重要作用。通过年度检查报告制度有助于第三部门规范内部治理结构和提升组织公信力。

第二,从具体内容来看,第三部门年度检查报告制度针对社会团体、民办非企业单位和基金会等不同类型的第三部门有不同规定。

第三,从特点和发展趋势来看,第三部门年度检查报告制度有前松后紧、监督的针对性和全面性逐渐增强、纸质材料年检与网检相结合等几个特点,并逐渐呈现出灵活选用年检制和报告制、重评估抽查轻年检、年检制向报告制过渡的趋势。

第六章　第三部门年度检查报告制度

 本章思考题

1. 第三部门年度检查制度与报告制度之间的主要区别有哪些?
2. 慈善组织的报告制度需要经过哪些程序?
3. 第三部门年度检查报告制度有哪些新的发展趋势?

阅读书目

1. 国家民间组织管理局:《社会组织政策法规选编》,中国社会出版社2017年版。
2. 李友梅:《新时期加强社会组织建设研究》,经济科学出版社2017年版。
3. 胡仙芝等:《社会组织化发展与公共管理改革》,群言出版社2010年版。
4. 刘春湘:《社会组织运营与管理》,经济管理出版社2016年版。
5. 陆璇主编:《社会组织内部治理法律与实务研究》,法律出版社2018年版。
6. 周俊、张冉、宋锦洲编著:《社会组织与慈善组织管理》,北京大学出版社2017年版。

第七章　第三部门评估制度

【本章教学目标】

及时了解第三部门的发展情况需要通过评估的方式来实现。第三部门评估包括社会组织等级评估和社会组织项目评估。本章主要论述了第三部门评估的概念、特点与作用，评估指标，评估过程与评估发展前景等内容，帮助学生了解中国第三部门评估制度的演变过程和总体情况。

第一节　社会组织等级评估

本节主要介绍社会组织等级评估的概念、特点、作用、发展过程、评估指标和第三方评估等内容。

一、概念、特点与作用

（一）概念

民政部于2010年颁布的《社会组织评估管理办法》中规定，社会组织评估是指各级人民政府民政部门为依法实施社会组织监督管理职责，促进社会组织健康发展，依照规范的方法和程序，由评估机构根据评估标准，对社会组织进行客观、全面的评估，并做出评估等级结论。

这一概念包括以下几个方面的内容：一是社会组织评估的主体为各级民政部门和第三方评估机构；二是评估的对象为符合评估通知规定条件的各类社会组织；三是需要制定评估指标体系作为评估活动开展的标准；四是评估目的为促进社会组织健康发展。

(二) 特点

1. 政府引导与自愿参评

社会组织评估工作从2007年开始每年一次，一直持续到现在，由各级民政部门拟订评估指标并确立评估程序，然后发布通知、遴选评估主体，并监督评估活动的开展。社会组织评估采取自愿申报的形式，任何符合评估公告要求的社会组织均可参与评估，自愿报送评估材料，积极配合评估机构开展评估工作。

2. 评估主体多元

社会组织评估主体分为两种，一种是民政部门，另一种是民政部门委托独立的第三方机构。民政部认可的第三方评估机构主要包括民办非企业单位、社会团体、市场中介机构和事业单位等专业评估机构。[①] 社会组织评估主体呈现出从单一走向多元的发展趋势。以全国性社会组织评估为例，原先由民政部民间组织服务中心单一主体负责，自2015年起引入第三方评估机构，调整为二元主体参与的评估模式，每一年度的全国性社会组织评估工作都以发布招标公告、评选第三方机构的形式进行评估。地方社会组织评估由各地方民政部门负责，根据实际情况选择合适的评估主体。

3. 政策鼓励参与

为鼓励社会组织积极参与评估，发挥"以评促建、以评促管"的功能，各地方政府的激励制度越来越完善，针对不同的评估等级提供相应奖励。以安徽省合肥市为例，该市在2014年推出支持政策，对于获评3A、4A和5A等级的社会组织分别给予2万元、4万元和8万元的财政资金奖励。[②] 有些地方政府为提升社会组织的参评积极性，将评估结果与优惠政策相结合。积极参评并获得较高评

[①] 王妮丽：《从社会组织评估主体的多元化看第三方评估》，《学会》2016年第6期。

[②] 邵梦岩、华新红：《2014年度全市社会组织评估结果出炉——首次评出5个5A级，3A级以上将获得专项资金奖补》，《合肥日报》2014年12月22日。

估等级的社会组织可以优先承接政府职能转移和购买服务项目,享受税收减免优惠和资金奖励等。社会组织等级评估结果也被用于社会组织信用体系建设,成为重要的衡量标准之一。

4. 全面突出党建工作

2015年9月,中共中央办公厅印发《关于加强社会组织党的建设工作的意见(试行)》,强调社会组织党建的重要性。这就要求在评估指标的制定和评估过程中,增加对党建内容的考察,提高党建工作指标的比重,考察社会组织党建功能的发挥。社会组织党建工作的考察内容主要包括党组织的建立与功能发挥、组织活动开展与组织生活制度落实两个方面的内容。同时,党建工作也是参评社会组织获评5A等级的一票否决指标。

(三)作用

1. 提升社会组织能力

通过社会组织参与等级评估,第三部门能够借助评估专家的力量发现组织中存在的问题,并提出改进建议,实现以评估促发展的目标。评估能够规范社会组织的行为,使社会组织关注自身的专业化能力培育。自评估工作开始至今,参与评估的社会组织数量不断增多,参与评估的组织类型多样,评估指标不断完善,推动着社会组织不断加强自身的能力建设,提高专业化和职业化水平,一定程度上提升了全国范围内社会组织的发展水平。

2. 加强对社会组织的监督管理

对社会组织进行评估是加强外部监督的有效途径,无论从国际经验还是从中国的实践来看,开展社会组织评估是促进社会组织改革、规范社会组织行为、推动社会组织发展的重要举措。[①] 党的十八大以来,社会组织的发展活力得到进一步释放,但是社会组织也面临着诸多问题,需要通过评估工作来强化监管,增强社会组织的规范性。

3. 加速推进政府职能转变

社会组织的发展与政府管理方式联系密切,因此有必要创新政府管理体制、转变政府管理职能,让社会组织承接相应政府转移的服务职能,提供高质量的公

---

① 石国亮:《通过第三方评估推动社会组织公信力建设》,《中国社会组织》2015年第10期。

共服务。① 通过开展评估工作能够为政府培育更多高质量的购买服务承接对象,提升中央与地方的整体治理水平。

二、社会组织等级评估指标

(一) 全国性社会组织等级评估指标

全国性社会组织评估依据全国性社会组织评估指标分类开展评估工作。评估指标分为四个层级,总分1000分。一级评估指标主要为基础条件、内部治理、工作绩效和社会评价四个方面。为保证评估的科学性,全国性社会组织评估指标及分值不断进行优化调整。

1. 全国性行业协会商会等级评估指标

2014年全国性行业协会商会评估指标及分值与2013年一致。2015年评估指标与2014年相比,一级指标与分值未发生变化,但部分二级指标和三级指标的分值发生了改变,如法人资格(30分改为33分)、章程(15分改为20分)、组织机构(100分改为112分)、发展规划(25分改为12分)、反应诉求(50分改为33分)、行业影响力(65分改为50分)。2016年与2015年相比,一级指标未发生变化,但基础条件和工作绩效的分值下降了20分,内部治理和社会评价指标分值上升了20分。二级指标分值有所变化,如基础条件中的二级指标分值均有所降低。2017年与2016年相比,一级指标分值未发生变化,但部分二级指标中的分值发生改变,如党组织指标增加10分,财务资产管理指标减少10分。在2017年的全国性行业协会商会评估指标中,基础条件总分为80分,内部治理总分为370分,工作绩效总分为450分,社会评价总分为100分。

2. 全国性学术类、公益类、职业类和联合类社会团体等级评估指标

2014年指标与2013年指标保持一致,分为四个方面。2015年与2014年相比,一级指标分值相同,二级指标分值发生改变。2016年与2015年相比,一级指标的分值发生变化,基础条件和工作绩效的分值降低了20分,内部条件和社会评价的分值增加20分。2017年与2016年相比,一级指标分值未发生变化,但部分二级指标中的分值发生改变,如党组织指标和财务资产管理指标发生变

---

① 徐家良:《激发社会组织能量重点在政府改革》,《广州日报》2011年12月5日。

化。在2017年的全国性学术类、公益类、职业类、联合类社会团体评估指标中，基础条件总分为80分，内部治理总分为370分，工作绩效总分为450分，社会评价总分为100分。

3. 基金会等级评估指标

2011年至2014年，基金会评估指标未发生改变。2015年与2014年相比，一级指标不变，但分值有所变化。基础条件分值增加10分，工作绩效减少10分，总分不变。2016年与2015年相比，一级指标的分值发生变化，基础条件和工作绩效指标的分值降低，剩余两个一级指标的分值增加。2017年与2016年相比，一级指标分值未发生变化，但部分二级指标中的分值发生改变，如党组织指标增加10分，财务资产管理指标减少10分。在2017年民政部登记基金会评估指标中，基础条件总分为60分，内部治理总分为400分，工作绩效总分为420分，社会评价总分为120分。

4. 民办非企业单位等级评估指标

2016年与2015年相比，一级指标的分值发生变化，基础条件和工作绩效指标的分值降低，另外两个一级指标的分值增多。2017年与2016年相比，一级指标的分值发生变化，内部治理增加10分，工作绩效降低10分。二级指标中的党组织指标、信息公开和服务承诺指标发生变化。在2017年民政部登记民办非企业单位评估指标中，基础条件总分为60分，内部治理总分为390分，工作绩效总分为430分，社会评价总分为120分。

（二）地方性社会组织等级评估指标

地方政府在开展社会组织评估工作过程中积累了一定经验，上海市、浙江省和杭州市先后出台省级和市级层面的社会组织评估指标体系，推动了地方社会组织评估工作的不断发展。

1. 上海市社会组织等级评估指标

《上海市社会组织评估指标（2018版）》由上海市社会团体管理局公布，自2019年1月1日起施行。社会组织评估指标包括：上海市行业协会商会评估指标、上海市专业（职业）类社团评估指标、上海市基金会评估指标、上海市社会服务机构评估指标、上海市学术类社团评估指标和上海市联合类社团评估指标。

针对各类主体的评估指标设置不完全一致。在一级指标上，上海市行业协会商会评估指标、学术类社团评估指标、联合类社团评估指标和专业（职业）类社团评估指标在一级指标的设置与分值上是一致的，分别为基础条件60分、内部治理400分、工作绩效430分、社会评价110分。上海市社会服务机构评估的一级指标及分值为：基础条件60分、内部治理390分、工作绩效430分、社会评价120分。上海市基金会评估的一级指标及分值为：基础条件60分、内部治理395分、工作绩效425分、社会评价120分。

2. 浙江省社会组织等级评估指标

2020年5月，浙江省民政厅发布《关于开展2020年度全省性社会组织评估工作的通知》。整个评估指标体系共有11项，分为：浙江省社会团体评估指标，包括学术类、专业类、行业类、联合类和公益类5类；浙江省基金会评估指标，包括公募和非公募2类；浙江省民办非企业单位评估指标，包括教育事业类、民政事业类、科技事业类和其他类4类。

3. 杭州市市级社会组织等级评估指标

2020年2月，杭州市民政局发布《关于开展2020年度社会组织等级评估工作的通知》，规定社会团体、基金会实行综合评估，评估内容包括基础条件、内部治理、工作绩效和社会评价。民办非企业单位实行规范化建设评估，评估内容包括基础条件、内部治理、业务活动和诚信建设、社会评价。

三、社会组织等级评估的发展过程和评估程序

（一）发展过程

民政部于2005年将社会组织评估工作列入工作计划，启动"中国社会组织评估体系"研究课题，通过公开招投标，由北京师范大学、西安交通大学、大连理工大学、北京华夏社会经济发展研究中心、民政部管理干部学院承担设计社会团体、民办非企业单位、基金会评估指标体系课题，对评估理论与评估指标进行了专门的研究，为评估工作的开展奠定了扎实的理论基础。社会组织评估的研究主要集中在以下三个方面：一是根据社会团体、民办非企业单位和基金会的特性，分类制定行业类、学术类、公益类、职业类和联合类社团评估指标体系，以及民办非企业单位评估指标体系、基金会评估指标体系、非内地居民担任法定代表人的基金会评估指标体系等八类社会组织评估指标体系；二是组织专家对

730多家社会组织进行评估;三是尝试构建等级评估结果应用体系。

2007年,民政部制定《关于推进民间组织评估工作的指导意见》和《全国性民间组织评估实施办法》,并对基金会开展首次评估工作。全国性行业协会商会、民办非企业单位的评估于2008年和2009年分别进行。2011年,民政部开始了对学术类社会团体和涉外基金会的评估。2012年开始对联合类、职业类和公益类社团进行评估。2017年,共111家全国性社会组织申请参与等级评估。除3家社会组织终止评估外,第三方评估机构共评定108家全国性社会组织的评估等级。其中获评3A级的社会组织数量最多,共60家,占比为55.6%,5A级和1A级数量最少,都仅有5家,占比4.6%。2021年12月,民政部发布《全国性社会组织评估管理规定》。

(二) 评估程序

制定评估程序有助于规范社会组织评估工作,但是宽泛的评估程序并不能有效地指导评估,容易导致评估过程无章可循,缺乏规范。[①] 建立起一套科学的社会组织评估程序对实现评估的公正性和公平性具有重要的意义。《社会组织评估管理办法》规定,社会组织评估工作依照下列程序进行:发布评估通知或者公告;审核社会组织参加评估资格;组织实地考察和提出初步评估意见;审核初步评估意见并确定评估等级;公示评估结果并向社会组织送达通知书;受理复核申请和举报;民政部门确认社会组织评估等级、发布公告,并向获得3A以上评估等级的社会组织颁发证书和牌匾。

阅读材料

关于开展2018年深圳市市级社会组织评估工作的通知

各市级社会组织:

为贯彻落实《民政部关于推进民间组织评估工作的指导意见》(民发〔2007〕127号)和《民政部关于探索建立社会组织第三方评估机制的指导意见》(民发〔2015〕89号)精神,按照市社会组织管理局"政社分开、管评分离"的原则,根据2018年6月28日《深圳市社会组织管理局2018年度市级社会组织评

---

① 孙录宝:《社会组织评估机制创新初探》,《学会》2014年第8期。

估项目中标公告》的要求,深圳市社会组织总会具体组织开展2018年度市本级社会组织评估工作。现就有关事项通知如下:

一、评估对象和范围

(一)在深圳市民政局取得社会团体、基金会或者民办非企业单位登记证书满两个年度(2016年1月1日前登记成立的),未参加过社会组织评估的。

(二)获得的评估等级满5年有效期的社会组织(评估等级有效期满前2年,社会组织可以申请重新评估)。

(三)下列情形之一的,不予评估:1.未按时填报2016、2017年度市级社会组织年度工作报告的;2.2016年至2018年度曾受到政府有关部门行政处罚或者行政处罚尚未执行完毕的;3.正在被政府有关部门或者司法机关立案调查的;4.被市社会组织管理局列入异常名录的;5.其他不符合评估条件的。

二、评估申报方式

实行网上评估申报,参评的市级社会组织按照规定时限在网上提交报名申请表。

三、评估流程

(一)网上报名。申报时间从即日起至2018年9月9日,参评社会组织可登录深圳市社会组织总会(http://www.ssof.cn/)首页"评估申报"窗口注册申报。

(二)资格审核。由市社会组织总会评估办公室对申报单位进行资格审核,审核结果将通过电话和短信通知参评社会组织。

(三)通过资格审核的参评社会组织对照社会组织等级评估指南在评估网上申报系统提交材料。

(四)专业评估。由深圳市社会组织评估专家对参评组织电子材料进行审查,并实地考察参评组织,出具评估意见。

(五)确定等级。市级社会组织评估委员会根据评估专家组意见确定参评社会组织的评估等级并进行公示。

(六)评估复核。参评组织对评估等级有异议的可向市级社会组织评估复核委员会提出复核申请,由其按照既定程序予以受理并裁定。

(七)发布公告。市级社会组织评估委员会将2018年度评估结果正式报送市社会组织管理局备案后,即发布公告并在适时举行授牌仪式,并以市级社会组织评估委员会名义向获得3A以上等级的社会组织颁发牌匾和证书。

四、评估结果应用

（一）市级社会组织评估等级有效期为五年。按照我市相关规定，评估获得 3A 级（含）以上社会组织在以下几个方面获得优先权：

1. 优先获得政府表彰奖励。
2. 优先获得政府购买服务及承接政府转移的职能项目。
3. 优先享受政府公益性捐赠税前扣除、非营利组织免税资格认定等有关税收政策。
4. 纳入社会组织信用体系，优先获得评优评先资格。

（二）有效期满后社会组织可申请重新评估。不申请重新评估的，视为无评估等级。

五、具体要求

请各市级社会组织积极参评，并对照《深圳市社会组织评估指南》"以评促建"，认真做好材料准备等相关工作。务必在有效申报时间内完成各项材料申报工作，申报材料上报后不可修改。

（资料来源：《关于开展 2018 年深圳市市级社会组织评估工作的通知》，http://www.ssof.cn/announcement/1000010000001761.html，最后访问日期为 2018 年 8 月 28 日。）

（三）行政法规

法律法规是社会组织健康发展的重要保障，也是"依法评估"的必然要求。社会组织评估法规是开展评估工作的法律基础。

2010 年 12 月 27 日，民政部发布《社会组织评估管理办法》，该办法对等级评估对象与评估资格、评估机构职责、评估程序与方法和评估的主要内容都进行了规定。申请参加评估的社会组织需要符合通知中的条件，并列举了不能够参评的社会组织情形。《社会组织评估管理办法》第八条规定，对社会组织评估，按照组织类型的不同，实行分类评估。社会团体、基金会实行综合评估，评估内容包括基础条件、内部治理、工作绩效和社会评价。民办非企业单位实行规范化建设评估，评估内容包括基础条件、内部治理、业务活动和诚信建设、社会评价。在评估机构职责方面，要求设立社会组织评估委员会和社会组织评估复核委员会，两者分工协作。《社会组织评估管理办法》中对委员会的组成、工作内容、组成成员都进行了详细规定。在评估的程序与方法方面,社会组织评估工作的程序有七个环节,同时明确评估过程中应该回避和复核的情况。

四、社会组织第三方评估

对社会组织第三方评估,有不同的定义和说法。一种意见认为,"社会组织第三方评估是指在政府部门指导下,由第三方评估机构依据评估标准和程序,对社会组织的活动状况及业绩、效益、影响和持续性进行的专业化评价"[1]。第二种意见认为,"社会组织第三方评估是一种社会评估,主要指公民个人、社会团体、社会舆论机构、中介评估机构等通过一定程序和途径,采取各种方式,直接或间接、正式或非正式地评估社会组织绩效"[2]。

根据以上观点,社会组织第三方评估的定义可归纳如下:在政府部门指导下,通过委托或购买第三方评估机构服务的方式,由评估机构根据事先制定的评估指标和程序进行评估,借助第三方机构的中立性和专业性,实现评估过程的有效性和评估结果的公正性,最后得出评估结论的过程。

（一）基本情况

全国委托第三方机构开展本地区的社会组织等级评估工作的省市较多,如北京市、上海市、天津市、重庆市、浙江省、广东省、江苏省、深圳市等都已建立了社会组织第三方评估机制,但是评估机构的选择方式并非完全一致。同时,不同地区、不同层级民政部门认定具有资质的社会组织评估机构的数量存在明显差异。

（二）社会组织第三方评估选择方式

第三方评估机构的选择方式主要有六种,分别是公开招投标、遴选、委托、竞争性磋商(谈判)、邀请招标和单一来源采购。据不完全统计,使用单一来源采购方式的是上海市。采用邀请招标形式的省市数量最多,典型代表有北京市和天津市;采用竞争性谈判方式的省市数量相对较少,典型代表有浙江省和甘肃省;使用公开招标方式的省市有江苏省和湖北省等。各地经济发展水平不

---

[1] 詹成付:《双管齐下 合力推进社会组织第三方评估》,《中国社会组织》2015年第10期。
[2] 潘旦、向德彩:《社会组织第三方评估机制建设研究》,《华东理工大学学报(社会科学版)》2013年第1期。

同，社会组织评估机构的发展程度也不同，所以第三方评估机构的选择方式应根据地区发展实际来确定。

（三）社会组织第三方评估运行模式

不同地区的第三方评估的运行模式基本相同。总体看来，第三方评估的全过程可分为以下六个步骤。

（1）动员宣传。民政部门召开评估动员会，发布本年度社会组织评估通知和评估的具体事项。

（2）接受社会组织申报。接收社会组织参与评估的申报材料，对参评的社会组织进行参评资格审核。

（3）实地开展评估。整个现场评估的流程主要有七步，分别是听取情况介绍、查看原始评估材料、找出尚未提供的材料、向被评单位索要未提供或需补充的材料、询问相关情况、综合情况评出等级和复核评分。

（4）初步审核与确定等级。评估委员会审核初评意见并确定该社会组织的评估等级，对评估结果进行社会公示。评估机构向社会组织送达评估等级通知书。

（5）接受复核申请与举报。评估复核委员会处理有关评估的等级复核申请和违法违规举报。委员会的主要组成人员一般包括政府工作人员、研究学者、实务专家等群体。

（6）发布公告与颁发证书。民政部门对第三方机构给出的本年度社会组织的评估等级进行确认，向社会发布公告接受监督，并向部分社会组织颁发等级证书和牌匾。

五、社会组织等级评估存在的问题与优化方向

（一）社会组织等级评估存在的问题

1. 评估重视程度不够

社会组织评估工作以民政部门为主导，同时涉及其他业务部门，需要部门之间的协同和社会组织的主动参与，但现阶段评估工作所受到的重视程度较为有限。一方面，存在部分政府部门对社会组织评估工作认识不够的问题，未把评估真正作为社会组织监督管理和培养发展的重要手段,出现参与不积极,缺乏必要的人力、物力和财力支持的情况,评估的作用未得到有效发挥;另一方面,存在部分社会组织对评估工作抵制的情况,认为评估工作不会带来直接的效益,自己反而承受了准备评估工作所带来的负担,消极对待评估。

2. 评估法规不完善

目前,社会组织评估主要依据《社会组织评估管理办法》这一部门规章,缺乏上位法,法律地位低导致评估受困。现有的《社会组织评估管理办法》中缺少针对第三方评估的相关内容。在法律层面,社会组织第三方评估面临无法可依的困境。① 慈善法强调应当建立起慈善组织的评估制度,积极采用第三方机构评估方式,对评估结果进行公布。虽然慈善组织的第三方评估以法律的形式进行了规定,但是其他类别的社会组织在第三方评估方面尚处于无法可依的状态。

3. 评估指标科学性需加强

社会组织评估等级依据评估指标确定,所以,形成科学性和规范性的评估指标体系对于评估工作意义重大。社会组织评估的分类评估体系已经初步建立,但是仍存在部分评估指标与社会组织的发展实际不符合的情况。社会组织评估指标体系存在评估维度单一、缺少动态考核指标、部分评估指标缺少量化等问题,需要进一步进行优化调整,提升评估指标的科学性。

4. 评估结果缺乏有效应用

许多地区已经把社会组织评估结果与政府购买服务、税收优惠、表彰奖励、信用体系建设相挂钩,并且已经达到了"以评促建",提升社会组织能力的目的。但就实际操作而言,还存在着评估结果运用范围窄、激励政策落实难、配套机制落后等问题,亟须在未来的评估实践中不断完善。② 评估结果的运用需要形成一套具备操作性的程序和机制,并以法规的形式加以确定。

5. 评估风险相对突出

第三方评估机制使评估程序更加公正,但是评估过程中也存在程序单一、评估内容需要优化和动态评估机制不足等问题。③ 在第三方评估过程中,政府

---

① 徐家良主编:《中国社会组织评估发展报告(2016)》,社会科学文献出版社2016年版,第32页。
② 徐家良主编:《中国社会组织评估发展报告(2018)》,社会科学文献出版社2018年版,第155页。
③ 廖鸿:《完善评估制度,助力社会组织高质量发展》,《中国社会组织》2018年第22期。

与评估机构之间是一种"委托—代理"关系,双方存在信息不对称的情况。评估机构的专业能力不强、评估对象不配合、评估过于形式化等问题的存在,影响了评估的规范性和评估质量,引发评估风险。

(二)社会组织等级评估的优化方向

1. 完善评估法律法规

一方面,要探索出台规范社会组织乃至更广范围的第三部门评估工作的行政法规,以出台新条例的形式提升相关规定的法律位阶,或在《社会组织登记管理条例》等即将出台的行政法规对评估进行规定。另一方面,要扩充现有法规内容。将第三方评估纳入《社会组织评估管理办法》中,对第三方评估的目标、原则、评估机构选择标准、评估机构的权责和其他相关内容进行规定,形成完整的评估办法。

2. 不断优化评估指标

社会组织评估指标需要根据发展环境的变化和评估管理需求变化及时更新,增强评估指标的科学性。不同类型的社会组织评估指标要分类设定,并突出组织的发展特色。社会组织的评估指标可划分为硬性指标和软性指标。硬性指标引导社会组织提升自身的公共服务能力,软性指标突出评估指标的地方特色和组织特色。[1] 在评估人员上,应实现评估人员专业化与职业化,提升评估效率。

同时,要特别重视慈善组织评估指标的开发。开展慈善组织评估需要制定科学的评估指标。慈善组织的评估指标需要增加对慈善组织的认定、公开募捐资格、慈善活动成本和管理费用的内容。[2]

3. 继续深化评估结果的运用

让参评的社会组织能够切实享受到评估带来的政策优惠,扭转评估结果运用形式化和未具体落实的困境,是深化评估结果运用的目标。各级政府部门应建立起政策优惠的配套机制,落实激励政策,继续扩大评估结果的运用范围。

---

[1] 徐双敏、崔丹丹:《完善社会组织第三方评估工作机制研究——基于5市调研数据的分析》,《中南财经政法大学学报》2016年第6期。

[2] 徐家良主编:《社会组织评估发展报告(2016)》,社会科学文献出版社2016年版,第35页。

4. 加强对第三方评估机构的监管

加强对第三方评估机构的监管,防范评估风险是完善评估制度的必要措施。首先,秉承公开透明、择优选择的原则来选择第三方评估机构。其次,评估过程中要咨询专家库中的专家意见,对从业工作人员进行培训,增加培训次数并优化培训内容。最后,需要定期检查或者抽查第三方评估的材料及相关记录,确保评估流程规范,评估结果公平公正。

第二节 社会组织项目评估

本节将主要介绍社会组织项目评估的概念、特点、作用、评估指标、评估过程、存在的问题与优化方向,对社会组织项目评估进行全方位的解读。

一、概念、特点与价值

(一) 概念

政府评价是评价主体依据特定的标准,通过衡量政府行为好坏的主客观状况来得出相应的判断,据此发现政府管理价值、体现市场价值和社会价值,并在一定条件下采取对策措施的认识活动。广义的项目评估是指从项目立项到执行的过程中所进行的一系列的评估活动。[①] 目前,社会组织以项目形式开展的活动较多,项目已经成为大多数社会组织开展活动的主流形式,项目评估是项目管理中不可或缺的核心环节。[②]

社会组织项目评估是政府主体对承接政府购买服务项目的社会组织以日常检测、中期和末期评估的方式,进行服务项目的评估,以保证项目实现预期目标。

(二) 特点

1. 项目评估领域广

党的十八大以后,政府购买社会组织服务已经成为我国社会治理的重要方式。政府越来越重视社会组织的健康发展,通过向社会组织进行职能转移和购买社会组织服务来推动社会组织的运行。目前,社会组织承接的政府购买服务

---

① 陈志斌编著:《项目评估学》,南京大学出版社 2007 年版,第 104 页。
② 邓国胜:《中国公益项目评估的兴起及其问题》,《学会》2009 年第 11 期。

范围较广,主要集中在养老、医疗、卫生、教育、公益文化等社会服务领域和社会事务领域,所以针对社会组织服务项目的评估涉及范围也比较广。

2. 评估指标具有差异性

不同的项目依据的评估指标具有差异性。社会组织评估指标的制定需要根据服务项目和委托方的要求,并充分考虑到承接主体的不同和地区发展的差异,既要体现共性,也要具有特色。

3. 第三方评估占主导地位

针对社会组织项目评估,各级政府越来越多地采取委托和招标的方式选择专业的第三方机构来开展项目评估工作,借助评估机构的专业优势来深化项目执行效果。社会组织的评估对象为政府采购社会组织服务项目或公益创投项目,评估方为政府委托的专业的第三方机构,评估内容包括项目计划、项目执行、项目成效、项目可持续性和总结。①

（三）作用

1. 保证项目实施效果

开展社会组织项目评估工作,能够帮助社会组织及时洞察项目运作中存在的问题,保证项目目标实现。承接政府购买服务的社会组织与政府之间存在信息不对称,如果不对社会组织项目执行情况进行检测和评估,项目执行的方向和效果会受到影响。通过评估来可以推动项目按照预定的方向进行,保证项目实施效果。

2. 提升社会组织项目执行力

社会组织通过承接项目来获得运营资金,所以项目运营的成效对社会组织的影响较大,必须强化社会组织的项目执行能力。针对社会组织进行项目评估能够帮助社会组织发现在项目管理中存在的问题,总结项目执行过程中的操作经验,最终增强项目执行能力,提高社会组织的运营发展水平。

3. 增强社会组织的社会公信力

针对社会组织开展的项目进行客观公正的评估,有利于加强公众对社会组

---

① 潘琳:《"互联网+"背景下社会组织多元协同监管研究》,中国科学技术大学博士学位论文,2018年4月,第99页。

织所运营项目的了解。当社会组织项目评估取得良好成绩时,能够塑造社会组织形象,提升社会组织自身的公信力。对于项目执行情况较差的社会组织,可以通过前期和中期评估等形式进行风险控制。

二、社会组织项目评估指标

社会组织项目评估指标是各评估主体根据目标评估项目的相关政策文件标准,并结合项目的具体情况和项目购买方提出的评估标准,综合制定形成的评估指标。

以上海市杨浦区政府购买社会组织公共服务项目评估为例(见表7-1),其绩效评估表中设置的评估内容主要有6个方面:完成情况(25分)、服务满意率(20分)、财务状况(19分)、组织能力(16分)、人力资源(12分)和综合效能(8分)。每一个评估内容下设置若干评估指标进行评估,如服务满意率的评估指标为服务对象满意率和项目相关方满意率,项目完成情况的评估指标为项目进展与项目计划的符合性、服务人数、服务频次、服务成效和安全服务情况。

阅读材料

表7-1 上海市杨浦区政府购买社会组织公共服务项目绩效评估表

评估内容	评估指标	指标说明	得分
完成情况(25分)	项目进展与项目计划的符合性(4分)	服务内容、服务人群、服务方法、服务区域以及项目进度五个方面与项目标书一致	
	服务人数(5分)	根据项目合同以及项目标书所制定的相关评估指标,项目实际服务人数达标率达到100%	
	服务频次(5分)	根据项目合同以及项目标书所制定的相关评估指标,项目实际服务频次的达标率达到100%,除有客观原因且得到需求方认可	
	安全服务情况(2分)	无服务投诉或服务投诉结案率达到90%以上。发生有重大影响的安全责任事故,则本政府购买服务项目的绩效评估总分为0	
	服务成效(9分)	根据项目合同以及项目标书所制定的相关评估指标,项目服务成效达标率达到80%。除有客观原因且得到需求方认可	

（续表）

评估内容	评估指标	指标说明	得分
服务满意率（20分）	服务对象满意率（10分）	根据项目合同以及项目标书所制定的相关评估指标，服务对象满意率达到90%以上	
	项目相关方满意率（10分）	项目需求方、购买方、合作方对项目运作情况的满意度	
财务状况（19分）	项目支出符合规定（3分）	项目资金支出符合我国相关法律、法规规定及项目合同等法律性文件约定	
	项目支出合理性（2分）	项目服务单价与多个同类服务项目的服务单价的均值的比值为110%以下	
	内部资产管理（2分）	95%以上的项目内部资产的配置、使用、处置及其收益符合相关规定	
	预算管理（2分）	在项目预算调整合法合规，并符合购买方调整程序的情况下，预算调整比例为5%以下。未履行必要手续，私自调整项目预算，则该项评分为0	
	财务管理（10分）	项目财务核算、账户开立是否符合《民间非营利组织会计制度》和《会计基础工作规范》。项目专款被挪用或贪占，则本政府购买服务项目的绩效评估总分为0	
组织能力（16分）	组织管理架构（2分）	组织具有明确的架构图、管理层次清晰	
	组织制度建设（2分）	组织的管理制度能够覆盖组织的各项工作，组织制度完备	
	项目管理能力（6分）	组织在项目需求调研、项目策划、项目合作、项目评估、项目实施与监控五个方面的能力较强	
	社会动员能力（3分）	组织对于服务对象、所服务的社区、NGO、政府部门、企事业单位以及社会公众六类对象均有较强的动员能力	
	项目可持续发展能力（3分）	项目在需求、策划、管理、财务四个方面，均有较强的可持续性	

(续表)

评估内容	评估指标	指标说明	得分
人力资源（12分）	项目人员数量（2分）	一线服务提供者占项目工作人员总数的比重达到80%以上	
	项目专业人员数量（2分）	具有相关专业职称的项目专职人员人数占工作人员总人数的比例达到80%以上	
	项目工作人员培训（2分）	每名项目工作人员每年接受各种培训达到48课时以上	
	项目志愿者培训（2分）	每名志愿者每年接受各种培训达到48课时以上	
	人员管理（4分）	项目对工作人员及志愿者均进行了有效的管理	
综合能效（8分）	项目对同类服务的影响（2分）	项目对同类服务质量提升与服务模式推广均有积极影响	
	项目对项目执行组织的影响（2分）	项目对社会组织的竞争力和社会影响力提升均有积极影响	
	项目对行业的影响（2分）	项目对公益服务行业的影响力及发展均有积极影响	
	项目对社会的影响（2分）	项目对社会观念与风尚、社会关系与秩序、社会管理与体制、社会价值观与社会进步四个方面均有积极影响	

（资料来源：《杨浦区政府购买社会组织公共服务项目绩效评估办法（试行）》，http://www.shyp.gov.cn/zwgk/Home/Info?id=8af51656-0b2e-42ec-a4a7-8dbed638808c，最后访问日期为2019年8月28日。）

上海市嘉定区政府购买社会组织公共服务的项目中期绩效评估由第三方评估机构上海市社会组织评估院（简称评估院）进行。评估院组成由相关专家共同参与的工作组，按照公开、公平、公正的原则，对项目中标的社会组织在"机构建设、项目运作、资金管理、服务质量、社会评价"五个方面进行全面评审。评估院在广泛调研的基础上制定了符合社会组织承接政府购买服务特点的《政府购买服务项目绩效评估指标体系（试行）》。

三、社会组织项目评估过程

项目评估包含项目从立项到执行结束的整个过程,也就是从确认评估机构并开展评估工作到出具最终的评估报告,完成整个项目评估的一系列活动。按照评估环节和时间顺序可以将社会组织项目评估过程划分为两种。

一是按照环节划分,主要可分为五个环节。第一个环节,主要由街道或社区委托第三方机构开展评估。第二个环节,评估机构通过书面材料了解评估对象的基本情况。第三个环节,评估机构以召开座谈会或发放问卷的形式,现场听取服务对象对于项目的意见。第四个环节,由评估专家团队根据制定的评估指标对评估对象进行打分,评估团队的成员应包括项目委托方代表、财务人员和专家学者。第五个环节,评估机构根据评估指标打分情况和相关评估材料出具评估报告,指出社会组织项目运作中存在的问题,并给出改进建议。

二是按照时间顺序划分,分为项目前评估、项目中评估和项目后评估三个阶段。第一阶段,项目前评估阶段。在确定评估对象与评估机构后,进行事前调研,获取评估资料。这一阶段的调研主要由第三方机构承担,项目委托方(一般是街道、社区相关工作人员)进行协助。第二阶段,项目中评估阶段。在这个阶段将进行项目检测,根据评估指标对项目进行中期评估。中期评估多采用评估讨论会的方式,项目委托方、项目执行方、第三方评估机构对项目过程中的主要工作进行讨论,为项目顺利完成提供助力。第三阶段,项目后评估阶段。在这个阶段将进行结项评估。后评估阶段往往以分数或等级的形式确定社会组织承接的项目的效果,并以此作为后续项目申报的依据和参考。

评估结束后,项目经费有结余,按照相关规定可以根据社会组织项目的评估结果进行处理。项目评估结果为优秀,可将剩余资金给项目承接方;评估结果为基本合格或不合格,将由委托方收回剩余资金。

四、社会组织项目评估存在的问题与优化方向

(一)社会组织项目评估存在的问题

1. 评估指标缺乏适用性

社会组织项目评估需要一套具有科学性的评估指标。当前,部分政府管理

部门和第三方评估机构在制定评估指标的过程中未考虑到项目服务对象的差异、项目实施计划与项目执行方的背景的不同,造成评估指标与社会组织项目运营实际情况不匹配,缺乏适用性。在强调评估共性指标的同时,没有针对项目特性增加特色指标。

2. 第三方评估的有效性不足

当前,项目评估的主要手段主要有执行报告、现场检查和第三方评估。然而在评估过程中的导向错位,过分关注投入产出率而忽略受众群体满意度评价,导致评估工作流于形式。此外,评估过程中作为问责主体的受益方缺位使得评估工作的科学性大打折扣。[①] 当第三方评估机构做出的评估结果缺乏权威性时,评估中发现的项目问题就不会被项目实施方重视并加以纠正,从而影响了第三方评估的有效性。

3. 评估专业化程度不够

评估人员的专业能力对社会组织项目评估的质量具有重要影响。目前评估机构的数量增多,但是部分评估机构尚未形成稳定的评估专家团队,部分评估团队成员缺少理论功底和实践经验,不利于社会组织项目评估的专业化。在评估方法的运用上,缺少创新,没有借助新技术来提高评估的专业化程度。

(二)社会组织项目评估的优化方向

1. 优化评估指标

根据不同的服务项目建立不同的评估指标,实现评估指标与评估项目的适配。针对不同的项目,分类制定具备可操作性的评估指标,并对指标进行细化。在指标制定上,要尽可能全面,考虑不同区域发展程度对社会组织项目运作带来的影响,同时尝试增添动态的评估指标,增加具备项目特色和区域特色的指标。

2. 增强第三方评估的专业性

通过优化评估专家队伍的组成结构和评估实施程序来增强评估的专业性。

---

① 潘琳:《"互联网+"背景下社会组织多元协同监管研究》,中国科学技术大学博士学位论文,2018年4月,第103页。

加强针对评估人员的培训,借助互联网技术和大数据技术更新评估方法。探索建立第三方评估人才的培养基地,培养更多具备专业化能力的评估人才。

3. 加强对第三方机构的监管,防范评估风险

社会组织项目第三方评估方式有利于保证评估的专业性和公平性,但是由于项目购买方与第三方评估机构之间是一种委托—代理关系,应注意防范评估风险。所以需要从评估操作程序、评估内容与指标、评估资料规范管理等角度来加强对第三方评估机构的监管,确保评估过程的有效性和公正性,防范评估风险。

案例分析

格桑花事件第三方评估出炉

2011年8月,中国著名民间草根公益组织"青海格桑花教育救助会"(以下简称"格桑花")管理混乱的传言在网上传播。2011年12月18日,第三方评估机构公布了对格桑花的评估报告。评估结论为:格桑花身份合法,财务管理能力优秀,信息披露充分,无违法关联交易。格桑花事件告一段落,然而格桑花以及更多草根公益组织面临的志愿性和专业化的矛盾、救助捐赠与管理成本的矛盾依然存在。公益要不要专业的人来做?谁来承担公益的成本?

格桑花成立于2004年,是主要开展助学活动的草根公益组织。随着组织的社会效益不断提升,志愿者数量大幅增长。2005年格桑花西部助学网站建立,网站发布孩子的需求信息,并向公众公布志愿者发放助学金的过程和反馈领款表、孩子们的照片以及实地调查报告。

2009年7月,格桑花在青海省民政厅注册为"青海格桑花教育救助会",共帮助了2400多个西部的孩子,累计社会募款为2800多万元。2011年8月,格桑花遭遇"信任"危机,财务造假、会员名单造假、签订阴阳合同等质疑引发了社会的关注。此时,中国公益界人士力挺格桑花,南都公益基金会出资请专业独立第三方机构瑞森德公司对格桑花进行组织评估。

在近三个月的时间里,瑞森德深入格桑花的项目点中进行走访,查看了格

桑花的注册证件、财务报告、合同文件。2011年12月18日,评估机构给出评估报告。报告认为格桑花组织身份符合法律法规;"财务公开系统"接受全社会监督,获得了大多数捐助人的高度认可和信任,财务管理能力优秀。报告也指出,在管理方面,格桑花交易审议和决策机制仍有不足,沟通机制尚不健全。

(资料来源:黄英男:《格桑花事件第三方评估出炉 谁为公益成本买单》,《京华时报》2011年12月26日。)

分析要点

1. 第三方评估有利于发挥第三方机构的专业优势,向社会组织和公众披露组织发展的真实情况,增加监督结果的可信度。

2. 第三方评估是加强社会组织外部监督的重要手段,有利于推动社会组织的信息透明度建设。

3. 社会组织在第三方评估中取得较好的结果能够塑造社会组织良好形象,提升社会组织自身的公信力。

本章小结

第三部门评估制度主要包括社会组织等级评估和社会组织项目评估两部分内容,评估制度在客观上推动了社会组织的持续发展,提升了社会组织的公信力。

社会组织等级评估由政府引导、社会组织参与,实现"以评促进、以评促管",加强社会组织的能力建设和对社会组织的有效监管。

社会组织项目评估主要审查社会组织开展项目和活动的合法性与项目效果,以加强对社会组织项目管理的监督,提升社会组织的项目化水平。

本章思考题

1. 社会组织等级评估和项目评估的作用有哪些?

2. 社会组织等级评估和项目评估中的风险有哪些？如何进行防范？

3. 社会组织等级评估和项目评估在指标上有什么区别？如何优化评估指标？

 阅读书目

1. 陈志斌编著：《项目评估学》，南京大学出版社2007年版。

2. 徐家良主编：《中国社会组织评估发展报告（2019）》，社会科学文献出版社2020年版。

3. 〔美〕西奥多·H.波伊斯特：《公共与非营利组织绩效考评：方法与应用》，肖鸣政等译，中国人民大学出版社2005年版。

4. 邓国胜等：《民间组织评估体系：理论、方法与指标体系》，北京大学出版社2007年版。

5. 廖鸿主编：《社会组织评估指引》，中国社会出版社2012年版。

第八章　第三部门能力建设

【本章教学目标】

本章梳理了第三部门能力建设的相关概念与分类,作用与发展阶段,内容、问题与对策,覆盖了第三部门能力建设这一研究领域的重要议题,全面介绍了第三部门能力建设的基本情况。

第一节　第三部门能力建设的概念与分类

作为国家治理体系的重要一环,第三部门在推进公民有序参与、配合政府提供高质量公共服务、整合社会各方资源等方面的功能受到广泛关注。随着政社分离政策文件的落地、"直接登记制度"在多地的试水、政府购买社会组织服务规模的不断扩展,第三部门的发展也面临着前所未有的挑战。政府的放权与支持、社会的呼声与需要对第三部门提出了更高的要求,能力建设对于第三部门发展起着重要的导向性作用。①

---

① 徐家良等:《新时期中国社会组织建设研究》,中国社会科学出版社2016年版,第177—180页。

一、第三部门能力建设的相关概念

自20世纪90年代以来第三部门能力建设就受到政府及学者的持续关注。经过20多年的发展,第三部门能力建设经历了三个发展阶段,分别是移植阶段、本土化阶段和内生化阶段。[①] 但直至目前,第三部门能力建设的内涵仍然存在较大的分歧。一种观点认为第三部门能力建设主要指第三部门的管理能力,目的是实现目标与手段的理性配置,包括战略、筹资、项目、评估等管理能力;而另一种观点则认为第三部门能力建设侧重实现第三部门的制度规范,特别是实现自治、参与、倡导、行动及可持续发展等使命价值。此外,关于第三部门能力建设的内涵还可从能力建设的途径中窥见一二。有学者认为,形成一个好的治理结构是培育第三部门能力的关键。第三部门的数量和种类越来越多,规模越来越大,实力越来越强,管理水平和自治程度越来越高,发挥的作用和产生的影响越来越广泛和深刻。社会发展为第三部门的发展提供了日益广阔的空间,也对第三部门施加了巨大的牵引力和推动力。第三部门的内在发展逻辑驱使第三部门逐渐走向成熟和自治。[②] 还有学者认为,通过加强知识管理、优化职能配置、建立战略联盟、注重品牌运营等途径可以强化对第三部门组织能力的培育。[③] 而提高员工个人能力、建立基于能力的组织文化亦可强化第三部门能力等。上述研究均体现了第三部门能力建设的内部向度。另有研究者认为,能力建设还应有外部力量的参与,比如政府应加大投入和建立评估机制。第三部门也应加强与政府的合作、与企业建立合作关系以及加强与其他第三部门的竞争与合作等。这些研究为拓展第三部门能力建设的内涵提供了有益的思路。

第三部门能力建设的讨论起点是组织能力。组织能力通常是指"动员多种社会资源,如经济资源、政治资源、国际资源、志愿者资源等实现自己的宗

---

① 杨宝、胡晓芳:《社会组织能力建设的行为分析:资源导向或制度遵从》,《云南社会科学》2014年第3期。

② 康晓光:《创造希望——中国青少年发展基金会研究》,漓江出版社、广西师范大学出版社1997年版,第641页。

③ 张冉:《现代行业协会组织能力》,上海财经大学出版社2009年版,第85—88页。

旨的能力"①。也有学者认为,第三部门能力建设主要包括组织管理能力、项目运作能力和财务控制能力等的建设。②

综上,第三部门的组织能力是指第三部门为实现组织宗旨及目标,对组织内部与外部的多种社会资源进行动员和整合的能力。组织内部资源主要指第三部门所掌握的人、财、物力资源。组织通过管理、协调、服务和创新等手段最大化地利用这些资源以实现稳定运营和发展。组织外部资源主要指政府、市场、社会公众等相关方提供的支持资源。组织通过挖掘、识别、吸纳这些资源,将其归为己用,从而实现组织使命和愿景。

二、第三部门能力建设的分类

第三部门能力建设的目标包括以下几个方面的内容:一是科学的分类管理。对第三部门进行分类,依据其所属类型开展相应能力的建设。二是完整的系统标准。制定系统性、一致性的能力评价标准。三是整合的建设力量。整合不同第三部门、各个相关部门的共同力量,培育第三部门能力。四是组合的建设手段。采用多维度、多方式的建设手段,有效组合,提高第三部门能力建设的实践价值。

在能力建设的分类方面,有学者总结了要素能力、协调能力、获致能力、影响能力四种第三部门的重要能力。也有学者从责任承担能力、服务提供能力、信誉维系能力等三个维度,进一步区分了九个子能力,即"独立运作能力、流程规范能力和筹集资金能力;设备完善能力、人力资源能力和专业技术能力;自我监督能力、品牌效应能力和危机公关能力"③。

参考上述观点,第三部门能力建设主要有以下几个方面的分类。

(一)一般能力与特殊能力

一般能力是指大部分第三部门开展并组织常见活动的能力,如举办宣传展览、进入社区开展便民服务等。但由于第三部门涉及领域广泛,相当一部分第

---

① 王名、刘国翰、何建宇:《中国社团改革——从政府选择到社会选择》,社会科学文献出版社2001年版,第110页。
② 国家民间组织管理局编:《中国民间组织评估》,中国社会出版社2007年版,第127页。
③ 曾维和、陈岩:《我国社会组织承接政府购买服务能力体系构建》,《社会主义研究》2014年第3期。

三部门在特殊领域开展活动和服务,从而形成了与其他第三部门不同的业务能力。典型的特殊能力如救援类组织的应急救援能力。以"蓝天救援队"为例,该组织是中国民间专业、独立的纯公益紧急救援机构,成立于2007年。自成立以来,蓝天救援队在中国及全球的山野救援、城市救援、水域救援、自然灾害救援、安全生产事故救援、意外事故救援中都积极发挥了自身特殊能力的作用。

(二) 基本能力与综合能力

人力资源管理能力和筹款能力是第三部门的基本能力,只有在稳定的人才队伍和资金供应的基础上,第三部门才能开展其他方面的综合能力建设。社会组织为维持组织生存和发展,实现组织的宗旨目标,从其成立之时即需要开展筹资工作。筹资是在一系列环节基础上开展的一项非常复杂的资金募集过程。为确保筹资取得最佳效果,第三部门有必要制定筹资业务流程,从而确保对筹资过程的有效控制,而这又需要专业的人才队伍加以贯彻落实。人力资源能力和筹资能力属于第三部门的主要能力,它们是组织生存发展的必要条件,而沟通协调能力、公益营销能力则属于综合能力,是第三部门发展到一定程度需要提升的能力。

(三) 内部能力与外部能力

内部治理能力、战略管理能力、财务管理能力、人力资源管理能力属于内部能力。良好的内部能力建设已成为第三部门组织开展集体活动的一个关键性因素。公益营销与传播能力属于外部能力,良好的外部能力建设有助于产生良好的组织形象。在一定时间和环境条件下,外部能力建设有助于公众对第三部门的精神面貌、行为特征、产品和服务等产生良好的印象、感情和认知。

(四) 有形能力与无形能力

第三部门能力建设还可分为有形和无形两个方面:有形能力包括第三部门的工作人员、资金、场地等;无形能力强调对组织文化的建设。无形能力建设的意义在于形塑组织文化。第三部门的组织文化是开展组织管理的重要因素,是提升组织的核心竞争力的重要组成部分。第三部门只有形成了自己的独特文化氛围,才能激发组织精神层面活力,使组织产生人格化形象,得以更好地生存、发展和成长。

第二节 第三部门能力建设的作用与发展阶段

第三部门所处的政策环境在逐步走向完善,第三部门的能力建设所获得的政策支持也愈来愈多。在能力建设的大好前景下,第三部门如何抓住机遇,整合各方资源为己所用显得尤为重要。第三部门的能力建设既离不开政府的扶持,也离不开组织自身治理结构的完善。

一、第三部门能力建设的作用

(一) 彰显第三部门社会治理主体地位

第三部门的主体性通过能力建设可以得到体现。第三部门与政府、企业具有相似之处,也存在差异。相同之处在于,它们都为社会提供服务,满足社会需求。不同之处在于,它们提供服务的内容、方式各有侧重。在社会治理中,第三部门主要承担着资源动员、社会服务、政策倡导等方面的功能。第三部门的非营利性和独立性使其比起拥有权力、易于寻租导致腐败的政府更具有公正性,它的志愿性与公益性则使其与市场化的商业机构相比在提供服务过程中更具有公共取向和利他精神。第三部门提供的公益服务遍及社会各个方面,从而弥补了"政府失灵"与"市场失灵",在政治、经济、社会和文化等方面取得了不可忽视的成就。提升第三部门能力,能够巩固其在社会治理和公共服务当中的主体地位。

(二) 促进第三部门提供特色服务

第三部门在服务会员、服务社会、服务政府方面具有专业性和独特性。中国共产党十八届三中全会审议通过的《中共中央关于全面深化改革若干重大问题的决定》就推进国家治理体系和治理能力现代化时强调"创新社会治理体制",其中激发社会组织活力是关键。这一纲领性文件既为发展社会组织提供了依据,又为社会组织体系建设指明了方向:适合由社会组织提供的公共服务和解决的事项,交由社会组织承担;支持和发展志愿服务组织;重点培育和优先发展部分类别的社会组织。社会组织民间性、公益性、自治性的属性和特点,契合了当前经济社会快速发展过程中社会治理的需求。因此,着力培育和发展社会组织,充分发挥其在社会治理中的独特作用,符合国家治理能力现代化建设的要求,对促进社会和谐发展与活力创新具有重大意义。而组织能力建设是保障社会组织发挥作用的重要条件,因此也成为推进社会治理创新的必要条件。

(三)强化第三部门维持社会稳定的功能

能力建设能使第三部门更好地解决社会矛盾,为社会提供更全面的服务。随着我国经济社会的高速发展,社会结构也相应发生变化,各阶层、群体之间的冲突日益加剧,环境污染、就业压力、人口老龄化及社会治安等经济社会的复合型风险也日益凸显,不同程度地影响着社会和谐与稳定。现行的政府体制与政府执政能力难以顾全所有社会问题,需要第三部门参与到社会治理与公共服务中,为解决社会问题提供多种视角和方案。第三部门在过往实践中已被证明有潜力成为我国社会发展过程中的"和谐细胞",可以起到社会"稳定器"的作用。[①]

(四)提升第三部门公信力

第三部门能力建设的重要作用之一是提升组织公信力。公信力在第三部门能力建设中是一个核心要素。良好的公信力,意味着第三部门获得了公众认同,便于开展工作,关乎第三部门在社会经济生活中的名望和声誉。失去公信力意味着失去声誉,也失去了民众的信任和支持。随着第三部门能力的提升,一方面组织能够建立起更为规范的内部治理结构,使组织的决策过程与日常运作更加规范,获得外部相关方的信任;另一方面组织能够建立更为完善的信息公开机制和对外传播机制,使组织活动更加透明化,主动接受社会监督,提升组织口碑及形象。

二、第三部门能力建设的发展阶段

中国第三部门能力建设发展可分为以下三个阶段:移植阶段、本土化阶段和内生化阶段。

移植阶段为中国第三部门能力建设的发展初期,主要是翻译和传播西方的第三部门能力建设的理论、方法以及实践经验。

---

① 范铁中:《社会组织在预防和处置群体性事件中的作用分析》,《中共福建省委党校学报》2011年第12期。

本土化阶段是基于国外的理念和方法,结合本土经验及第三部门的需求,探索适宜本土第三部门的能力建设路径。

内生化阶段是指第三部门借鉴学习外部经验之后,利用本土资源、技术手段等对能力建设方式进行创新,根本性地解决本土第三部门发展的需求。[①]

随着我国第三部门的迅速发展,社会组织能力建设于20世纪90年代中后期开始兴起,并以开展各类教育、培训的方式致力于中国的第三部门能力建设。经过二十年左右的发展,以政府为主体的公益性社会组织培训内容及形式逐步丰富,以高校等机构为主体并基于学科建设的社会组织学位与非学位教育陆续建立,以支持型社会组织为主体基于市场化运作的竞争型培训大量涌现。[②] 到目前为止,我国逐步形成以政府有关部门、支持型社会组织及高校等研究机构为主体,以教育、培训为主要方式的社会组织能力建设架构,社会组织能力建设逐渐走向规范。

当前第三部门能力建设受到国家战略层面的高度重视,能力建设迎来重大历史发展机遇。作为国家治理能力和治理体系现代化中的重要主体,提升第三部门能力、促进第三部门可持续发展成为重要议题。2006年党的十六届六中全会就提出了构建社会主义和谐社会的目标和任务,会议通过的《中共中央关于构建社会主义和谐社会若干重大问题的决定》中明确指出:"发展慈善事业,完善社会捐赠免税减税政策,增强全社会慈善意识。"2007年5月,国务院办公厅公布《关于加快推进行业协会商会改革和发展的若干意见》,指出要按市场化原则规范和发展各类行业协会等自律性组织,充分发挥行业协会在经济建设和社会发展中的重要作用。2014年10月,党的十八届四中全会通过的《中共中央关于全面推进依法治国若干重大问题的决定》明确提出"加强社会组织立法,规范和引导各类社会组织健康发展"。2016年通过的慈善法以专章提出针对慈善组织的各项促进措施,其中就包括"国家鼓励高等学校培养慈善专业人才"。在地方政府层面,民政等部门对社会组织负责人等的专业培训已成常态,政府大力推行的购买社会组织服务为社会组织带来资金支持的同时,也为社会组织参与

[①] 陈南方、杨宝:《恩派:初创期民间公益组织的能力建设者》,载康晓光、冯利主编:《中国第三部门观察报告(2012)》,社会科学文献出版社2012年版,第215—217页。

[②] 王名、李长文:《中国NGO能力建设:现状、问题及对策》,《中国非营利评论》2012年第2期。

社会治理搭建了实践平台。

由此可见,第三部门所处的政策环境正逐步完善,社会组织的能力建设所获得的政府政策支持也愈来愈多。在社会组织能力建设的大好背景下,社会组织如何抓住机遇,整合各方资源为己所用显得尤为重要。[①]

第三节 第三部门能力建设的内容、问题与对策

要与政府、企业、社区组织等相互协作,真正成为公共管理多元结构中的一元,除了政府创造好的环境外,关键是第三部门自己要具备必要的能力。第三部门志愿性和草根性等特征,加上资金和人力的限制,导致相当多的第三部门组织欠缺正式结构,专业化程度不足。与体系庞大、实力雄厚的政府相比,第三部门的能力不足使其很难成为合作治理中持久的参与者。

一、第三部门能力建设的内容

(一)战略管理能力

战略管理是对组织活动和发展的总体性管理,是组织制定和实施战略的一系列决策与行动。战略管理是对组织未来3—5年中期发展目标的战略性计划或规划的管理。第三部门战略管理的程序和内容可划分为管理准备、战略分析、战略规划、战略实施、战略评估五个阶段。其中,战略规划、战略实施和战略评估三个阶段尤为关键,具有决定性意义。[②]

非营利组织的战略管理能力是组织在内外部环境的制约下,在组织目标、团队建设、机构规模、人员素质等方面制定详细的执行战略,推进组织的可持续发展。

(二)内部治理能力

第三部门内部治理主要是围绕理事会进行建构和运作的。治理的一般含义是指理事会为了治理第三部门而采取的集体行动。[③] 中国第三部门力图在制

---

① 徐家良等:《新时期中国社会组织建设研究》,中国社会科学出版社2016年版,第184页。
② 马庆钰等:《社会组织能力建设》,中国社会出版社2011年版,第72—73页。
③ 同上书,第25页。

度层面确立以理事会制度为核心的治理模式。这种模式以理事会和执行层的权力分立为基础,理事会处于权力的中心,对执行层发挥支配作用,执行层受理事会委托负责组织的日常运作,在组织内部实行民主的集体决策机制,并建立监事会以强化组织内部的监督机制。①

以民办非企业单位为例,民政部于 2005 年 3 月制定《民办非企业单位(法人)章程示范文本》,明确指出民办非企业单位(法人)主要建立以举办者、理(董)事会、院长(校长、所长、主任)等和监事会为基本架构的法人治理结构。

第三部门党建作为保障社会组织正确发展方向、激发社会组织内生动力、紧密联系党与社会组织的重要手段,对社会组织的内部治理能力产生重要的影响。2018 年,民政部印发了《关于在社会组织章程增加党的建设和社会主义核心价值观有关内容通知》,要求社会组织应当在章程中增加党的建设和社会主义核心价值观有关内容,并结合社会组织实际情况,对章程修订的程序进行了适当简化。② 社会组织加强党建引领是新时期社会组织健康发展的基础,也是加强社会组织内部治理能力的必然要求。

(三) 项目管理能力

美国项目管理协会(Project Management Institute)制定的美国项目管理的国家标准之项目管理知识体系认为:"项目管理是把各种体系、方法和人员结合在一起,在规定时间、预算和质量目标范围内完成项目的各种工作。有效的项目管理就是在规定用来实现具体目标和指标的时间内,对组织机构资源进行计划、引导和控制。"③项目管理就是在有限的时间、预算等现有资源的条件下,将各种知识、技能、手段、技术应用到项目中,对项目涉及的资源进行计划、组织、指挥、协调和控制,达到项目的要求的管理活动。它贯穿于整个项目开始、执行到评估的过程。

---

① 田凯:《中国非营利组织理事会制度的发展与运作》,《经济社会体制比较》2009 年第 2 期。
② 《〈民政部关于在社会组织章程增加党的建设和社会主义核心价值观有关内容通知〉的解读》,http://www.mca.gov.cn/article/gk/jd/shzzgl/201805/20180500009044.shtml,最后访问日期为 2019 年 8 月 28 日。
③ Project Management Institute, *A Guide to the Project Management Body of Knowledge*, 3rd ed., Pennsylvania:Project Management Institute, Inc., 2004.

在中国,第三部门项目一般采用招投标的方式竞争获得,招标方和投标方需要遵循《中华人民共和国招投标法》等相关法律法规开展项目的设计、论证、竞标和实施。① 良好的项目管理不仅能保证项目的顺利执行,还能使作为受托方的第三部门进一步获取来自作为委托方的党政部门的信任,使组织在未来能够持续获得外部支持。

中国光华科技基金会和图书出版发行单位举办的"光华公益书海工程"以公益手段挖掘闲置文化资源,广泛募集出版发行单位的库存积压图书,支持中西部地区、基层的文化建设和教育事业发展。这一项目的受助地区遍布全国31个省、自治区和直辖市3.8万多家单位,累计捐赠图书26亿元。随着网络的普及,基金会于2018年携手腾讯公益等网络众筹平台发起公益众筹项目,以网络为纽带,借助现代化的网络技术手段和专业化的物流管理体系,为地方开展文化扶贫、教育扶贫、智力扶贫提供了有力支持。

(四)营销策略能力

詹姆斯·P.盖拉特认为,"营销已经逐渐成为第三部门的核心功能之一",并提出第三部门的4P策略,即"产品"(product)策略、"价格"(price)策略、"推广"(promotion)策略和"场所"(place)策略。② 他认为第三部门必须在了解目标受众的愿望和需求的基础上设计产品,才能让别人感兴趣,营销计划才会有效。合理的定价要同时考虑直接成本和间接成本,并考虑人们的主观认知对产品价格的影响。他提出推销工作越来越重要,而且强调第三部门所在的地理位置及能见度对营销的开展非常重要。第三部门的营销面临的来自企业的竞争压力越来越大,而且消费者更注重服务的品质。所以,第三部门应当以市场为导向,即"不能先想到你的组织,而是要先想到你的产品或服务究竟是提供给什么人"③。王名在《非营利组织管理概论》中提到第三部门要"形成以营销为导向的组织发展体制,首先要树立营销观念",所以组织中的每一个人都要树立起积

---

① 马庆钰等:《社会组织能力建设》,中国社会出版社2011年版,第231页。
② 〔美〕詹姆斯·P.盖拉特:《21世纪非营利组织管理》,邓国胜等译,中国人民大学出版社2003年版,第48页。
③ 同上书,第51页。

极的营销意识。他认为第三部门可借鉴市场规则和市场手段,包括营销,这些都有利于组织效率的提高。① 第三部门营销能力是指第三部门以服务对象的需要为基础,根据经验、知识与能力,获得服务对象需求量以及购买力的信息、社会的期望值,有计划地组织各项经营活动,通过相互协调一致的产品策略、服务策略、定价策略、渠道策略、传播策略、形象策略、地区策略、关系策略等,为服务对象提供满意的产品和服务而实现第三部门目标的活动过程。

2010年创办的善淘网在成立之初即坚持了公益和互联网结合的模式,在帮助企业解决库存问题的同时,也让消费者体验到"淘宝"式购物的乐趣,同时为公益组织的发展提供了资金的支持。善淘网促使各参与主体以物品循环使用为经营理念,实现了企业价值,并将资金应用于公益领域。

(五)资源动员能力

科尔曼认为资源是那些被行动者所控制的并能够使其自身需要和利益获得满足的物品、非物品(如特长)以及事件(如选举)。② 吉登斯认为资源是权力得以实施的媒介,是社会再生产通过具体行为得以实现的常规要素,并进而将资源归纳为配置性资源和权威性资源两种,前者指对物品、商品或物质现象产生控制的能力,后者则指对行动者产生控制的各种转换能力。③

资源动员指行动主体获取并控制服务资源的过程。服务资源指有助于实现行动目标的要素集合,包括一系列的资金、物质、技术、人力等。④ 第三部门所需资源包括:人力资源(高素质人才)、财产资源(固定资产与流动资产)、时间资源、空间资源(区域),等等。

Impact Hub 是一家倡导多元主体在同一物理空间相互讨论、彼此启发和协同合作的社会组织。作为一家独特的企业和社会组织孵化器,Impact Hub 为成

---

① 王名编著:《非营利组织管理概论》,中国人民大学出版社2002年版,第213—216页。
② 〔美〕詹姆斯·S.科尔曼:《社会理论的基础》(上),邓方译,社会科学文献出版社1999年版,第34—41页。
③ 〔英〕安东尼·吉登斯:《社会的构成》,李康、李猛译,生活·读书·新知三联书店1998年版,第77—78页。
④ 杨宝:《嵌入结构、资源动员与项目执行效果——政府购买社会组织服务的案例比较研究》,《公共管理学报》2018年第3期。

员提供了独特的生态环境,通过午餐会、分享会等活动聚集了多重资源,借助基础平台的建设与经验的分享,推动了企业和社会组织的可持续发展。

(六) 公共关系能力

社会营销之父菲利普·科特勒在《非营利组织战略营销》一书中提出:"企业的公关是以消费者为中心的传统公关,而对第三部门来讲开展公关是为了维持和提高第三部门和他们所规划的项目的公众形象。现在,公关的角色已经延伸到公共倡导了。"①公共关系作为一种内求团结、外求发展的管理艺术,其自身的职能和作用是基于对公共关系策略能为组织的营销活动提供帮助这一基本前提。

一般来说,第三部门公共关系是指第三部门与相关方的交往和联系。其本质是第三部门与各有关方面的信息传播管理机制,其目的是与这些对象建立一种相互信任的关系。② 第三部门的公共关系包括第三部门与政府、企业、媒体、民众等主体的关系。与企业不同,第三部门开展公共关系的目的是追求社会效益,扩大自身和事业的影响,争取理解、认可和支持,推广理念,最终建立合作,筹措资金。

南都公益基金会成立于 2007 年 5 月 11 日,是经民政部批准成立的非公募基金会,原始基金 1 亿元,来源于上海南都集团有限公司。南都基金会扮演"种子基金"的角色,通过资金支持来推动优秀公益项目和公益组织,带动民间的社会创新,实现支持民间公益发展的使命。2009 年,南都基金会被民政部评为 4A 级基金会并获评"全国先进社会组织"。2010 年 6 月,南都基金会荣获中国社会工作协会"民族社会工作组织奖"。2014 年 12 月 23 日,南都基金会收到共青团雅安市委员会、雅安抗震救灾社会组织和志愿者服务中心、雅安市群团组织社会服务中心"关心支持雅安灾后重建单位感谢信"。南都公益基金会在慈善领域内的公益行动获得了政府部门和社会公众的认可,获得诸多荣誉,为中国的慈善事业发展做出了巨大的贡献。

---

① 〔美〕菲利普·科特勒、艾伦·R.安德里亚森:《非营利组织战略营销(第五版)》,孟延春等译,中国人民大学出版社 2003 年版,第 12 页。

② 马庆钰等:《社会组织能力建设》,中国社会出版社 2011 年版,第 205 页。

(七) 品牌运作能力

品牌是第三部门自身形象、地位、作用和竞争力的综合体现。品牌包含了组织的名称、标识、宗旨以及产品或服务等内容,是公众对一个组织及其产品或服务的认知,也即一种信任。[①] 品牌不仅是商标,而且包含有声誉、产品、行业文化以及整体营运管理等内容。品牌形象已经成为推动第三部门发展的强大力量。2013年4月民政部发布《关于开展民办非企业单位塑造品牌与服务社会活动的通知》,鼓励民办非企业单位开展塑造品牌活动,将塑造品牌贯穿于组织文化建设、人力资源建设等组织发展和运作的全过程。

第三部门要维护会员或行业的利益,实现组织宗旨,提高美誉度、信任度和忠诚度,就需要提高品牌运作能力。第三部门品牌可以分为:机构品牌、项目品牌、领导人品牌。组织自身即机构品牌,如南都公益基金会和上海真爱梦想公益基金会。其中前者是以追求资助资金社会效益最大化的民间公益组织,它的组织品牌在于它对公益事业的大力倡导;后者是商业运作的运作型第三部门,它的组织品牌在于它的组织透明度。项目品牌有中国社会福利基金会"免费午餐""希望工程"等项目。领导人品牌包括徐永光、何道峰、梁从诫、潘江雪、郑卫宁、刘洲鸿等人。

"一个鸡蛋的暴走"是上海联劝公益基金会于2011年发起的公益徒步筹款活动,通过筹款让0—18岁孩子健康成长、平等发展。暴走参与者需要在12小时内走完50千米,并通过创意的方式向熟人网络募集善款,实现个人挑战和公益参与的双重价值。自2011年以来,先后有23 595名参与者为这项活动筹得超过5752万元,资助儿童超过60万人。当前"一个鸡蛋的暴走"等公益活动成为公益项目的知名品牌,在公益募捐领域发挥了重要的作用。

(八) 危机应对能力

第三部门可能面对的危机包括声誉危机、信任危机等。对于第三部门而言,应对危机的核心工作是在化解危机的同时,维护并提升自身的声誉和形象。

[①] J. Balmer and A. Wilkinson, "Building Societies: Change, Strategy and Corporate Identity," *Journal of General Management*, Vol. 17, No. 2, 1991, pp. 20-33.

在应对危机时,第三部门有必要建立新闻发言人制度,向民众及时传达信息,澄清事实,树立第三部门的良好形象。

二、第三部门能力建设存在的问题

(一)政府行政化约束

政府对第三部门管理理念落后,一直采取行政化约束的逻辑,导致第三部门的生长空间、登记制度、培育机制等远远滞后于社会实践的需要。①《社会团体登记管理条例》《基金会管理条例》《民办非企业单位登记管理暂行条例》的相关规定表明,中国政府对第三部门一直实行"双重管理制度",即第三部门在成立之初需要先找到一家业务主管单位。因为第三部门本身不具有营利性质,业务主管单位通常无法从中获取经济利益,反而要承担更多的监管责任。很多政府部门不愿意担任业务主管单位,使得大量的第三部门无法登记注册,难以发挥作用。此外,第三部门还必须接受年度抽查评估,增加了第三部门的运营成本。

(二)公信力不高

虽然第三部门在社会治理中发挥着越来越重要的作用,但由于其自身的局限性和社会环境的复杂性,第三部门在成长过程中也出现了一系列争议性事件。2008年5月12日汶川地震发生后,众多第三部门纷纷投入抗震救灾中,但募捐资格、透明度、管理费和善款使用等一系列问题引发了一场针对第三部门的"信任大地震",因"天价帐篷"而备受质疑的中国红十字会总会就处在舆论漩涡之中。2011年,一些针对大型组织的负面报道,如中国红十字会"郭美美"事件、中华慈善总会尚德"诈捐门"和河南省宋庆龄基金会雕像事件,进一步引发公众对第三部门能力的质疑。随着微博、微信等互联网媒介的蓬勃发展,越来越多的第三部门出现在大众视野中,并可能因其行为失当而面临严重的公信力危机。因此,为降低行业责信风险,保障第三部门的健康发展,第三部门的能

---

① 邓国徽:《行政化约束与中国非营利组织的能力建设——以太阳村为例》,《发展研究》2008年第7期。

力建设迫在眉睫。

（三）可持续培训机制缺失

我国虽然已经开展了一些第三部门能力建设培训的课程及活动,但是培训力度弱、范围小、效果不明显、可持续培训机制缺失等问题十分突出。培训多以短期为主,缺乏长期有效的培训。既有第三部门培训多以座谈会、讲座等形式展开,创新性和持续性不足。规范化的第三部门培训制度尚未建立,师资力量不足,教材多以理论知识介绍为主,内容较为单一,缺乏鲜活的案例支撑。

（四）职业化水平较弱

2015年,人力资源和社会保障部、国家质量监督检验检疫总局、国家统计局联合组织编制发布最新的《中华人民共和国职业分类大典》,社会组织职业除原有的社会工作师以外,新增社会组织专业人员、劝募员和社团会员管理员。[①] 在此之前,第三部门从业人员职业化较弱,对第三部门工作的认同度不高。在第三部门工作专业化、职业化过程中存在两大误解：其一,第三部门工作无需专门训练；其二,第三部门的工作可以兼职完成。以第三部门中占据一定比例的社会工作为例,专业服务组织发展不足、社会工作岗位设置尚不明确、职业制度尚不健全、高校社会工作人才培养与职业资格缺乏有效衔接、社会工作职业化的本土策略尚待探索等因素都制约着社会工作职业化发展。[②] 总的来说,我国的第三部门普遍缺少专业人才,在资源动员能力、组织管理能力、协调互动能力、危机应对能力,特别是与所在领域的各种公共服务相关的专业能力等方面,都存在较大差距。[③]

（五）能力建设缺乏有效评估

对社会组织的项目评估和等级评估等制度目前已渐趋完善,但对社会组织能力建设的评估制度仍然匮乏。而评估机制的缺失将使社会组织在能力建设过程中失去重要的激励途径。这一点已为部分学者所重视。李长文提出,我国

---

① 徐家良：《重视募捐诚信 加强网络募捐制度化建设》,《中国社会报》2018年9月17日。
② 李迎生：《我国社会工作职业化的推进策略》,《社会科学研究》2008年第5期。
③ 王名、刘求实：《中国非政府组织发展的制度分析》,《中国非营利评论》2007年第1期。

社会组织能力建设的主要内容是内部治理能力、战略管理能力、项目管理能力和公信力能力,社会组织能力建设的实现途径之一是评估与反馈。[1]马庆钰根据《中国民间组织评估》提出社会组织能力可以细分为内部治理能力、战略管理能力、筹募资源能力、财务管理能力、人力资源管理能力、公益营销与公关能力、项目管理能力、公信力管理能力八大方面,并指出通过绩效评估能够诱导组织开展能力建设。[2]

三、第三部门能力建设的主要对策

第三部门能力建设需要直面当前存在的现实问题,从多个方面修正第三部门能力建设中的突出问题。

(一)减少行政干预,保障第三部门的独立性

第三部门的行政化问题已经成为制约第三部门能力建设的重要因素。为了进一步减少政府部门对社会组织的干预,保障第三部门的独立性和自主性,需要对双重管理体制进行突破,这也是地方改革中的重点环节。2006年3月,《广东省行业协会条例》正式实施。该条例将"业务主管单位"改为"业务指导单位",弱化了业务主管单位对行业协会的控制色彩,准许社会组织享有更大的自主空间。2012年4月,《关于广东省进一步培育发展和规范管理社会组织的方案》明确提出,从2012年7月1日起,除特别规定、特殊领域外,将社会组织的业务主管单位改为业务指导单位,社会组织可以直接到民政部门申请登记注册。广东省的做法为社会组织突破"双重管理"体制的限制提供了有益的尝试,在一定程度上提升了社会组织的自主性,是登记管理制度领域的重要举措;同时进一步明确政府和社会组织的边界,减少政府部门对社会组织的不当干预和过度影响是未来改革的大趋势。

(二)强化内部建设和外部宣传,提升组织公信力

第三部门的发展离不开组织的内部建设和外部宣传。就内部建设而言,第

---

[1] 李长文:《非营利组织能力建设的几个基本问题探讨》,《青海社会科学》2014年第2期。
[2] 马庆钰等:《社会组织能力建设》,中国社会出版社2011年版,第10—19页。

三部门应当健全组织机构,确定科学合理的组织架构。第三部门的内部架构一般包括会员代表大会、理事会、监事会等,更细致的组织结构需要依据政策要求和组织需求具体确定。在制度建设方面,建立完善的人事、财会、审计、重大事项报告等重要制度。

除了做好内部建设以外,第三部门还需要提高外部宣传能力,提升组织的知名度和公信力。第三部门的发展需要结合组织自身资源和现实社会需求开展项目,打造品牌,通过品牌化的项目提升组织知名度。此外,第三部门应当积极参与社会治理和慈善事业,结合组织的专业技能为公益事业的发展提供助力。

(三)健全第三部门的培训机制和体系

第三部门的培训制度对第三部门的人才培养和可持续发展意义重大,培训制度的完善需要从多个方面着手。首先,第三部门的培训应当从第三部门最直接、最现实、最迫切的需求出发,打造长期性、持续性与动态化的培训课程,从多个角度和层次提升第三部门及其工作人员的能力。其次,培训课程应当避免照本宣科,要从现实问题出发,寻找解决问题的具体路径,提升第三部门工作人员解决现实问题的能力。最后,撰写出版培训教材和培养专业师资是第三部门培训制度和能力建设的重要实现路径。

(四)提升第三部门工作人员的职业化水准,打造专业化的服务组织

第三部门工作人员的职业化水平直接关系到社会对整个行业和从业人员的认可度,所以提升第三部门工作人员的职业化水平刻不容缓。首先,打造能够提供第三部门专业化建设的支持性组织和人员,如恩派公益组织发展中心。该组织致力于公益孵化、能力建设、社区服务、政购评估、社会企业投资、社创空间运营等领域的技能支持,在全国范围内托管运营及技术支持约40个社会创新服务园区,承担运营约80 000平方米的社区公共空间。其次,加强对社会组织专业人员如劝募员等职业的专业技能培训,通过教材编写和师资队伍的建设提升社会组织工作人员的职业化水准。

(五)完善能力建设的评估机制,以评估促发展

评估机制的建立需要科学化的设计,这方面实操领域的一些既有经验值得

借鉴。例如,温洛克民间组织能力开发项目就根据加拿大政府公民与移民部资助的多伦多联合劝募对第三部门能力建立了评估体系,主要评估内容包括:一是使命、愿景与战略规划能力,二是治理结构及领导能力,三是行政及财务管理能力,四是人力资源管理能力。基于对外来评估体系的学习和对中国实际的考虑,对第三部门能力建设的评估制度应当包含以下五个部分:一是对组织战略能力的评估;二是对内部治理能力的评估;三是对财务管理能力的评估;四是对人力资源管理能力的评估;五是对项目和营销管理能力的评估。对这五个方面的评估有助于第三部门实现组织自身的良序发展。

案例分析

公益,创新跟着需求走
——对恩派公益组织发展中心的调查

关注公益的人也许都会关注到近两年公益圈里的两个热词,其中一个是"草根公益"。"50 公里挺长,如果我走下来,你就捐点鸡蛋吧!"今年 4 月,名为"一个鸡蛋的暴走"的活动点燃了草根公益募捐的热情,让人印象深刻。另一个是"社会团体注册"。2011 年 3 月,北京瓷娃娃罕见病关怀中心在北京市民政局成功注册,3 个月后,民政部门出台"利好"政策,公益慈善类、社会福利类、社会服务类社会组织将逐渐可直接登记。

其实,这两个热词和这两个组织都与恩派公益组织发展中心有关。助力孵化瓷娃娃、成立"联劝"、发起"一个鸡蛋"专项基金,恩派这家在业内是一家旗舰组织正不断地创新业务、拓展版图。作为支持型公益机构,恩派创始人吕朝认为:"社会创新,永远都是随着社会需求走。"

创新需要一个起点。这个起点在于敏锐地捕捉社会需求,开发有针对性的项目。从单一的"公益孵化器",到"屋里厢"社区服务平台、联合劝募平台、公益创投、NPO 能力建设等九大主要业务,恩派只用了 6 年。是什么让恩派发展如此迅速?吕朝认为,最关键的是他们能敏锐地捕捉潜在的社会需求。

2006 年"公益孵化器"项目正式启动,首批就孵化了 6 家公益组织。在上海闵行区社会组织孵化园,记者看到办公室的墙上贴着近期孵化器为入壳企业提供的咨询服务:有孵化器自己组织的社会注册辅导,有外请上海志愿者协会秘书长讲解"志愿者管理与组织发展",还有邀请业内组织开展构建项目建议书经验分享会。但让入壳组织感觉最有帮助的,其实是恩派的"信用担保"。

"虽然现在还没正式注册,但我们已经让外界觉得是值得信赖的。因为我们是经过严格审核入壳的。"目前,陈思葳所在的上海道融自然保护与可持续发展中心已经在青浦开展恢复湿地的相关项目,除两名全职员工以外,还有一名实习生,"除了有免费办公的地方,孵化器每月帮我们申请了2000元的资助,真的已经很好了"。

恩派对于社会需求的敏锐度已经颇有名气。"他们在从事某些社会服务的时候,比政府的触觉更敏锐,"上海浦东新区民政局社团管理处处长赵颖认为,"首先他们从调研中发现需求,接着整合资源,去满足需求。""政府很难去发现众多有针对性的社区需求,"上海市民政局局长马伊里说,"我知道有些社会组织能干,但我不是简单地把钱给它,而是哪一个社会组织能发现新的需求就自己去设计模式,设计完了让专家评审,通过评审和竞争的,政府才支持。"恩派又一次凭借敏锐的洞察力得到了支持。2007年12月,上海浦东新区三林镇政府向全社会招标托管三林世博家园,恩派副主任王志云带队组建"屋里厢"项目组,最终一举中标。如今,"屋里厢"在上海已经发展成拥有良好口碑的社区托管服务平台,托管着5个公共设施。

创新,持续地创新,是恩派的基本特征。公益孵化器、社区服务平台、公益创投并不是恩派首次提出的,它们早已是国际上的流行概念,但是,恩派在中国的土地上把它们做得最有声色。恩派的另一成功之道是发展出一个多元化的组织体系,而且分布在几个重要的地点上,这有利于快速推广成型的模式。恩派善于在本土社会、国际社会、政府、社会组织的需求重合地带寻找发展机会。恩派非常注重与政府合作,以合作求发展,这是恩派能做大做强的根本经验。同时在这个过程中,社会组织也要保持自己固有的性格、发挥自己独特的作用。

(资料来源:沈小根、王有佳:《公益,创新跟着需求走》,《人民日报》2012年7月23日。有删改。)

分析要点

1. 第三部门的能力建设要求组织善于进行资源的整合,把握时代的趋势,大胆创新管理和项目运作模式。

2. 结合社会需求和组织能力的项目设计是支持性社会组织能力建设的重要模块。

3. 支持性社会组织通过孵化和引导辅助公益项目与公益组织赢得成长的时间和机会,探索合适的社会组织发展道路。

本章小结

第三部门能力建设分类有:一般能力与特殊能力,基本能力与综合能力,内部能力与外部能力,有形能力与无形能力。

第三部门能力建设有利于增强第三部门在社会治理中的主体地位,推动第三部门面对多样化的社会需求,提供质量更高、范围更广的服务。

第三部门能力建设需要结合组织的运行环境具体分析,通过多元路径实现第三部门能力建设迈向新台阶。

本章思考题

1. 第三部门能力建设包括哪些类型?
2. 第三部门能力建设面临的困境有哪些?
3. 第三部门的能力建设可从哪些方面展开?

阅读书目

1. 马庆钰等:《社会组织能力建设》,中国社会出版社 2011 年版。
2. 王思斌主编:《社团的管理与能力建设》,中国社会出版社 2003 年版。

3. 徐家良等:《新时期中国社会组织建设研究》,中国社会科学出版社2016年版。

4. 张冉编著:《行业协会能力建设》,上海交通大学出版社2013年版。

5. 白少飞:《慈善组织能力建设》,中国社会出版社2014年版。

6. 张志刚:《非政府组织文化建设》,人民出版社2012年版。

第九章　慈善事业可持续发展

【本章教学目标】

慈善事业关乎人民福祉和社会公平,是社会保障体系的有益补充。如何推动慈善事业的可持续发展是第三部门研究领域的重要课题。本章将围绕"慈善事业可持续发展"这一主题,具体分析慈善事业的概念、特点和功能,厘清慈善事业可持续发展的条件和再发展过程中需要处理的多重关系,实现对慈善事业可持续发展的全面把握和理解。

第一节　慈善事业的概念、特点和功能

完善社会救助、社会福利、慈善事业、优抚安置等制度是我国社会保障体系的重要组成部分。慈善事业已经成为解决人民日益增长的美好生活需要和不平衡不充分的发展之间矛盾的重要制度之一,发展慈善事业成为党和政府的一个重点工作和社会各界关注的焦点。

一、慈善事业的概念与特点

(一)慈善事业的概念

慈善是一种古老和常见的行为,"在中国很早就成为促进社会治理、维持社

会物质文明再生产的必要手段"①。中国传统的"儒""释""道"等多元文化对中国慈善发展影响深远,儒家、道家、佛教、墨家传播的仁爱、善恶报应、慈悲因果、兼爱等理念成为慈善活动的重要支撑。儒家慈善思想对中国慈善事业发展影响巨大,儒家主张的"仁爱"思想讲求"人不独亲其亲,不独子其子,使老有所终、壮有所用、幼有所长、鳏寡孤独废疾者皆有所养"②,认为"仁者爱人,礼者敬人。爱人者,人恒爱之;敬人者,人恒敬之"③。西方国家慈善事业的发展深受宗教观念的影响,如基督教倡导的博爱观念成为英文中 charity 的词源。西方现代慈善则是志愿精神和资本精神融合的产物,志愿精神源于对规则、法律以及自我承担责任的认同。

慈善事业不同于个人、企业的个体慈善行为,学界对慈善事业的概念众说纷纭,有学者认为"慈善事业在不同的社会形态和社会制度下有不同的表现形式,但从本质上讲,慈善事业是一种救济行为,施惠者与受惠者是慈善事业的两个基本要素"④。《中国大百科全书》将慈善事业解释为"由民间的社会团体或宗教团体出面组织的专门为社会上脆弱的或不幸的群体及个人提供与社会福利相关的服务。一般由慈善机构等专门的社会团体承办,可作为政府举办的社会保障事业的补充"⑤。

慈善事业是一种制度性安排。经典作家没有系统论述慈善事业的发展,但预示了慈善事业的未来发展。马克思指出,未来社会也需要"为丧失劳动能力的人等等设立的基金,总之,就是现在属于所谓官办济贫事业的部分"⑥。中国人民大学郑功成教授指出,慈善事业是一项有着实质内容的道德事业和现代社会保障体系中的必要组成部分,是指建立在社会捐献经济基础之上的民营社会性救助行为,是一种混合型社会分配方式。⑦ 中国社会科学院李培林教授指出,"慈善事业应作为第三次分配的主要形式而进入生产、分配、交换、消费的物质

---

① 李培林:《慈善事业在我国社会发展中的地位和作用》,《新华文摘》2015 年 10 月 19 日。
② 张延成、董守志:《四书五经详解·礼记》,金盾出版社 2010 年版,第 219—220 页。
③ 金良年:《孟子译注》,上海古籍出版社 2012 年版,第 131 页。
④ 张奇林:《论影响慈善事业发展的四大因素》,《经济评论》1997 年第 6 期。
⑤ 于友先主编:《中国大百科全书(第二版简明版)》(第四卷),中国大百科全书出版社 2011 年版,第 79 页。
⑥ 《马克思恩格斯选集》(第 3 卷),人民出版社 2012 年版,第 362 页。
⑦ 郑功成:《构建和谐社会 郑功成教授演讲录》,人民出版社 2005 年版,第 447 页。

文明生产的环节,成为维持和促进社会物质文明生产的必要手段",慈善事业也是"社会主义精神文明建设的重要内容"①。2004年中国共产党十六届四中全会通过《中共中央关于加强党的执政能力建设的决定》,第一次将慈善事业明确写入党的文件,提出要"健全社会保险、社会救助、社会福利和慈善事业相衔接的社会保障体系"。另外,国务院于2007年3月31日发布《人体器官移植条例》,自2007年5月1日起施行。2010年3月,人体器官捐献体系首先在上海、天津、辽宁、山东、浙江、广东、江西、福建厦门、江苏南京、湖北武汉等十个省(市)开始试点。2017年中国共产党十九大报告进一步明确提出,"完善社会救助、社会福利、慈善事业、优抚安置等制度"。慈善事业在制度建设层面焕发了新的光彩,成为我国多层次社会保障体系的重要组成部分。因此,慈善事业是自然人、法人和其他组织以捐赠财产、提供服务或器官捐献等方式自愿开展慈善活动,国家通过各种政策予以支持和规范,共同促进收入再分配,发展慈善文化,进而实现社会整合和社会团结的一种制度安排。

(二)慈善事业的特点

作为一种制度安排,现代慈善事业既承继了传统慈善的利他性、社会性、救助性等特点,又具有鲜明的组织化、制度化、规模化等特征。新时代给我国当前的慈善事业赋予鲜明的时代特点。

(1)慈善事业是社会保障体系的重要组成部分。慈善事业在防止贫富分化、助力脱贫攻坚等方面发挥着重要作用。慈善事业有效地促进了民间组织和第三部门作用的发挥,有效地调动各方面的积极性,为个体的全面发展和经济社会的良性发展提供了保障和支持。慈善法明确规定,县级以上人民政府应当根据经济社会的发展情况,制定促进慈善事业发展的政策和措施,国家为慈善事业提供金融政策支持,建立慈善表彰制度。慈善事业的制度建设日益完善。

(2)慈善事业有清晰的发展目标。中共十九大以后,社会的主要矛盾发生了变化,民众对于美好生活的需求日益提升,并呈现出多元化的趋势,这为新时代慈善事业的发展提供了清晰的目标。新时代慈善事业的发展应当聚焦于民众日常生活,回应民众的多元化诉求,实现慈善事业的进一步发展。

---

① 李培林:《慈善事业在我国社会发展中的地位和作用》,《新华文摘》2015年10月19日。

（3）慈善事业是国家治理体系和治理能力现代化进程中的一部分。十九大报告指出,要不断推进国家治理体系和治理能力现代化,并提出到2035年国家治理体系和治理能力现代化的目标要基本实现。十九大报告提出的实施乡村振兴战略、加强思想道德建设、推动文化事业发展、打赢脱贫攻坚战、实施健康中国战略、推进香港澳门互利合作、扩大两岸经济文化交流、积极发展全球伙伴关系、构建人类命运共同体等诸多内容,都为慈善事业参与国家治理提供了具体参与路径,为慈善事业全面参与"五位一体"总体布局、全面参与中国特色社会主义新时代建设提供了政策基础、方向指引和行动指南[①],为慈善事业全面融入国家治理体系和治理能力现代化进程提供了重大机遇。

二、慈善事业与相关概念的比较

（一）慈善事业与社会救助的联系与区别

慈善事业与社会救助都具有扶贫济困、促进社会公益发展的功能,两者在宗旨、目标、资源整合等多方面存在共性,而且党和政府也通过一系列政策的推行来促进慈善事业与社会救助的衔接和协同。根据2014年国务院印发的《关于促进慈善事业健康发展的指导意见》,慈善事业与社会救助可以在三个方面实现衔接和协同:第一,信息对接机制,即通过建立民政部门与其他社会救助管理部门之间信息的共享机制,形成社会救助信息和慈善资源的信息有效对接。第二,功能协同机制,即对于经过社会救助后仍需要帮扶的救助对象,民政部门要及时与慈善组织、社会服务机构协商,实现政府救助与社会帮扶有机结合,做到因情施救、各有侧重、互相补充。第三,监督规范机制,即社会救助信息和慈善资源信息同时向审计等政府有关部门开放,构建更加开放的监督规范机制。

社会救助是指国家和社会对依靠自身能力难以维持基本生活的公民提供物质帮助和服务,是保民生、托底线、救急难、促公平的基础性制度安排,关系到困难群众切身利益的维护和保障,关系到党和政府执政理念的实现和执政根基的稳固,关系到我国社会主义制度优越性的体现。获取社会救助是我国宪法规

---

① 刘福清:《让慈善事业在新的历史方位上逐梦前行》,《中国社会组织》2017年第22期。

定的一项公民权利,基于社会救助权利形成了政府通过再分配或转移支付对特殊人群实施救助的制度。当前我国社会救助制度坚持保民生、托底线、救急难、促公平,与其他社会保障制度相衔接,实现了与经济社会发展水平相适应。国务院 2014 年 2 月发布的《社会救助暂行办法》对我国各项社会救助制度进行了全面系统规定。政府实施社会救助的资金主要来源于财政预算,"慈善事业的存在与发展,首先需要具备相应的道德基础,并且只能建立在社会成员善爱之心的道德基础之上,这与政府举办的纳入公共政策或法律制度的社会保障事业有着根本性的区别"[①]。相较于社会救助,慈善事业的应用范围与力量调动更加广泛与多元。

（二）慈善事业与公共服务的联系与区别

不论政府机关、公共部门,还是社会组织、慈善组织,都是公共服务的供给主体,都是公共服务体系的重要组成部分。十九大报告指出,要完善公共服务体系,保障群众基本生活,不断满足人民日益增长的美好生活需要,不断促进社会公平正义。2018 年中共中央办公厅和国务院办公厅联合印发的《关于建立健全基本公共服务标准体系的指导意见》进一步明确,要推进政府购买公共服务,鼓励开展创新试点示范。近年来,我国社会组织参与公共服务供给已经取得了明显进步,慈善组织自身的志愿性和专业性优势在提供公共服务方面已经成为政府有益的补充和替代。

公共服务是指为满足社会成员的公共需要而提供的公共产品和公共服务。公共服务提供的主体是政府,以税、费或志愿性劳动作为提供的成本,是社会存在和可持续发展的重要基础。[②] 我国基本公共服务包含幼有所育、学有所教、劳有所得、病有所医、老有所养、住有所居、弱有所扶以及优军服务保障、文体服务保障九个方面的内容。2012 年 7 月国务院出台的《国家基本公共服务体系"十二五"规划》提出了基本公共服务国家基本标准,明确供给有效扩大、发展较为均衡、服务方便可及、群众比较满意四个主要目标,最终实现基本公共服务均等化。

---

① 郑功成等:《当代中国慈善事业》,人民出版社 2010 年版,第 4 页。
② 刘志昌:《国家治理与公共服务现代化》,浙江人民出版社 2015 年版,第 18 页。

三、慈善事业的功能

慈善法从立法层面构建了慈善事业的主要功能,包括以下七项功能。

(一)扶贫、济困的功能

近年来,中共中央一直把脱贫攻坚任务作为重大战略予以部署。根据2018年公布的《中共中央国务院关于打赢脱贫攻坚战三年行动的指导意见》,未来3年,还有3000万左右农村贫困人口需要脱贫,其中因病、因残致贫比例居高不下,在剩余3年时间内完成脱贫目标,任务十分艰巨。现阶段我国社会保障制度和体系还不够完善,政府的人力、物力、财力难以兼顾各方面需求,慈善事业作为一种相对灵活、开放的社会保障制度安排,可以深入社会各个角落,通过连接各种社会资源、发挥各种社会力量的作用,实现扶贫、济困功能,助力打赢脱贫攻坚战,夯实贫困人口稳定脱贫基础,助力全面小康建设。相较于以往行政化扶贫的方式,慈善信托制度的优势在于扶贫资金与资源不再主要靠政府提供,且信托资产多元、可持续。[①] 社会组织在保证信托资产保值增值的基础上,可以将全部收益用于扶贫事业,避免扶贫中可能出现的腐败问题,有助于构建长效的扶贫机制。

(二)扶老、救孤、恤病、助残、优抚的功能

根据2018年中共中央、国务院印发的《"十三五"国家老龄事业发展和养老体系建设规划》,预计到2020年,全国60岁以上老年人口将增加到2.55亿人左右,占总人口比重提升到17.8%左右;高龄老年人将增加到2900万人左右,独居和空巢老年人将增加到1.18亿人左右,老年抚养比将提高到28%左右。孤儿、大病患者、残疾人、优待对象和抚恤对象等也同样需要更多的关注和支持,但扶老、救孤、恤病、助残、优抚等方面的服务有效供给不足,质量、效益不高。因此,慈善事业应通过面向老年人、孤儿、大病、残疾人、优待对象和抚恤对象开展募捐捐赠、志愿服务、慈善信托、安全知识教育、急救技能培训、突发事故防范等形式多样的慈善活动,实现政府救助与社会帮扶有机结合,为老年人、孤儿、大病

---

① 苑莉莉:《贫困治理创新中的慈善信托研究——基于网络化治理的视角》,《中国第三部门研究》2017年第1期。

患者、残疾人、优待对象和抚恤对象群体等提供更多服务和支持。

（三）减轻突发事件危害的功能

《中华人民共和国突发事件应对法》规定,自然灾害、事故灾难、公共卫生事件和社会安全事件是突发事件的主要表现形式,并按照危害程度划分为特别重大、重大、较大和一般四级。在重大突发事件发生后,慈善事业可以在组织应急救援队伍、整合社会力量参与应急处置和救援等方面发挥作用,还可在事后恢复与重建过程提供有效支持,进而有效减少突发事件造成的损害。

（四）促进教育、科学、文化、卫生、体育等事业发展的功能

教育、科学、文化、卫生、体育等事业具有促进社会平等的功能,而慈善事业在支持教育、科学、文化、卫生、体育等事业发展方面一直发挥着重要作用,与上述各项事业形成良性互动的发展格局。我国的教育、科学、文化、卫生、体育等事业发展需要更多社会力量的支持,基金会、社会团体等社会组织在教育、科学、文化、卫生、体育等事业的发展过程中扮演着日益重要的角色,也承担着日益重要的使命。

（五）保护和改善生态环境的功能

中共十九大报告提出要打好污染防治的攻坚战,着力解决突出环境问题,坚持全民共治、源头防治,持续实施大气污染防治行动,打赢蓝天保卫战。慈善力量可以通过组织、实施、参与植树造林、改造盐碱地、防治大气污染、治理沙漠、防治沙尘暴等慈善活动,加大污染防治、生态改善等方面的工作力度,积极承担防治污染和其他公害、保护和改善生态环境的功能。

（六）促进器官捐赠的功能

公民自愿进行无偿献血、遗体和人体器官捐献、造血干细胞捐献,能够让其他生命体健康而有尊严。慈善事业在推动无偿献血、遗体和人体器官捐献、造血干细胞捐献方面具有天然的优势。

（七）促进其他方面社会公共利益发展的功能

慈善事业在解决公平和效率的矛盾方面作用独特。慈善事业通过规模化、组织化、制度性的分配,促进社会资源和财富在各阶层之间重新流动和重新分配,进而实现社会公平,并通过弘扬慈善文化的方式提升社会文明程度。

阅读材料

两名中国富豪加入"捐赠誓言":承诺捐出一半以上财富

2019年5月28日,由盖茨夫妇以及巴菲特在2010年成立的捐赠承诺组织"捐赠誓言"(The Giving Pledge),公布了19名新签署承诺的慈善人士名单,加入"捐赠誓言"的富豪承诺将自己一半以上的财富捐献给慈善组织或用于慈善事业。

这份名单引人关注的除了世界首富、亚马逊创始人杰夫·贝索斯(Jeff Bezos)的前妻麦肯齐·斯科特(MacKenzie Scott),还有两位慈善家来自中国,分别是来自湖北省的刘道明和香港特别行政区的本·德洛(Ben Delo)。

据盖茨基金会披露,2016年,刘道明创办美好公益基金会,组织培训志愿者,为社区孤独、老弱、贫困人群提供帮助。1990年以来,刘道明累计为社会慈善事业捐款2亿余元。

盖茨基金会介绍,"捐赠誓言"是一项全球性、跨世代的倡议,致力于促进形成良好的捐赠文化,帮助解决最为紧迫的社会问题。"捐赠誓言"宣誓人承诺将半数以上财富投入慈善事业。他们会组织聚会,相互学习分享相关知识,从而不断提高慈善捐赠的效率。

不过,"捐赠誓言"既不直接参与筹款,也不为任何特定目的或组织提供资金支持。

加入"捐赠誓言"的204位慈善家的年龄从32岁到94岁不等,分别来自23个国家,包括澳大利亚、巴西、加拿大、中国、塞浦路斯、德国、印度、印度尼西亚、以色列、马来西亚、摩纳哥、挪威、俄罗斯、沙特阿拉伯、斯洛文尼亚、南非、瑞士、坦桑尼亚、土耳其、乌克兰、阿拉伯联合酋长国、英国和美国。美国的捐赠人来自30个州和哥伦比亚特区,其中以加利福尼亚州和纽约州的宣誓人数量最多。

此前已经加入"捐赠誓言"的中国慈善家包括蒙牛创始人牛根生。牛根生在捐赠信中说:"饮水思源,我的成就,离不开别人的帮助。上善若水,帮助别人,在坚持,在潜移默化,在于无声处见惊雷。我立志和盖茨先生、巴菲特先生一道,通过文化,通过教育,来改变弱势群体的命运和未来。并与他们一起,和全球各位优秀的慈善家一道,直面解决全球环境、能源、健康等棘手问题。"此外,加入"捐赠誓言"的中国慈善家还有深圳市海云天投资控股有限公司董事长游忠惠、北京东方君公益基金会发起人董方军等。

(资料来源:《两名中国富豪加入"捐赠誓言":承诺捐出一半以上财富》,澎湃新闻,2019年5月29日。)

第二节 慈善事业可持续发展的新机遇

慈善事业可持续发展需要践行社会主义核心价值观,发挥社会主义核心价值观的引领作用,建立和健全规范慈善事业发展的法律法规,完善制度环境,弘扬慈善文化,夯实慈善事业可持续发展的社会基础。自1978年12月中国实行改革开放政策以来,慈善事业获得了长足发展,各类慈善组织和机构在救灾救助、缓解社会矛盾等方面发挥了重要作用,慈善事业在推动社会发展、促进社会和谐稳定等方面的积极作用日益突出。进入21世纪,党和政府更加重视和支持慈善事业发展,慈善事业可持续发展迎来了新机遇。

一、慈善事业可持续发展的思想和价值引领

(一)慈善事业可持续发展的思想指引

习近平新时代中国特色社会主义思想是马克思主义中国化的最新成果。习近平总书记对慈善事业的相关论述,既忠实传承马克思主义的理论本源,继承中华优秀传统慈善文化的根脉,又结合新技术做出一系列新的重大判断、新的理论概括和新的战略安排。

(1)以马克思主义为中国慈善事业发展的核心指南。中国慈善事业的发展离不开马克思主义的指导,马克思主义为中国慈善事业定基调,保障了慈善事业与互助行为的有效实现。

(2)以人民群众为中心是中国慈善事业发展的根本遵循。以人民群众为中心的思想,是在继承中国共产党人民观的基础上,在治国理政长期实践与思考中逐步形成和完善的。慈善事业发展必须具备大众性和公益性,必须为人民群众服务,这是我国慈善事业的根本出发点。

(二)慈善事业可持续发展的价值引领

现有慈善事业可持续发展的价值引领主要涉及基础引领和核心引领两个层面。

(1)慈善事业可持续发展的基础引领。基础引领涉及国家对慈善事业规范性方面的要求,例如按照法律法规及时进行信息公开和开展慈善事业评估等。

(2)慈善事业可持续发展的核心引领。胡锦涛同志在党的十八大上的报告提出富强、民主、文明、和谐、自由、平等、公正、法治、爱国、敬业、诚信、友善,积极培育和践行社会主义核心价值观。社会主义核心价值观对于慈善事业可持续发展同样适用。慈善事业的发展应严格遵照社会主义核心价值观的要求,在具体环节中贯彻其价值理念,从而推动慈善事业有序、健康和可持续的发展。

二、慈善事业可持续发展的法律和制度环境

(一)法律法规

慈善事业的相关法规不断完善。迄今为止,与慈善事业相关的法律、法规和政策性文件主要涉及慈善组织登记、慈善组织行为规范、相关税收减免优惠及慈善捐赠管理等方面的内容。

有关慈善组织登记方面的法律法规有《社会团体登记管理条例》《民办非企业单位登记管理暂行条例》《取缔非法民间组织暂行办法》《基金会管理条例》;慈善组织行为规范方面的法律法规主要有《关于严格审批和整顿基金会的通知》《中华人民共和国红十字会法》《社会团体年度检查暂行办法》《民政部主管的社会团体管理暂行办法》《民间非营利组织会计制度》《基金会年度检查办法》;慈善捐赠方面的法律法规主要有《救灾捐赠管理办法》;税收优惠政策方面的法律法规主要集中在《中华人民共和国企业所得税法》《中华人民共和国个人所得税法》《中华人民共和国企业所得税法实施条例》《关于公益性捐赠税前扣除有关问题的通知》《中华人民共和国增值税暂行条例》《关于非营利组织企业所得税免税收入问题的通知》《关于非营利组织免税资格认定管理有关问题的通知》。此外,还有大量的地方性法规明确慈善事业的行为规范,例如《江苏省慈善事业促进条例》《上海市募捐条例》等。

随着2016年慈善法的出台,我国已经基本形成以慈善法为主导,包含多项配套政策的法律制度体系。这些配套政策包括《公开募捐平台服务管理办法》《慈善组织认定办法》《慈善组织公开募捐管理办法》《慈善信托管理办法》《慈善组织信息公开办法》《慈善组织保值增值投资活动管理暂行办法》等,涵盖慈善组织登记认定、慈善募捐活动管理、慈善信托运作管理和慈善信息公开等多项事宜,开启了慈善事业制度环境的新局面。

(二)政策制度

在政策方面,2005年11月,民政部发布《中国慈善事业发展指导纲要(2006—2010年)》,这是自中华人民共和国成立后第一次对发展慈善事业做出的战略规划。2014年国务院印发《关于促进慈善事业健康发展的指导意见》,提出进一步加强和改进慈善工作,统筹慈善和社会救助两方面的资源,更好地保障和改善困难群众民生。

三、慈善事业可持续发展的经济、社会和文化基础

(一)慈善事业可持续发展的经济基础

改革开放40多年来,我国经济持续保持中高速增长。随着国民经济的发展,一批国有及民营企业迈入世界500强行列,城乡居民收入增速超过经济增速,中等收入群体持续扩大。国家、企业和城乡居民经济实力的增长,无疑为慈善事业的可持续发展创造了雄厚的经济基础。

(二)慈善事业可持续发展的社会基础

共建共治共享的社会治理格局为慈善事业的发展奠定了社会基础。首先,慈善事业共建是对慈善结构的创新,为容纳多元主体参与创制环境;其次,慈善事业共治主要体现在治理层面营造共建形成的良好环境,以政府为主导,吸纳企业、社会组织、事业单位与个人共同参与,实现慈善事业的效用最大化;最后,慈善事业共享让每一个参与主体都享受到慈善事业给予的物质或精神收益,及时获得社会的支持,共同获取更多更广泛的空间和机会。

(三)慈善事业可持续发展的文化基础

慈善文化是中国核心文化的重要组成部分,《孟子》中提到"老吾老以及人

之老,幼吾幼以及人之幼",以及当代社会主义核心价值观等,都与慈善文化密切相关。慈善不仅是一种生活方式,也是一种工作方式,人们在日常生活中能够接触到多种多样的慈善活动,从而加深对慈善的了解。对慈善事业的从业者而言,慈善是他们的工作,他们需要通过多种方式寻找到解决慈善相关问题的有效路径,提升慈善事业的发展水平。积极健康、昂扬向上的慈善文化建设是引领社会稳定和谐、促进现代慈善事业发展的有力支撑。

第三节 慈善事业可持续发展的宏观与微观议题

慈善事业可持续发展需要处理好宏观层面和微观层面的关系。宏观层面包括慈善与政府、慈善与企业、慈善与社会保障等方面的关系,微观层面则要处理好慈善运行中各种具体问题。

一、慈善事业可持续发展的宏观议题

(一)慈善与政府的关系

政府体制改革要求实现简政放权、放管结合、优化服务的协同发展。"放"意味着政府应该主动向下转移职权,同时协调多部门间的关系,避免权力重叠,影响慈善工作的进度和效果。"管"意味着政府优化监管职能,将"互联网+"等新技术融入慈善事业的监管过程中。"服"意味着转变政府职能,减少政府对市场和社会的干预并提供相关的公共服务。在慈善事业发展的初期,政府需要发挥主导力量。依据中国独特的社会结构,慈善创新要想取得成效,必须确立政府对慈善创新的主导权,即由政府领导社会各个阶层,共同参与慈善创新事业。[①] 随着慈善事业的发展,参与主体也逐渐社会化和多元化,慈善组织逐渐成为慈善事业的重要主体,在专业性方面发挥出比政府更加强大的作用。

(二)慈善与企业的关系

企业的发展为慈善事业提供了雄厚的资金。企业参与慈善是社会发展到

---

① 褚蓥:《市场自由,还是政府主导?——论中国慈善创新的出路》,《华南师范大学学报(社会科学版)》2018年第4期。

一定阶段产生的,企业承担慈善责任是实现企业社会价值的重要方式。企业慈善是企业社会责任的重要组成部分。[①] 企业构建和发展慈善文化会对企业的内部管理和外部形象产生潜移默化的影响,促使企业向更高水平发展。企业参与慈善事业,可以为国家、社会排忧解难,既有利于全面建设小康社会,实现共同富裕,促进社会和谐,同时也有利于提高企业的社会知名度和公信力,使企业获得一定的社会效益和较好的经济效益。

(三)慈善与家庭的关系

西方有一句谚语是"慈善始于家庭"。这意味着,对家人尽责是每个人的首要义务,从能做的事开始践行慈善,把慈心善行落实到日常生活当中,从这个意义上说,家庭是慈善事业发展的重要场域之一。同时,慈善让家庭更加具有凝聚力,为家庭和谐美满提供精神层面的支持。

(四)慈善与个体关系

慈善是人的事业,需要个体的充分参与。慈善法第三十四条规定,本法所称慈善捐赠,是指自然人、法人和其他组织基于慈善目的,自愿、无偿赠予财产的活动。慈善行为既可以是集体性的,也可以是个体性的。例如慈善法第三十五条规定,捐赠人可以通过慈善组织捐赠,也可以直接向受益人捐赠。

二、当前慈善事业可持续发展微观议题

(一)慈善支出比例问题

慈善法第六十条规定,慈善组织应当积极开展慈善活动,充分、高效运用慈善财产,并遵循管理费用最必要原则,厉行节约,减少不必要的开支。慈善组织中具有公开募捐资格的基金会开展慈善活动的年度支出,不得低于上一年总收入的百分之七十或者前三年收入平均数额的百分之七十。2016 年 10 月 11 日,民政部、财政部、国家税务总局印发《关于慈善组织开展慈善活动年度支出和管理费用的规定》的通知,沿用了支出比例的相关规定。该文件第七条规定,慈善组织中具有公开募捐资格的社会团体和社会服务机构年度慈善活动支出不得低于上年总收入的百分之七十;第八和九条则对于不具有公开募捐资格的基金

[①] 何华兵:《中国企业慈善:政府主导与多元参与——以 G 公司为例》,《新视野》2018 年第 3 期。

会、社会团体和社会服务机构,按照上年末净资产额,设置了6%—8%的不同年度慈善活动支出比例。虽然对于大型慈善机构而言,抛除支出后的留存比例基本能够支撑机构的生存、发展,但对小型慈善机构而言则是杯水车薪。

(二)慈善组织管理费问题

慈善组织控制和节约管理成本是慈善资源效用最大化的应有之义。因此慈善法第六十条规定,慈善组织年度管理费用不得超过当年总支出的百分之十,特殊情况下,年度管理费用难以符合前述规定的,应当报告其登记的民政部门并向社会公开说明情况。《关于慈善组织开展慈善活动年度支出和管理费用的规定》明确要求,具有公开募捐资格的社会团体和社会服务机构年度管理费用不得高于当年总支出的百分之十三,具有公开募捐资格的基金会年度管理费用不得高于当年总支出的百分之十。然而从实际运行情况来看,百分之十的年度管理费用基本满足大型慈善组织的需求,对小规模慈善组织则是入不敷出。因此,《关于慈善组织开展慈善活动年度支出和管理费用的规定》亦于第十一条规定,慈善组织的年度管理费用低于20万元人民币的,不受该文件的年度管理费用比例限制。

(三)慈善组织双重管理与直接登记问题

培育程度不足与登记门槛过高,一直是制约我国社会组织发展的重要因素。按照《关于改革社会组织管理制度促进社会组织健康有序发展的意见》,国家对在城乡社区开展为民服务、养老照护、公益慈善、促进和谐、文体娱乐和农村生产技术服务等活动的社区社会组织,采取降低准入门槛的办法,支持鼓励发展。该意见指出,重点培育、优先发展行业协会商会类、科技类、公益慈善类、城乡社区服务类社会组织,稳妥推进直接登记制度。但此处可直接登记的公益慈善类组织只包括"提供扶贫、济困、扶老、救孤、恤病、助残、救灾、助医、助学服务"的组织,并未涵盖慈善法所规范的所有类型慈善组织。对直接登记范围之外的其他社会组织,继续实行登记管理机关和业务主管单位双重负责的管理体制。因此,慈善组织管理体制被分成了直接登记和双重管理两类,未能形成统一的登记管理模式。

(四)登记注册资金额问题

慈善组织的登记注册资金的门槛有所提高。《基金会管理条例》第八条规定,设立全国性公募基金会的原始基金不低于800万元人民币,地方性公募基金会的原始基金不低于400万元人民币,非公募基金会的原始基金不低于200万元人民币;原始基金必须为到账货币资金。《社会组织登记管理条例(草案征求意见稿)》则要求在国务院的登记管理机关登记的基金会注册资金不得低于6000万元人民币,一般基金会的注册资金不得低于800万元人民币,且为到账货币资金。较之于《基金会管理条例》,注册资金的要求急剧提升,给小型基金会成立造成一定困难。

(五)信息平台的参与权

慈善法第六十九条规定,县级以上人民政府应建立健全慈善信息统计和发布制度。县级以上人民政府民政部门应当在统一的信息平台,及时向社会公开慈善信息,并免费提供慈善信息发布服务。慈善组织和慈善信托的受托人应当在规定的平台发布慈善信息,并对信息的真实性负责。根据法律的授权,民政部指定了30家慈善组织互联网募捐信息平台,包括腾讯公益平台、蚂蚁金服公益平台、淘宝公益平台、百度公益平台、新浪微公益平台等国内知名的第三方公益平台。慈善组织互联网募捐信息平台已经成为慈善事业高质量发展的重要力量。

案例分析

信托公司探索可持续公益之路

在四川康定折多山下的泽瓦乡水桥村营官小学,台下的小卓玛笑靥如花。台上的"大人们"宣布"贫困家庭收入增长奖励计划"及"青少年教育促进计划"成立时,她其实并不明白是什么意思。但她告诉记者,校服、帽子、书包、桌椅都是"大人们"带来的。

"大人们"是从成都、北京、上海、青岛等地集结而来的四川信托志愿者。上述两个计划则是四川信托2016年与康定市建立结对帮扶机制,为当地量身定制的一份精准扶贫方案,而帮扶资金来源于2017年8月刚刚成立的"四川信托·帮一帮慈善信托"。

资料显示,水桥村平均海拔达到3700米,是典型的高寒村,村民祖祖辈辈靠种青稞、养牦牛作为收入来源,人均年收入仅2800元。2017年9月20日上午,营官小学操场汇聚了全校近 100 名学生,包括幼儿园和小学一至三年级。小卓玛和她的弟弟在幼儿园上学,她说很喜欢幼儿园的滑梯,特别好玩。她喜欢的这些室外游乐设施也是四川信托捐赠的,价值约 6 万元。显然,它们带来的善意和快乐无法估量。小卓玛挨着一位志愿者阿姨拍照。"见过好几次了。"她说。据了解,四川信托 2016 年与康定市建立结对帮扶机制,对水桥村考察和走访后,迅速成立扶贫帮困领导小组,由公司总裁担任组长,组织志愿者分期分批进村推进精准扶贫,四川信托的全体员工都是志愿者。

针对此次"两个计划"的扶贫方案,四川信托监事会主席兼工会主席孔维文介绍称,这是为该地区量身定制而成。一是对贫困家庭收入增长进行奖励,旨在授人以渔,引导贫困家庭树立信心,早日脱贫;二是制订青少年教育促进计划。

据了解,在"青少年教育促进计划"中,四川信托将对水桥村学习优秀及成绩进步的在校贫困学生进行助学奖励,助学金额依据教育阶段设定为每人 800 元到 5000 元不等。学生代表卓玛青措小姑娘说:"我们会努力学习,树立远大理想,早日成为有用之才。"

此次帮扶水桥村的 37.8 万元资金便来源于"帮一帮慈善信托",由四川信托联合四川省慈善总会发起设立,信托公司充分发挥专业资产管理能力,使慈善资产保值增值,扩大和提高善款对困难群体帮助的范围、持久度和有效性。这一慈善信托的落地则得益于 2016 年 9 月正式实施的慈善法,信托公司作为慈善信托受托人得以立法明确。当年 10 月 12 日,"四川信托·锦绣未来慈善信托计划"成功报备,成为自慈善法实施以来,四川首单正式落地的慈善信托项目,善款全部用于儿童尤其是留守儿童相关的助学、医疗、助残、治病等项目。

"目前,四川信托的第三款慈善信托已经成立并正在备案,第四款慈善信托也正在准备中。"四川信托总裁助理马振邦告诉记者。

慈善,应是长久的坚持与守望;"金融+慈善"则赋予这种长久以新动能。长期以来,我国一直鼓励和支持金融行业发展公益信托业务,信托公司在探索"金融+慈善"的路上不曾停步。

《中国信托业 2016 年度社会责任报告》显示,2016 年,信托行业积极参与公益慈善,全年共成功备案慈善信托 22 单,合同规模约为 30.85 亿元。通过对信托资金进行依法合规投资运作,使信托财产实现保值增值,并将收益投向公益慈善事业,搭建起一个长期持久透明的公益救助平台,打造可持续的公益信托模式。

马振邦表示,公益信托原本就是信托重要的一部分,接下来四川信托还将成立更多的慈善新计划,帮助更多的贫困人群,促进慈善事业长远发展。临别时,小卓玛对这些来自信托公司和慈善组织的志愿者们挥手告别说:"很高兴认识你们。"

(资料来源:胡萍:《信托公司探索可持续公益慈善之路》,《金融时报》2017年9月30日。有删改。)

分析要点

1. 慈善信托拓展了传统公益在资金和空间等方面的活动空间,促使更多的捐赠人和资金进入慈善事业之中。

2. 信托公司需要强化自身建设,加大技术更新、队伍建设和信息公开的力度,提升机构的公信力。

3. 坚实的法律保障是推动慈善信托深度发展的必要保障。

本章小结

本章主要讲述了围绕慈善事业可持续发展的重要议题,需要把握以下四个方面的内容。

第一,了解慈善事业的概念、特点,辨析其与社会救助、公共服务的联系与区别。

第二,了解慈善事业的七方面功能:扶贫、济困的功能,扶老、救孤、恤病、助残、优抚的功能,减轻突发事件危害的功能,促进教育、科学、文化、卫生、体育等事业发展的功能,保护和改善生态环境的功能,促进器官捐赠的功能,以及促进其他方面社会公共利益发展的功能。

第三,掌握慈善事业可持续发展所需的思想和价值引领,法律和制度环境,以及经济、社会和文化基础。

第九章 慈善事业可持续发展

第四,了解慈善事业所需处理的与政府、企业、家庭和个体的宏观关系,以及慈善支出比例问题、慈善组织管理费问题、慈善组织双重管理与直接登记问题、登记注册资金额问题和信息平台的参与权五方面微观议题。

 本章思考题

1. 慈善事业在当前社会发展中能够承担什么样的功能?
2. 如何促进慈善事业健康可持续发展?
3. 互联网等新技术对慈善事业发展带来哪些影响?

阅读书目

1. 金锦萍:《中国非营利组织法前沿问题》,社会科学文献出版社2014年版。
2. 李德健:《英国慈善法研究》,法律出版社2017年版。
3. 李芳:《慈善性公益法人研究》,法律出版社2008年版。
4. 郭超、沃尔夫冈·比勒菲尔德:《公益创业:一种以事实为基础创造社会价值的研究方法》,徐家良、谢启秦、卢永彬译,上海财经大学出版社2017年版。
5. 〔美〕佩内洛普·卡格尼、伯纳德·罗斯:《全球劝募:变动世界中的慈善公益规则》,徐家良、苑莉莉、卢永彬译,上海财经大学出版社2018年版。
6. 解锟:《英国慈善信托制度研究》,法律出版社2011年版。
7. 赵磊:《公益信托法律制度研究》,法律出版社2008年版。
8. 褚蓥:《美国公共慈善组织法律规则》,知识产权出版社2015年版。

第二部分

分　论

　　第三部门的主体多元化和治理环境复杂性要求对第三部门的管理和建设必须尊重不同类型第三部门的属性和特征,针对不同属性和特征采取不同的发展策略,推动各类第三部门蓬勃发展。分论部分对社会团体、社会服务机构、基金会、境外非政府组织和事业单位等具有典型特征的第三部门展开详细的介绍。限于篇幅,分论部分将不再对宗教团体、社会企业等第三部门进行详细介绍。

第十章 社会团体

【本章教学目标】

社会团体是第三部门中的有机组成部分,它通过表达会员意愿、维护会员权益、促进公共利益等方式发挥积极的作用。本章介绍了社会团体的概念和特征,并对社会团体进行分类,梳理回顾了国内外社会团体发展的过程和现状,阐述了社会团体的内部管理制度与类别。

第一节 社会团体概述

社会团体是社会组织的重要组成部分,是中国共产党和政府团结与联系群众的桥梁和纽带,在政治建设、经济建设、社会建设、文化建设、生态建设和对外交往中发挥着积极的作用。

一、社会团体的概念与特征

(一)社会团体的概念

一部分学者认为,从正面描述社会团体很难,可从反面来定义社会团体。即通过解释"社会团体不是什么",进而揭示"社会团体是什么"。这种学说主张,社会团体既非政府组织,也非营利组织。① 国外较为公认的社会团体的定义由世界银行提出:社会团体是指一国公民根据宪法赋予的结社权而自愿组成,为实现会员的共同愿望,按照其章程开展活动的非营利性的社会组织,包括各类学会、协会、研究会、促进会、联谊会、联合会、基金会、商会等。②《社会团体登记管理条例》规定,社会团体是指中国公民自愿组成,为实现会员共同意愿,按照章程开展活动的非营利性社会组织。

究其本质,社会团体是自然人、法人或其他组织自愿组成,为实现会员的共同意愿,按照章程开展活动的非营利性社会组织。③ 这一概念重点关注了以下三个方面:一是主体。社会团体的成员是自然人、法人或其他组织,不仅包括中国公民,还包括外国公民。二是组织形式。通过会员的方式,体现共同意愿,这些共同意愿包括互益性和公益性的。大多数情况下是自愿成立的,少部分情况下由法律法规规定成立,如公证协会是依据公证法成立起来的。三是特性。社会团体是非营利性的组织,不分配利润。

(二) 特征

根据其宗旨与任务的要求,社会团体具有以下七个方面的特征。

(1) 组织性。社会团体按照一定的组织原则组建起来,这些原则不仅包括规定社会团体宗旨与使命的章程,而且还有组织成立、管理运行和终止程序等方面的规定,以确保社会团体运行的规范性与合法性,提高行政效率。

(2) 自愿性或强制性。社会团体的成员根据兴趣、爱好、职业需求自愿参加社会团体。自愿性体现在入会自由和退会自由,社会团体成员既可以选择加入某一个团体,也可以选择退出某一个团体。这种自愿性与公共权力的强制性形成较大的反差。

当然,有一些社会团体同样具有强制性色彩。由于行使政府授予或委托的公共权力,为了确保权利与义务的对等性,法律法规明确规定,相关行业从业者

---

① 王名、刘国翰、何建宇:《中国社团改革——从政府选择到社会选择》,社会科学文献出版社2001年版,第16页。

② Avner Greif, "Contracting, Enforcement, and Efficiency: Economics beyond the Law," paper delivered to Annual World Bank Conference on Development Economics, Washington DC, 1997, pp. 25-26.

③ 徐家良编著:《社会团体导论》,中国社会出版社2011年版,第1页。

必须加入相应的社会团体,以遵守共同的规范,如律师协会、注册会计师协会等。

(3) 合法性。社会团体的活动受到《社会团体登记管理条例》的限制,成立社会团体,须经其业务主管单位或指导单位同意,并依照规定向民政部门登记。同时,下列社会团体不在登记范围,免于登记:参加中国人民政治协商会议的人民团体,即八大人民团体;由国务院机构编制管理机关核定,并经国务院批准免于登记的团体,如中国作家协会、中国法学会、中国人民对外友好协会、中国国际贸易促进委员会、中国残疾人联合会、中国职工思想政治工作研究会、欧美同学会等;机关、团体、企业事业单位内部经本单位批准成立、在本单位内部活动的团体,如高校内的各种学生社会团体。包括八大人民团体在内的22家全国性组织被统称为群团组织。群团组织这一概念与党的话语体系直接相关,与群团组织相近的人民团体、社会组织、社会团体等概念的出发点和所处话语体系有所差别,部分属于法律概念,部分属于行政概念,概念之间也存在交叉重合。

(4) 平等性。社会团体平等性反映在两个方面:一是社会团体内部成员的平等性。加入社会团体的成员,只在社会团体中担任的职务有所不同,在权利方面没有什么区别。会长、秘书长在行使职务时,必须遵守由职务行使所赋予的更高的义务。二是社会团体之间的平等性。社会团体有各种类别,有的是学术性的、联谊性的,有的是专业性和行业性的,有的侧重于互益性,少部分侧重于公益性,但它们在法律层面都是社会团体法人,独立行使法律所规定的权利,承担相应的义务。社会团体之间没有领导与被领导的关系,只有指导与被指导的关系。

(5) 非营利性。社会团体的章程明确规定,社会团体的宗旨是不以营利为目的。社会团体通过提供互助服务、公共服务等活动取得一定的经济收入,但与企业组织的利润可分配性不同,社会团体成员不能参与剩余收入的分配。组织利润只能用于辅助其所从事的互益性和公益性事业的发展,而且,社会团体所拥有的资产不得以任何形式转变为私人所有,一旦社会团体解散或破产,它的剩余资产只能交由政府或相应的非营利组织处理。

(6) 互益性/公益性。政府组织提供的是垄断性的公共物品,企业组织提供的是竞争性的私人物品,社会团体提供的是竞争性的公共物品。竞争性的公共物品包括两个方面的内容：一是提供给社会不特定多数成员的公益性公共物品，其受益对象是所有的社会成员，不明确界定受益人，如生态保护；二是提供给社会团体成员的互益性公共物品，其受益对象是特定条件下的特定成员，如校友会。

不论是学术性社会团体、联合性社会团体，还是专业性社会团体、行业性社会团体，都有一个共同的特性，那就是为社会特定成员提供利益满足，这些利益要求包括经济利益要求、政治利益要求、社会利益要求和文化利益要求。

当然，社会团体在直接满足成员利益要求的前提下，一定程度上也会满足社会其他成员的利益要求。社会团体所表达的利益，不仅仅是不同职业、兴趣爱好者们的特殊利益，有时还从特殊利益出发，代表社会事务的公共利益，反映社会整体性的利益诉求。

大多数的社会团体是会员制的，为会员谋取利益，是互益性组织。但少数社会团体，其成立不是为特殊利益会员谋取，而是关注公共问题，维护公共利益，这类社会团体就属于公益性组织，如红十字会、志愿者协会、环境保护组织等。

（7）代表性。社会团体为了维护自身的合法权益，通过直接或间接的方式，代表各自的阶层、职业、兴趣，参与社会事务的管理。社会团体具有众多成员且能代表成员利益，因此成为政党、国家公共权力与社会公众之间进行信息沟通的桥梁，代表不同的阶层和职业群体的意愿，表达社会团体的利益要求，在公共政策活动中施加影响，扮演着不可缺少的作用。[①]

计划经济时期，全能体制下的政府行使了所有的社会职能，因此，社会团体高度依赖政府。随着市场经济的深入，部分社会团体虽然具有一定的独立性，但与政府还是保持密切的联系。一些社会团体既是官方的团体，同时又代表会员的意愿，表达民意。[②] 这样的社会团体具有官民两重特性，独立性与自主性较弱。

[①] 徐家良编著：《社会团体导论》，中国社会出版社2011年版，第5—6页。
[②] 王颖、折晓叶、孙丙耀：《社会中间层——改革与中国的社团组织》，中国发展出版社1993年版，第336页；于晓虹、李姿姿：《当代中国社团官民二重性的制度分析——以北京市海淀区个私协会为个案》，《开放时代》2001年第9期。

二、社会团体的分类

社会团体在政治、经济和文化发展中扮演着重要的角色,其作用具体表现为:第一,关注社会问题,进行政策研讨,为政府提供解决社会问题的新思路;第二,利用在社会经济方面的影响力,促进社会主义市场经济体制的改革与完善;第三,通过开展各项慈善公益活动,推动慈善事业的发展。

根据不同的标准,有不同的社会团体分类。

以规模大小作为标准,可将社会团体分为大规模社会团体、中等规模社会团体、小规模社会团体。

以登记注册机构和地域范围为标准,可将社会团体分为全国性社会团体、地方性社会团体。全国性社会团体在民政部登记注册,地方性社会团体在县级以上民政部门登记注册。

以宗旨与任务为标准,可将社会团体分为互益型社会团体和公益型社会团体。互益性社会团体是为会员服务的,满足会员的诉求与利益;而公益型社会团体没有会员的特殊诉求和利益,主要是实现公共利益。

以功能发挥为标准,可将社会团体分为学术性社团、行业性社团、专业性社团、联合性社团。[①] 这一分类方式见于政策文件中。1989 年,民政部出台《关于〈社会团体登记管理条例〉有关问题的通知》,将社会团体分为学术性社团、行业性社团、专业性社团、联合性社团。(1)学术性社团一般以学会、研究会命名。其中又可以分为自然科学类、社会科学类及自然科学与社会科学的交叉科学类。(2)行业性社团一般以协会(包括工业协会、行业协会、商会、同业公会等)命名。这类社团主要是经济性团体,其中可分为农业类、工业类和商业类等。(3)专业性社团一般以协会、基金会命名。这类社团一般是非经济类的,主要是由专业人员组成或以专业技术、专门资金为从事某项事业而成立的团体。(4)联合性社团一般以联合会、联谊会、促进会命名。这类社团主要是人群的联合体或学术性、行业性、专业性团体的联合体。

以独立性为划分标准,可以将社会团体分为官方社会团体、半官半民社

---

① 齐炳文主编:《民间组织:管理·建设·发展》,山东大学出版社 2000 年版,第 125 页。

团体和民间社会团体。(1)官方社会团体是指与政府关系非常密切,行使政府赋予的部分公共权力,帮助政府了解社会事务、处理社会问题,从而得到政府的扶持与资助。官方社会团体的特点是活动较多依赖于政府,独立性较弱。(2)半官半民社会团体,是指该社会团体具有双重性。一方面,社会团体行使着政府赋予的某些职能,协助政府处理公共事务;另一方面,它不受政府的直接领导,有部分的自主性。(3)民间社会团体是由会员自发成立,不受政府影响和控制的社会团体。民间社会团体的特点是自主选择机构领导,经费自筹,自治性较强。

以政治性倾向为划分标准,可以将社会团体分为政治性社会团体和非政治性社会团体。(1)政治性社会团体是国家为实现国民统合而吸纳特定群体的组织,致力于实现和维护自身的利益。[1] 政治性社会团体具有政府赋予的一些公共权力和资源,具有处理社会事务和社会矛盾的职能,致力于对政府政策产生较大影响,以满足自身社会团体的利益。(2)非政治性社会团体与政府没有直接的关系,也没有得到政府的委托或授权,只是在特定的范围内处理相应的社会事务和社会团体内部的事务,不对政府政策产生影响。

三、社会团体的功能与作用

社会团体作为第三部门的重要组成部分,在政治建设、经济建设、文化建设和社会建设方面发挥着不可替代的作用。

(一)社会团体与政治建设

社会团体本身具有参政议政的功能,可以促进政治民主化和决策科学化,确保决策的公平性和正义性。同时,社会团体承接政府职能是简政放权的重要一环,可以提高政府行政效率。2013 年,国务院首批取消、下放了 133 项行政审批事项,其中有不少与社会团体有直接关系,尤其与科技工作有直接的联系。以通常以"学会"命名的学术类社会团体为例,作为科学研究的共同体,它们拥有较高的学术权威,因此,学会被明确为承接政府职能转移的重要单位,获得来

---

[1] 郭圣莉:《城市社会重构与新生国家政权建设——建国初期上海国家政权建设分析》,复旦大学博士学位论文,2005 年 4 月,第 30—31 页。

自国家的高度信任。学会需要发挥自身优势,找准对接点,主动地参与到政府职能转移中来。

(二)社会团体与经济建设

社会团体中的行业协会、商会是经济性社会组织,发挥行业自律和行业自治的功能,可弥补市场经济的固有缺陷,促进经济可持续发展。当前,加快经济建设,解决发展不充分不平衡的问题,推动社会全面进步,已成为新时代下一项重要任务,因此行业协会、商会大有可为。在现代社会,行业协会、商会已成为经济事务管理的重要载体之一,在维护经济秩序、促进经济发展等方面发挥重要作用。在由计划经济向市场经济转型的过程中,需要发挥行业协会、商会的行业自律作用,配合政府宏观调控,协调市场资源配置,积极制定行业规范、行业标准,发布行业信息,协调行业矛盾,促进产业升级,熟悉国际经济规则,在反倾销和反补贴中扮演积极角色,维护行业合法权益,参与市场秩序的建立和完善,促进市场经济有序发展。[①]

(三)社会团体与文化建设

社会团体是文化建设的主力军,尤其是联合性社会团体,可以通过成立协会和联谊会的形式丰富公众的文化生活。社会团体组织各种形式多样的健康的群众文化活动为社会团体提供了展示才华的舞台,不但促进了社会团体的发展壮大,还为社会和谐稳定做出了贡献。社会团体充分发挥它们的聪明才智,以自编自演的方式,创作了许多反映当地特色、群众喜闻乐见的文艺节目,同时还开展了演出、比赛等丰富多彩的文化活动。[②]

(四)社会团体与社会建设

社会团体是社会建设的重要力量。社会建设涉及教育、科学、文化、卫生、体育、环境保护等各个方面,与人们的幸福生活密切相关。社会团体由不同的会员组成,会员可以在各自工作领域里发挥积极作用,为困难群体和特殊人群提供关爱,为中西部地区的经济与社会发展提供支持、参加脱贫攻坚活动,从而维护社会稳定与和谐。

---

① 徐家良编著:《社会团体导论》,中国社会出版社2011年版,第26页。
② 李华丽:《浅谈社会团体在群众文化中的作用》,《神州民俗(学术版)》2011年第4期。

第二节　社会团体的演变历程与发展趋势

社会团体的演变历程与发展趋势是理解社会团体核心要素的重要来源，本节主要介绍社会团体的演变历程与发展趋势。

一、我国社会团体的演变历程

依据不同标准，会有不同的社会团体的划分阶段。陈天祥等将社会团体的发展分为三个阶段，分别为严密控制阶段、局部发展阶段和甄别性吸纳阶段。[①] 刘祖云、胡蓉把社会团体的发展历程分为四个阶段：一是现代社团的兴起（20世纪初期），二是现代社团的衰落（1927—1949年），三是现代社团的沉寂（1949—1978年），四是现代社团的复苏（1978年至今）。[②] 综合以上研究，可以根据政府政策调整和功能发挥情况，把中国社会团体发展分成以下三个阶段。

（一）初创时期（1949—1977年）

1949年10月中华人民共和国成立后，中国社会团体进入了初创时期，一直到1978年12月中共十一届三中全会为止。在这期间，1950年10月，中央政务院发布《社会团体登记暂行办法》，这一办法对刚成立的社会团体进行了系统调整：一是取缔了遗留的反动社会团体；二是保留并发展了在战争时期建立的社会团体；三是为了国家建设和社会发展的需要而成立了一些新型社会团体。在"文化大革命"期间，社会团体的登记管理工作基本处于瘫痪状态，当时部分社会团体未严格按照审批要求开展活动。

（二）建设时期（1978—2000年）

1978年12月，中共十一届三中全会的召开为中国社会团体的繁荣与发展创造了良好的政治社会环境。1989年，国务院发布《社会团体登记管理条例》，该条例第九条规定，申请成立社会团体，应当经过有关业务主管部门审查同意后，向登记管理机关申请登记。这保证了社会团体在政治层面的可靠性。虽然

---

① 陈天祥、郑佳斯、贾晶晶：《形塑社会：改革开放以来国家与社会关系的变迁逻辑——基于广东经验的考察》，《学术研究》2017年第9期。
② 刘祖云、胡蓉：《中国社团的历史、现状及发展趋势初探》，《学术论坛》2004年第1期。

该条例对社会团体做了较为系统的规定,但有些社会团体在政治方向上出现了偏差。1990年6月,国务院办公厅转发民政部《关于清理整顿社会团体请示的通知》,用一年的时间,对社会团体进行清理整顿,包括复查登记工作。1998年10月,国务院重新发布《社会团体登记管理条例》,调整各个部门自行管理的状况,实施业务主管单位和登记管理机关的双重管理制度。

(三)发展时期(2001年至今)

社会团体的发展时期与中国2001年加入WTO密切相关。为了加强与世界的交往,民间成立社会组织的需求一下子膨胀起来。由于实施双重登记管理制度,社会团体在寻找业务主管单位方面普遍面临阻碍,出现了社会团体登记难的问题。这一问题通过地方试点逐步解决:2002年开始,上海启动双重管理体制改革,从行业协会的改革入手。2002年1月,上海市政府发布《上海市行业协会暂行办法》,随后在10月,上海市人大常委会通过《上海市促进行业协会发展规定》,在原有业务主管单位继续存在的前提下,设立行业协会发展署为业务主管单位,为找不到业务主管单位的行业协会提供业务主管单位的备选,形成二个业务主管单位和一个登记管理机关的三重管理体制,这为社会团体实行双重管理体制改革提供了一种新的思路。2004年,深圳市民政局成立行业协会服务署,取消分散的业务主管单位,统一为业务主管单位。2005年12月2日,广东省第十届人民代表大会常务委员会第二十一次会议通过《广东省行业协会条例》,行业协会在成立过程中,只有业务指导单位,没有业务主管单位,不需要通过业务主管单位,直接到登记管理机关登记,开启了直接登记的管理体制。2013年3月,国务院发布通知,行业协会商会、科技、公益慈善、城乡社区等四类社会组织直接登记,政治法律类、宗教类和境外非政府组织类仍实行双重管理体制,这为社会团体的发展创造了好的制度环境。此外,慈善法中允许部分社会团体认定为慈善组织,为慈善事业发挥积极作用。

二、我国社会团体的发展现状以及未来趋势

(一)发展现状

中国社会团体的发展现状主要表现在以下两个方面。

1. 数量不断增加

据民政部公布的最新统计:截至 2020 年 8 月 26 日,全国共登记社会团体 314 761 个。其中,部级社会团体 1963 个,省级社会团体 21 117 个,市级社会团体 73 445 个,县级社会团体 218 236 个。[①]

2. 社会团体的功能和影响不断增强

社会团体是民主政治建设的有机组成部分,也是社会主义建设事业的一支生力军。随着市场经济的深入发展,人们的利益和需求越来越多元,政府需要有一个中介性的组织——社会团体,来联系加深政府与民众的沟通,提高对社会问题的反应速度,降低管理的成本,减少矛盾和冲突,提高决策的科学化与民主化。同时,复杂多变的社会也需要发挥社会团体的中介作用,降低社会公众对政府管理的对抗程度,提高社会治理效率。在发展过程中,政府需要转变行政职能,缩小管理的范围,更有效率地处理公共事务,所以,社会团体协助解决政府无力解决的社会问题,帮助困难群体,维护社会公平。以经济领域为例,政府赋权相应的职能给经济性社会团体——行业协会商会,制定行业标准。

计划经济向市场经济过渡的过程中,多种所有制结构形成,人们对单位的依赖减弱,而对于根据共同兴趣、爱好而组成的社会团体却越来越重视。单个主体比较分散,加入社会团体能够更好地维护共同的利益。而且,市场在追求效率时往往会忽视社会公正,很难保持人与人之间的平等。政府有职责但无力解决所有贫富差距问题、社会治安问题、教育问题、卫生问题、流动人口问题、老年人问题、妇女儿童问题和失业问题,等等。社会团体具有政府和市场都无法替代的功能,可以弥补政府和市场的不足。

社会团体在发展过程中也面临诸多困难,迫切需要政府采取相应的措施,促进社会团体的发展,使社会团体与政府、市场一样,在市场经济体制构建和政治文明建设过程中发挥独特作用。随着中共中央办公厅、国务院办公厅《关于改革社会组织管理制度 促进社会组织健康有序发展的意见》等一系列制度设计和配套措施的贯彻落地,社会团体培育工作将迎来重要的历史发展机遇。

---

① 《社会组织画像:社会组织类别构成》,http://data.chinanpo.gov.cn,最后访问日期为 2020 年 8 月 28 日。

（二）未来趋势

邓伟志总结了中国社会团体发展面临的八大趋势：第一，社团组织的数量还将继续上升，并且呈现个人社团化趋势；第二，社团的地位和作用将日益突出；第三，资源动员策略的多元化；第四，社团政治参与意识将进一步提高，参与的方式将实现从形式参与到有效参与的转变；第五，将诞生一批有一定影响力的社团活动家/社团精英；第六，社团日趋民间化；第七，网络社团的发展趋势将成为又一引人注目的现象；第八，加入世贸组织以后，社团国际化趋势也越来越引起人们的关注。①

刘祖云、胡蓉认为，中国社会团体的发展趋势有以下三个方面：第一，从宏观层面来看，随着社会转型所导致的社会结构的进一步分化，社团的发展空间将会越来越大，涉及的领域也会越来越广；第二，从中观层面来看，随着社会转型所导致的社会结构的进一步分化，社会组织将出现功能专化；第三，从微观层面来看，随着个人利益的进一步分化，社团将发挥越来越重要的沟通作用。②

王天意认为我国社会团体的发展需在以下几个方面进行探索：第一，改革双重管理体制；第二，转变政府职能，出台扶持社会团体的系列政策；第三，实行政社分开，推动社会组织民间化；第四，有重点、有选择地扶持一批社会组织。③

综上所述，社会团体的未来发展趋势主要有以下七个方面。

（1）社会团体的作用将日益突出。一方面，社会团体更多地承担由政府转移出来的职能，参与公共政策的制定和执行；另一方面，社会团体自身又能独立自主地提供社会所需要的产品，满足社会组织和公众的内在需要。

（2）社会团体的资源动员多元化。社会团体除依靠政府提供的政治资源和经济资源以外，还面向市场和社会开发资源，筹集开展社会团体活动所必需的资金，形成多元的资源动员格局。

（3）社会团体的参与活动日益增多。作为与政府、市场同等重要的独立社会活动主体，社会团体参与政府、市场的各种活动，参与意识逐步提高，参与活动的次数也显著增加，发挥了社会团体利益表达、政治参与的独特作用。

---

① 邓伟志：《中国社团的现状及其发展趋势》，《上海行政学院学报》2004年第6期。
② 刘祖云、胡蓉：《中国社团的历史、现状及发展趋势初探》，《学术论坛》2004年第1期。
③ 王天意：《促进社会组织发展的改革探索与思考》，《新东方》2009年第6期。

（4）社会团体活动家逐渐增加。社会团体具有人才集聚和资源集聚的特点。随着社会团体在政治和社会经济生活中地位的提升，社会团体活动家队伍逐渐形成，与政治精英、经济精英一样，他们在社会团体的资源动员、能力培养和影响力等方面发挥较大作用。

（5）社会团体由官办向民办转变。传统的社会团体在成立时具有较为浓厚的行政化色彩，依赖于政府，受政府的影响较大。随着改革的深化，社会团体依托的资源更多地来自市场和社会，社会团体的自主性和独立性增强，官办色彩逐渐变淡，民间色彩越来越浓。

（6）网络社会团体逐渐成长。随着互联网等的发展，在网民基础上形成的网络社会团体数量逐渐增多。网络社会团体是指具有相似兴趣爱好或目的的网民在互联网上以虚拟的身份组建起来的社会团体。网络社会团体的表现形式为：在网络论坛基础上形成虚拟社区、网站专题论坛和网上俱乐部、利用网络发起的志愿服务组织和公益性活动组织。尽管网络社会团体的成员来源广泛、素质高低不一、参与动机复杂，但它的数量较大，一定程度上反映了网民对某一事件和活动的看法，对社会舆论影响较大。

（7）社会团体越来越国际化。随着社会团体人员素质的提高和业务的需要，社会团体的对外交流越来越多。在国际化过程中，部分社会团体借鉴国外社会团体的治理结构，了解社会团体业务活动的最新动向，具备较为前沿的国际视野，成为中国对外民间交流与合作的重要平台。

第三节　社会团体的内部管理制度与类别

社会团体的内部管理制度是社会团体正常运行的重要保障，社会团体的类别划分则是甄别社会团体内部治理水平和作用发挥的基础。

一、社会团体的内部管理制度

社会团体内部治理需要一系列的制度加以保障，主要有民主选举制度、民主决策制度、日常管理制度、财务管理制度、诚信自律制度、信息公开制度、会员权益保障制度、重大事项公示制度、激励制度和监督制度等。

（1）民主选举制度。选举制度是指社会团体内部通过一定的方式,在会员或成员中选举产生会员代表、理事、常务理事、监事、分支机构以及社会团体负责人等人员的规范性和程序性要求。社会团体民主选举制度包括以下内容:选举制度应坚持的原则;权力机构的选举制度;选举工作机构;选举程序;罢免、辞职和补选的相关规定;法律责任等。

（2）民主决策制度。社会团体的民主决策制度包括决策制度原则、决策会议制度。决策制度原则是指社会团体内无论会员代表、理事、常务理事、监事的产生,还是会长(理事长)、秘书长的选任等,都要遵守民主集中制原则,在充分协商的情况下选举产生。社会团体可以经过竞争选举产生会员代表、理事、常务理事、会长(理事长)、秘书长等。社会团体决策制度由一系列会议组成,会员大会或会员代表大会是社会团体的最高权力机关,其次是理事会、常务理事会、监事会,最后是会长(理事长)办公会议等。

（3）日常管理制度。为了充分发挥社会团体的作用,加强社会团体的自身建设,构建社会团体健康发展长效机制,社会团体需要健全日常管理制度。社会团体日常管理制度由会议制度、学习培训制度、请示报告制度、值班制度、办公用品登记管理制度、档案管理制度和印章管理制度等七个方面组成。

（4）财务管理制度。社会团体财务部门需要按照会计法的规定做好账务工作,遵守会计和出纳分开的原则,会计不得兼任出纳,会计和出纳各负其责,密切配合。完善资金收支和账册管理,规范会计科目。收入现金必须开出有效票据,严禁账外账和体外循环。开支不许打白条,凭发票报销。社会团体的经费收入和支出实行预算管理。会费收取必须使用由财政部门监制、民政部门印制的"社会团体会费收据",凭联单进账。会计、出纳每月对账,保持账目平衡。所有的费用支出、工资发放单、报销单都必须由秘书长或会长(理事长)签字后支付,报销凭证必须是正规的发票。

（5）诚信自律制度。社会团体需要坚守诚信自律制度,与政府、企业、社会交往过程中,需要树立诚信观念。不少社会团体根据自身的特点,制定《诚信自律公约》,向社会提供自律承诺。如2019年3月,青岛市新媒体协会组织28家企业会员,共同签署《新媒体行业自律公约》,承诺一方面加强行业自身建设,引导全市新媒体行业科学健康有序发展,并通过党建强化从业人员政治意识;另一方面通过自律培训,树立推广行业先进典型,并加强协会内部建设,进一步充实会员。社会团体还必须坚持廉洁自律制度,按照国家规定不向社会、企业索要任何物品,不接受企业的任何赠品。

(6)信息公开制度。社会团体信息公开制度是社会团体公信力建设的重点之一,其主要标准包括真实、准确、全面、及时、规范等五个方面。真实,即社会团体信息公开的内容必须真实、客观,不得提供虚假信息;准确,即社会团体公开的信息能用精确的表述方式表达内容含义,而不产生歧义或误读;全面,即社会团体信息公开要全面、完整,不得隐瞒或有重大遗漏;及时,即社会团体尽可能迅速地公布信息,使利益相关者了解社会团体情况;规范,即不仅社会团体信息公开的形式符合法律法规的要求,而且其内容也符合法律法规的规定。在社会团体中,互益性社会团体的信息公开要求低一些,公益性社会团体的信息公开要求高一些,因为它涉及志愿者的使用、募捐资金的配置等。社会团体应借助电视、报纸、杂志、网络和宣传册等方式进行信息公开,取得政府、企业、社会以及利益相关者的支持。

(7)会员权益保障制度。社会团体是根据自愿原则组建起来的非营利性组织,会员权益是否得到保护,直接影响到会员的参与热情和社会团体的活力。会员权益保障制度具体表现在会员的入会申请、退会申请、建议、优先服务、利益表达、选举、申诉等方面。当会员权益受到损害时,可向理事会、常务理事会、监事会反映。

(8)重大事项公示制度。社会团体成员有权了解社会团体的信息,维护社会团体和会员的合法权益,这就要求社会团体的权力机构、决策机构、执行机构和监督机构公示有关社会团体发展的重大事项,重大事项包括社会团体重要的人事任免、社会团体会费收取状况和捐赠状况、社会团体对外交往情况等。同时,社会团体必须向社会公示其基本事项,包括社会团体的名称、章程、业务主管单位、法定代表人、社会团体成立时间、登记证号、银行账号、重大活动安排等。公示的方式可就对象进行区分。对社会团体会员,可以通过内部通讯和网站进行公示。对社会公众,可通过报纸、网站、电视台、电台等方式公布。

(9)激励制度。社会团体应制定相应的激励制度,保持社会团体的可持续发展。社会团体应鼓励竞争,并采取各种措施得到政府、企业和社会的承认,最大限度地获取社会资源。社会团体的激励制度一般对决策机构人员和管理人员加以区别。作为决策机关成员的理事大部分不从社会团体领取报酬,其奖罚主要体现在理事身份的获取和剥夺,如出现重大决策失误可能导致理事会的重组。管理人员的奖罚依据主要为决策的执行和管理的有效性,所以要尽可能做到奖罚分明,鼓励先进。社会团体通过激励制度的一系列安排,实现其宗旨和使命,调动社会资源。

(10) 监督制度。社会团体不仅体现了会员意愿和兴趣的共同点,而且需要维护成员利益和公共利益,因此,社会团体需要建立健全监督制度,避免重大的决策失误,提高管理效率。建立监督制度最好的途径是成立监事会制度。会员大会或会员代表大会在选举理事会的同时,选举监事会,对理事会、常务理事会、会长办公会等实施监督,参与重大事务的决策活动。[①]

二、社会团体的重要类别

(一) 学术性社会团体

学术性社会团体是由同一专业、同一学科或研究领域的专家、学者和科研工作者自愿组成,经过民政部门核准,依法注册登记,为促进自然科学、人文社会科学、交叉科学教学与研究的深入,普及科学知识,培养人才,促进科学和社会经济的可持续发展,维护自身合法权益而开展活动的非营利性社会组织。中国的学术性社会团体种类繁多:理科,如中国地质学会;工科,如中国电子学会;农科,如中国畜牧兽医学会;医科,如中华护理学会;人文学科,如中国史学会;社会科学,如中国社会学会;交叉学科,如中国城市科学研究会等。

学术性社会团体分为科学技术类社会团体和社会科学类社会团体两类。科学技术类社会团体隶属于中国科学技术协会及其所属的地方科学技术协会,全国性科学技术社会团体由中国科学技术协会管理,地方性科学技术社会团体由省、市、县的地方科学技术协会管理。社会科学类社会团体由省、市、县社会科学界联合会领导管理。

学术性社会团体在以下方面具有独特性。

---

① 徐家良编著:《社会团体导论》,中国社会出版社 2011 年版,第 150 页。

（1）主体。学术性社会团体的主体是专家、学者和科研工作者,是高学历人群和教学研究人员。

（2）范围。学术性社会团体的范围主要在自然科学、人文社会科学、交叉科学领域。自然科学包括物理、化学、天文学、地理科学、生命科学、心理学、数学等。人文社会科学包括哲学、经济学、政治学、史学、法学、文艺学、伦理学、语言学、社会学、历史学、管理学等。交叉科学指物理化学、生物力学、技术经济等。

（3）职能。学术性社会团体的主要职能是满足会员提高学术水平、业务能力和得到同行认可的需要,围绕科学研究,普及科学知识,推进学科发展,促进原始性创新,培养人才,提供政策咨询和社会服务。

（4）性质。学术性社会团体是维护会员利益的组织,与机关法人和企业法人不同,是非营利性的社会团体法人。

（5）与政府的关系。在相当长一段历史时期内,社会团体实行业务主管单位和登记管理机关的双重管理体制,因此,大多数学术性社会团体都依赖于政府业务主管单位和事业单位,呈现出三种类型:第一种是官办学会。这种类型的学会由政府部门直接领导,可以认为是政府部门的内设机构,学会有编制,有行政级别,有财政拨款经费,独立性较弱,会长、秘书长人选由政府机构人事部门推荐产生。第二类是半官半民的学会。这种类型的学会依靠政府有关部门,由政府提供工作人员工资,但活动经费自筹。[①] 第三类是民办学会。这种类型的学会有业务主管单位,但能按照会员的意愿自主地开展活动,反映出民间性的基本属性。

（6）理事人员数量。学术性社会团体的理事会通常需要包含相关领域的大批专家学者,特别是全国性学术类社会团体要照顾到全国各地情况,从不同地区的学者队伍中吸纳理事成员。因此,理事会成员多是学术性社会团体的一个特点。

（7）分会数量。学术性社会团体除办公室、学术部、联络部、培训部、事业发展部等办事机构外,一般还有分支机构,尤其是全国性学会,通常会在不同地区设立分会,开展区域性、专题性的活动。

---

① 黄浩明、石忠诚、杨洪萍:《中外学会管理体制的比较研究》,《学会》2007年第8期。

（二）行业性社会团体

行业性社会团体即行业协会和商会。不同的学者和规范性文件对行业协会、商会有不同的定义。第一种定义偏重于自我管理，认为行业协会是指以同行业企业为主体的自我管理、自我决策、自我服务的行业组织。第二种定义偏重于特性，多见于政策文件中。1999年发布的《温州市行业协会管理办法》规定，行业协会是指由同一行业的企业、个体商业者及相关的企事业单位自愿组织的民间性、自律性、非营利性社会团体法人。2005年发布的《广东省行业协会条例》规定，行业协会是指从事相同性质经济活动的经济组织为维护共同的合法经济利益而自愿组织的非营利性社会团体。第三种定义偏重于强调依法登记。2003年发布的《汕头市行业协会暂行办法》规定，行业协会是指由本市同行业经济组织、经济实体和个人自愿组成，依法注册登记的非营利性、行业性的协会、商会等经济类社会团体。第四种定义强调提供多边性援助性服务。行业协会是由单一行业的竞争者所构成的非营利性组织，其目的在于在促进该行业中的产品销售和雇佣方面提供多边性援助服务水平提升。[①] 综合起来，行业协会是由相同或相近领域的经济组织或个人组成，通过沟通本行业企业和从业者与政府的关系，协调同行业的利益，规范市场行为，提供行业服务，反映会员需求，保护和增进全体成员合法权益的非营利性社会组织。各级政府对于行业协会的管理，扮演着积极介入和有限分权的角色。[②]

行业性社会团体在社会经济生活中扮演着特殊的角色，在促进经济发展、培育公共事务参与意识、完善政府的公共政策、沟通信息和维护社会稳定等方面有较重要的地位和作用。

（1）促进经济发展。行业协会是由市场主体所组成的非营利性社会组织，它们了解市场的最新需求，能够推动产业结构转型和技术升级，促进经济发展。行业协会承接政府转移的职能，进行行业统计和行业调查，制定行业标准，调节会员企业之间的纠纷，为本行业内的企业提供服务，参与市场秩序的形成，是市

---

① 鲁篱：《行业协会经济自治权研究》，法律出版社2003年版，第4页。
② 梁玉柱：《积极介入与有限分权：养老服务组织发展中的地方政府》，《中国第三部门研究》2017年第1期。

场经济发展中不可或缺的有机组成部分。行业协会在国际贸易活动的反倾销、反补贴中维护自身的合法权益,对不合理的制度和规定提出意见和看法,促使国际贸易秩序的合理化和自由化。

(2) 培育公共事务参与意识,促进成员有序参与。社会主义民主政治最基本的要求是参与,这对参与主体有较高的素质要求和能力要求。行业协会内部民主制度的安排可以培育协会成员的民主意识和参与意识,提高会员自身的能力。同时,行业协会作为利益表达主体的集合体,增强企业的政治主体意识和参与意识,强化政治参与的责任感。行业协会集聚了素质高和能力强的个体,通过组织化和制度化的途径把利益诉求集中起来,传递给政治体系,有助于信息畅通,确保政治参与的有序性和可持续性。

(3) 为完善公共政策建言献策。在市场经济条件下,政府与企业关系是一个非常重要的研究课题。公共资源的配置直接关系到行业协会成员的利益和行业利益,这就要求行业协会充分运用各种途径和渠道,向企业传达政府的法规、政策和意图,向政府反映企业与组织自身的愿望和要求,化解各种利益冲突。通过参与政府公共政策的制定,行业类社会团体对政府的公共政策提出自己的看法,促进公共政策的公平、公正和合理。

(4) 沟通信息,维持社会稳定。社会稳定不仅与政府组织、企业组织有关,而且还与社会组织密切相关。尤其是社会组织中的行业协会,作为沟通政府与企业、社会与企业、企业与企业之间的桥梁和纽带,能将企业的各种信息反馈给政府,同时又将政府的公共政策传递给企业和社会公众,使政府与企业、社会与企业、企业与企业之间建立起良性的信息互动机制,减少矛盾和冲突,使问题解决在萌芽状况,维持社会的基本秩序,确保社会稳定。

案例分析

IEEE 发布声明,折射中国学术自强背后的社会团体影响力提升

2019 年 6 月 3 日早间,电气和电子工程师学会(IEEE)发出最新声明,表示华为及其子公司的员工可以参加 IEEE 出版过程的同行评审和编辑工作,无论他们的雇主是谁。上周三,一封 IEEE 邮件曝光,内容指出由于美国对华为的禁令，IEEE 将无法让华为的员工在同行评审阶段担任期刊审稿人或编辑。5月30日，IEEE 在其官方公众号发布了声明，承认了邮件内容属实。

从5月29日到6月3日不足一周的时间内，促使 IEEE 的态度发生完全转变的不仅有美国司法领域给出的合规性说明，而且包含了众多中国学者和学术组织的努力。5月29日当天，北大和清华就有教授公开声明退出 IEEE 旗下期刊和会议的学术职务。第二天，中国计算机学会宣布终止与 IEEE 通信学会（限制华为行动由该学会提出）的合作。6月2日，中国人工智能学会、中国通信学会、中国电子学会等学术组织集体声明抗议 IEEE 的恶劣举动。

IEEE 事件带给学术界的启示包含且不限于两点：其一是越开放的学术环境，越鼓励学者走出去、学术成果国际化，就越能够扩大专业领域的影响力，从而应对各种风波。IEEE 三分之一的会员是华人，中国地区也是电子信息领域增长最快的区域，在几乎所有标准与专业委员会中均有华人学者身影。这是促使 IEEE 及时改正的重要动力。

其二，国际化的前提是自身学术实力建设。这一事件生动展现了华为的"学术影响力"，即世界不能没有我的成果，也不能没有我的学者。IEEE 涵盖的所有领域，我国均有中文核心期刊和学术组织。虽然由于评价机制等原因，其受重视程度较差，但备胎功能已基本具备。面对危机，能够发声、能够上位，这一点至关重要。

事件发酵期间，学术界纷纷将目光投向国内学术期刊和均衡学术评价体系建设。南京大学教授在事发当天即发表评论呼吁大家多多支持国内优秀期刊，中文信息学会许多委员专家也表示要重视中文发表，做强中国和中文学术会议，中国计算机学会优秀博士论文评选规则也要求候选人必须发表过中文论文。去年，北京语言大学教授提出"世界知识中文表达"命题，希望中国学者和中国科技成果能够做到"中文首发"，至少"有中文版"，以部分拆除国际学术规范造成的语言藩篱。这不仅应该成为科技工作者的自觉行动，更需要科研评价体系做出调整，同时抓好中文自信和国际影响两条线。在推动中国学术圈进一步国际化，提升国际影响力的同时，要更深地扎根中国大地，面向中国问题做研究。

（资料来源：饶高琦：《IEEE 改正背后是中国学术的自强》，《光明日报》2019年6月4日。有删改。）

分析要点

1. 学术性社会团体间的交流应当秉承非政治性的原则。
2. 国家关系的变化是影响不同国家社会团体间关系的重要因素。
3. 采用会员制的社会团体应当尊重并保护会员的利益,维系内部成员间的关系。

本章小结

社会团体是基于会员利益而产生的社会组织,社会团体在党和政府的引导下在政治建设、经济建设、社会建设等多个领域发挥了重要作用。

我国社会团体的发展主要经历了三个阶段:初创时期(1949—1977年)、建设时期(1978—2000年)、发展时期(2001年至今)。

社会团体可主要划分为学术性社会团体、行业性社会团体。

本章思考题

1. 社会团体的功能与作用有哪些?
2. 为什么要对社会团体进行培育?
3. 社会团体监督管理的特点有哪些?
4. 如何完善社会团体管理体制?

阅读书目

1. 陈金罗、刘培峰主编:《转型社会中的非营利组织监管》,社会科学文献出版社2010年版。
2. 〔美〕厄尔·R.威尔逊、苏珊·C.卡特鲁斯、里昂·E.海:《政府与非营利组织会计(第十二版)》,荆新、杨庆英、朱南军、王淑霞等译校,中国人民大学出版社2004年版。

3. 王名、刘国翰、何建宇:《中国社团改革——从政府选择到社会选择》,社会科学文献出版社2001年版。

4. 吴忠泽、陈金罗主编:《社团管理工作》,中国社会出版社1996年版。

5. 徐家良编著:《社会团体导论》,中国社会出版社2011年版。

6. 张经编:《行业协会商会规范发展资料汇编》,中国工商出版社2007年版。

第十一章 社会服务机构

【本章教学目标】

本章梳理了社会服务机构及其前身民办非企业单位的基本概念、特征、类型和功能,论述了社会服务机构的内部治理机制,阐述了我国社会服务机构发展现状和新动向。

第一节 社会服务机构概述

慈善法第八条规定:"慈善组织可以采取基金会、社会团体、社会服务机构等组织形式。"社会服务机构这一概念取代原有的"民办非企业单位"称谓,正式得到官方法律文件的确认。

民法典区分了"营利法人"和"非营利法人",其中第八十七条规定,为公益目的或者其他非营利目的成立,不向出资人、设立人或者会员分配所取得利润的法人,为非营利法人。非营利法人包括事业单位、社会团体、基金会、社会服务机构等。根据法律的规定,社会服务机构是非营利法人的主要类型之一,在民事活动中扮演了一定的角色,发挥了特定的功能。

第十一章 社会服务机构

一、社会服务机构与民办非企业单位的概念

（一）民办非企业单位的发展沿革

民办非企业单位是在经济体制改革和事业单位分化过程中演化出来的一种社会组织形式。越来越多的公民、组织和其他社会力量积极投身于社会公益事业和其他社会服务活动，打破了传统的国家单独兴办教育、科技、文化、卫生、民政等事业的局面，民办事业单位便应运而生，并迅速发展。[①] 为了与事业单位相区分，并强调组织的社会性，"民办非企业单位"这一称谓逐步得到推广，并得到相关法律法规的确认。民办非企业单位的蓬勃发展改变了原有国家垄断公共事业的格局体系，开启了公共事业市场化、社会化的新局面。集资办学、自费上学、民办事业、社会赞助、个人捐赠等方式，解决了一部分公共事业资金来源问题，开辟了公共事业发展的多元道路，改变了过去国家包办一切事业的管理办法，初步形成了以政府支持为主、以民办为辅、多种所有制并存的事业发展的新格局，有力地推动我国各项事业发展的社会化和现代化进程。[②]

由于传统的事业单位概念同改革开放后社会经济的发展实践脱节严重，为顺应时代现实的新情况和新需求，1996年8月，中共中央办公厅、国务院办公厅发布的《关于进一步加强社会团体和民办非企业单位登记管理工作的通知》第一次出现"民办非企业单位"这一称谓，将其作为一类社会组织的统称，并决定民办非企业单位由民政部门进行统一归口登记。在此之前，民办非企业单位被称为"民办事业单位"，以便同传统的国办事业单位相区别，其登记管理则主要由编制部门[③]负责。在中共中央办公厅、国务院办公厅发布的《关于加强社会团体和民办非企业单位登记管理工作的通知》等文件的基础上，1997年8月，民政部向国务院提交由其起草的《民办非企业单位登记管理条例（草案）》。1998年

[①] 孙伟林主编：《社会组织管理》，中国社会出版社2009年版，第77—78页。

[②] 黄恒学：《中国事业管理体制改革的目标模式》，《中国社会科学院研究生院学报》1995年第2期。

[③] 编制部门一般指机构编制委员会（简称编委），负责管理同级所有纳入国家行政编制、事业编制和政法编制单位的编制安排。以市级编委为例，其主要负责市委、市政府直属事业单位，市委、市人大、市政府、市政协、市法院、市检察院机关和市各民主党派、工商联、人民团体机关所属事业单位的登记管理工作，负责指导区县事业单位登记管理工作。

10月国务院发布《民办非企业单位登记管理暂行条例》,与同期出台的《社会团体登记管理条例》和2004年8月颁布的《基金会管理条例》并称为社会组织管理的三大条例。根据《民办非企业单位登记管理暂行条例》第二条的规定,民办非企业单位是指企业事业单位、社会团体和其他社会力量以及公民个人利用非国有资产举办的,从事非营利性社会服务活动的社会组织。自《民办非企业单位登记管理暂行条例》出台后,民政部相继出台《民办非企业单位名称管理暂行规定》《民办非企业单位登记暂行办法》《民办非企业单位年度检查办法》等部门规章,初步形成了一套关于民办非企业单位的政策法规体系。民办非企业单位这一特定类型的社会组织得到官方确认和推广,已成为国民经济与社会生活中的一支重要力量,同事业单位、社会团体、基金会等共同构成了我国目前第三部门的主要形式。

(二)社会服务机构与民办非企业单位概念辨析

民办非企业单位的设置初衷在于与国办事业单位以及营利性的企业相区分,随着社会经济的发展,民办非企业单位这一名称的弊端日益显现,已经落后于这类组织发展的实际需要。学界和实务界对民办非企业单位这一称谓的批评主要集中在以下几个方面。

(1)"民办非企业单位"是个否定式的命名,外延不清,容易同其他组织相混淆,如社会团体从字面上理解也可视为一种民办非企业性质的单位,但社会团体同民办非企业单位从定义却有着很大差异。[①]

(2)民办非企业单位很难在国际交流中找到与之对应的概念,一般将其翻译为 private(people-run) non-enterprise units。同时,民办非企业单位及其简称"民非"也不易为公众理解和接受。

(3)民办非企业单位的分类是基于所有制而不是所有权,这一带有政治和意识形态色彩而非严格的法律意义分类,对产权界定带来了一定的难度。[②]

(4)民办非企业单位这一名称内涵不清,不能准确反映这类组织提供社会服务、从事公益事业等特征。

---

① 赵青航:《从民办非企业单位到社会服务机构》,《中国社会组织》2017年第3期。
② 王名、刘培峰等:《民间组织通论》,时事出版社2004年版,第209页。

（5）民办非企业单位过于强调"民办"，与官办民营、民办公助以及推进有条件的事业单位转为社会组织等新的发展趋势不相适应。[①]

2016年慈善法和2017年民法总则相继出台，社会服务机构取代民办非企业单位渐成定局。2018年3月2日，国务院办公厅发布《国务院2018年立法工作计划》，提出制定《社会组织登记管理条例》，第一次公布社会组织三大条例"三合一"的规划。在此基础上，2018年8月3日，民政部全文公布《社会组织登记管理条例（草案征求意见稿）》（以下简称《草案》），向全社会征求意见。《草案》中使用了社会服务机构这一称谓。《草案》第一章"总则"第二条对社会服务机构进行了概念界定，是指自然人、法人或者其他组织为了公益目的，利用非国有资产捐助举办，按照其章程提供社会服务的非营利法人。随着社会服务机构这一新称谓被认可，旧的民办非企业单位称谓逐渐退出历史舞台。相较于民办非企业单位，社会服务机构更能体现出这一类型社会组织的内涵特征。

（1）"社会"二字表明社会服务机构是来自社会部门的组织，界定了设立组织时的资产来源，即不同于自然人、法人或者其他组织利用国有资产设立的事业单位或群团组织，具有较为显著的民间性。

（2）"社会"二字也反映了这类组织的非营利属性，不同于公司、合伙企业等市场部门的营利性组织。

（3）"服务"更为清楚地彰显了组织的使命——提供社会领域的公共服务。[②] 作为公共服务供给的重要力量，社会服务机构弥补政府、企业尚未涉及或不愿涉及的领域空缺，对于完善我国的公共服务供给体系具有重要意义。

鉴于社会服务机构得到官方明确的时间并不长，《社会组织登记管理条例（草案征求意见稿）》尚在征求意见和修订中，许多机构及相关文件仍沿用"民办非企业单位"这一称谓。为便于理解，在本书对这两个不做区分，可以混用。

[①] 程楠：《"民非"为何变身"社会服务机构"——访民政部民间组织管理局副局长黄茹》，《中国社会组织》2016年第9期。

[②] 赵青航：《从民办非企业单位到社会服务机构》，《中国社会组织》2017年第3期。

二、社会服务机构的特征与分类

(一) 社会服务机构的主要特征

有学者将社会服务机构的主要特征概括为民间性、非营利性、独立性[1],也有学者认为是非政府性、非营利性、自主性、实体性[2]。综合上述观点,本书认为社会服务机构体现出以下几方面特征。

(1) 民间性。它不是由政府或政府部门举办(与事业单位的区别),非国有资产举办,只有极少部分社会服务机构在启动资产中包含国有资产,采用类似事业单位的形式举办。

(2) 非营利性。社会服务机构与社会团体、基金会和政府一样,都是非营利性质的,与企业差异明显。企业在提供产品获得利润后可分配利润,而社会服务机构既不以营利为目的,在获得收入后也不能分配利润,只能将利润重新投入于机构运作当中。此外,企业在市场监管部门申请企业法人登记,而社会服务机构在县级以上的民政部门进行法人登记。

(3) 独立性。社会服务机构人事安排或业务活动计划由理事会开会决定,其决策原则上不受外部个人或单位左右,能够较为自主地运作。除每年向业务主管单位及登记管理机关提交年度工作报告和财务会计报告之外,组织的日常工作开展较少受到主管部门干预。社会服务机构在参与投标成功后,具体工作的开展和协调一般都由社会服务机构自行决定。[3] 因此,社会服务机构的独立性体现为:其并非单方面依附政府,而是在一定层面发挥自主作用。

(4) 实体性。一方面,社会服务机构是法人实体,不是其他社会组织的内设机构或下属单位,而是独立面向社会开展业务,有固定的事业和服务方向的社会组织;另一方面,社会服务机构从事具有延续性的服务,因此通常具有实体性的设施设备,如学校有校园、医院有就诊大楼等。

社会服务机构与社会团体、基金会等社会组织也存在明显的区别。社会服

---

[1] 王名、刘培峰等:《民间组织通论》,时事出版社2004年版,第211页。
[2] 孙伟林主编:《社会组织管理》,中国社会出版社2009年版,第74—75页。
[3] 罗敏闻、刘玉照:《社会组织发展与国家权力的运作——基于上海市XJY的实证研究》,《中国第三部门研究》2015年第2期。

务机构与社会团体的不同之处在于以下几方面:(1)社会服务机构有明确的设立主体,是从事某种专业服务的实体组织;而社会团体强调会员制,其设立基于会员的共同意愿,不一定需要从事特定的专业服务。(2)社会团体的会员往往具有一定的代表性;而社会服务机构没有会员,也不存在成员代表性的问题。(3)社会服务机构人员通常为专职,机构内部联系较为紧密,活动频繁且相对聚焦;而社会团体成员通常还有本职工作,只在业余时间开展活动,成员日常较为分散,导致活动不具有规律性。社会服务机构与基金会的不同之处在于:基金会是捐赠财产参与慈善活动的重要组织载体,并以募集资金为专长;而社会服务机构则以提供各类专业性的慈善服务为主。前者侧重于资金募集和支出安排,后者专注于提供专业服务。

(二)社会服务机构的地位和作用

社会服务机构是以自愿、自主、自治、自律的形式组织起来向社会提供连续性服务的实体性组织,有稳定的活动领域与职能空间、系统的运作模式、特殊的治理方式与发展路径,难以由其他组织团体替代,是我国国民经济和社会发展中不可缺少的重要社会组织类型。[1]

社会服务机构作为社会组织的主要类型,通过承接政府在市场化改革过程中转移的公共管理职能的方式承担社会服务责任,基于市场规律开展活动,有效保证"准公共物品"的供给,更好地满足社会多元化需求,缓解政府应对不同社会群体需求的压力。社会服务机构在准公共物品供给方面,比政府更有效率。通过与政府的配合,有利于解决社会需求给政府带来的财政与管理压力,扩大公共服务的总供给量,为公共事业发展提供更大的空间。[2]

社会服务机构的作用主要体现在以下四个方面。

(1)社会服务机构是联系政府与群众的桥梁。社会服务机构与人民群众有着直接的联系。它服务于不同社会群体,代表着不同社会群众的利益。它可以直接发挥对群众的宣传教育作用,又能向政府传达民情民意,提出合理化建议,为政府决策提供科学依据。例如,上海金融与发展实验室是致力于创新经

---

[1] 赵立波主编:《公共事业管理》,山东人民出版社2005年版,第84页。
[2] 徐家良主编:《公共事业管理学基础》,北京师范大学出版社2008年版,第88—89页。

济金融的研究方法、手段及工具的社会服务机构,它一方面开展政策咨询服务,将经济发展的调研数据向政府部门反馈,另一方面通过举办学术交流活动、经济金融人才培训项目等方式传达经济发展的相关政策。

(2)社会服务机构承担政府机构改革后的部分职能,填补与弥补政府工作的空白和薄弱环节。随着政府的经济和社会管理职能从微观管理转变为宏观管理,政府将经济活动中的社会服务职能转移给了社会服务机构,所以社会服务机构所关注的往往是政府难以顾及之处或政府工作的薄弱之处,可以对政府的工作起到拾遗补阙的作用。[1] 深圳市龙岗区园山街道皖江红计生家庭服务中心是一家在区民政局登记的社会服务机构,承接政府职能部门委托的计生服务项目,开展计生卫生健康政策调研、宣传等活动。

(3)社会服务机构增加就业机会,提供再就业服务。政府机构改革使得大量的公务员转岗分流,企业结构改组和人员调整使得部分职工下岗待业,社会服务机构则为待业的人员提供了可选择的岗位,增加了就业机会。截止到2019年2月,上海市社会服务机构总数达11 708家[2],这些社会服务机构提供了大量工作岗位,在一定程度上维护了就业稳定。

(4)社会服务机构参与国际合作,推动国际交流。社会服务机构的组织形式灵活,便于开通民间国际交往的渠道。它们同境外第三部门交往较为密切,在经济、教育、科技、环境保护等各领域的跨境合作较为活跃,参与不同国家和地区间的文化、体育方面的交流,一定程度上丰富了我国的民间对外交往形式,增进了中国同世界各国人民的理解与友谊。以民政部登记的全国性社会服务机构新家园社会服务中心为例,这家组织主要以内地赴香港跨境人士为服务对象,因此工作地域范围包含中国内地和香港地区。在服务过程中,新家园社会服务中心不仅积极组织两地社会福利部门的交流互动,还注意引进海外的先进社会工作经验,提升服务质量,成为促进粤港澳大湾区民间交流的代表性机构之一。

---

[1] 王名、刘培峰等:《民间组织通论》,时事出版社2004年版,第213—214页。
[2] 《2019年2月基本业务统计数据》,http://shzz.mzj.sh.gov.cn/node1/zhuzhan/n8/n384/u8ai43808.html,最后访问日期为2019年8月28日。

（三）社会服务机构分类

社会服务机构作为公共事业管理主体之一，兼有公共事业管理者和被管理者的双重身份。前者表示社会服务机构是公共事业的供给者之一，后者则表示社会服务机构在政府法律法规政策范围内活动，受到政府的监督和约束。[①] 社会服务机构对原有事业单位的职能进行了拓宽。作为实体性的、独立的公共服务组织，它通过为社会提供具体的业务性服务，获得自身存续和发展的资源，是国民经济和社会生活的重要力量。

社会服务机构所涉及的服务领域极为广泛。1999年颁布的《民办非企业单位登记暂行办法》第四条规定，举办民办非企业单位，应按照下列所属行（事）业申请登记：(1)教育事业，如民办幼儿园，民办小学、中学、学校、学院、大学，民办专修（进修）学院或学校，民办培训（补习）学校或中心等；(2)卫生事业，如民办门诊部（所）、医院，民办康复、保健、卫生、疗养院（所）等；(3)文化事业，如民办艺术表演团体、文化馆（活动中心）、图书馆（室）、博物馆（院）、美术馆、画院、名人纪念馆、收藏馆、艺术研究院（所）等；(4)科技事业，如民办科学研究院（所、中心），民办科技传播或普及中心、科技服务中心、技术评估所（中心）等；(5)体育事业，如民办体育俱乐部，民办体育场、馆、院、社、学校等；(6)劳动事业，如民办职业培训学校或中心，民办职业介绍所等；(7)民政事业，如民办福利院、敬老院、托老所、老年公寓，民办婚姻介绍所，民办社区服务中心（站）等；(8)社会中介服务业，如民办评估咨询服务中心（所），民办信息咨询调查中心（所），民办人才交流中心等；(9)法律服务业；(10)其他。

社会服务机构数量庞大，2019年第四季度全国登记注册数达48.7万个。其涉及领域广泛，由此产生社会服务机构的类型划分问题。当前对社会服务机构的划分标准主要有三种类型。

第一种标准以社会服务机构的服务领域来划分。一是教育科研单位（民办幼儿园、小学、中学、大学等，由各级教育部门核准其行业许可证；民办研究院、民办科技传播或普及中心等，由各级科委批准其资格）。二是医疗卫生单位（民办门诊所、医院、保健院等，由各级卫生部门批准其行医资格）。三是文化艺术

---

① 徐家良主编：《公共事业管理学基础》，北京师范大学出版社2017年版，第81页。

单位(民办艺术表演团体、图书馆、博物馆、美术馆、收藏馆等,由各级文化主管部门批准其执业资格)。四是体育单位[民办体育俱乐部、民办体育场等,由各级体委(体育总会)批准其资格]。五是劳动保障单位(民办职业培训学校、民办职业介绍所,由各级劳动保障部门批准其执业资格)。六是民政事业单位(民办福利院、敬老院、老年公寓、民办婚姻介绍所、民办社区服务中心等,由各级民政部门批准其执业资格)。七是社会中介服务单位(民办评估咨询服务中心、民办信息咨询调查中心、民办人才交流中心)。八是法律单位[法律服务所(律师事务所除外),由各级司法部门批准其资格]。九是出版单位。十是信息调查单位。①

第二种标准以实体类型来划分,有法人型社会服务机构、合伙型社会服务机构和个体型社会服务机构。1998年10月国务院颁布的《民办非企业单位登记管理暂行条例》第十二条规定:"准予登记的民办非企业单位,由登记管理机关登记民办非企业单位的名称、住所、宗旨和业务范围、法定代表人或者负责人、开办资金、业务主管单位,并根据其依法承担民事责任的不同方式,分别发给《民办非企业单位(法人)登记证书》、《民办非企业单位(合伙)登记证书》、《民办非企业单位(个体)登记证书》。"这三种类型的区别在于民事关系地位和法律责任。法人型社会服务机构是由两人或两人以上举办,或由企事业单位、社会团体和其他社会力量举办,或由上述组织与个人共同举办,具有法人资格,享有民事权利与承担民事责任。合伙型社会服务机构是由两人或两人以上合伙举办,具有法人资格,合伙负责人和其他人员的活动由全体合伙人承担民事责任。合伙人的债务,由合伙人按照出资比例或协议的约定,以各自的财产承担清偿责任。合伙人对合伙的债务承担连带责任。个体型社会服务机构由个人出资并担任社会服务机构负责人,不具有法人资格,其债务以个人财产承担无限责任。

第三种标准以是否依据慈善法认定为慈善组织来界定划分:一类是慈善组织性质的社会服务机构,另一类是非慈善组织性质的社会服务机构。慈善法第九条指出慈善组织应当符合下列条件:(1)以开展慈善活动为宗旨;(2)不以营

---

① 王名、刘培峰等:《民间组织通论》,时事出版社2004年版,第212页。

利为目的;(3)有自己的名称和住所;(4)有组织章程;(5)有必要的财产;(6)有符合条件的组织机构和负责人;(7)法律、行政法规规定的其他条件。对慈善组织而言,以开展慈善活动为宗旨,并主动开展扶贫济困、扶老、救孤、恤病、助残、优抚、自然灾害救助、事故灾难救助、突发公共卫生事件救助等多种公益活动,并在开展活动过程中真正实现非营利性是一项重要的工作。

近年来,随着经济社会发展和公众慈善意识增强,大量慈善类社会服务机构不断涌现,如民办社会工作服务机构、民办法律援助机构、民办艾滋病防治机构、民办残疾人康复教育机构、为渐冻症等罕见病患者提供康复服务的民间关爱机构、全免费或部分免费的民办职业培训机构、民间灾害和紧急救援机构、为社会组织提供孵化评估等支持服务的"伞形机构"等。从民政部门的管理实践看,已经有部分社会服务机构具备清晰的产权关系,有明确的慈善宗旨和业务范围,建立了比较完善的法人治理结构,具备较高的社会公信力,符合慈善组织的特征。[1]

阅读材料

北京致诚农民工法律援助与研究中心

北京致诚农民工法律援助与研究中心(简称"北京致诚中心")是经北京市民政局依法批准正式登记的民办非企业单位,是我国第一家以社会专职律师为主体的专门向农民工提供法律援助机构,是中国获得联合国咨商地位的两家民间组织之一。该机构律师只办理农民工法律援助案件,不办理其他收费案件,在办理案件的同时强调农民工依法维权与矛盾化解。2009年7月,其经过北京市民政局依法批准注册登记为"北京致诚农民工法律援助与研究中心"。2011年1月被评为5A级社会组织。该中心自2005年9月8日成立至今,已办结案件9602件,涉及农民工2万多人次,帮农民工讨回损失超过2亿元。同时,在近10年时间里,该中心接待各种咨询62 457件,涉及农民工19.7万人次,涉及金额4.6亿元以上。

---

[1] 程楠:《"民非"为何变身"社会服务机构"——访民政部民间组织管理局副局长黄茹》,《中国社会组织》2016年第9期。

| 第三部门概论 |

2012年,来自河北保定的霍新民等53名农民工在北京绿凯园林公司的两处工地承担绿化施工工作,工程完工后,该公司与分包方因结算数额不一致,导致分包方无法支付霍新民等53人劳务费654 482元。在走投无路的窘况下,霍新民等53人经工友介绍,于2013年12月来到北京致诚中心申请法律援助。在了解案情后,北京致诚中心决定受理他们的申请,并指派经验丰富的时福茂、高军生及张志友3名农民工律师承办此案。农民工律师是指职业化的、社会化的专门为农民工提供法律援助的公益律师。在办案过程中,律师和当事人一起坐车,由律师付费;和当事人一起吃饭,由律师付饭钱;周末时间,律师为农民工提供免费的专业培训,发放免费培训教材,还给每名农民工一定的交通补贴……2014年1月13日,在农民工律师的帮助下,霍新民等53人与北京绿凯园林公司、分包方劳务合同纠纷案在北京市海淀区人民法院立案。一年多的时间里,时福茂等3名律师克服了涉及人数众多、欠薪款项复杂等难题,在立案、庭审、执行等环节中,冲破多个难关,据理力争。2015年2月3日,霍新民等53人劳务费654 482元全部执行到位,为本案画上了一个圆满句号。

(资料来源:北京致诚农民工法律援助与研究中心,http://www.chinadevelopmentbrief.org.cn/org679/org_news/,最后访问日期为2019年8月28日。)

第二节 社会服务机构的内部治理

社会服务机构因为组织形式开放以及涉及多领域、多层级等特点,与社会团体、基金会相比,更容易设立,更易于公众参与,更有发展前景。大力发展该类组织对于提供社会就业、整合公益资源、扩大公共服务、激发创新活力、促进社会转型可起到积极作用。但社会服务机构发展尚处于起步阶段,其成熟度还不高,与经济社会发展要求和人民群众实际需求相比落差较大。① 因此,社会服务机构应不断提升自身运营管理水平,苦练内功,提高项目管理、财务管理和人力资源管理等相关能力,从而更好地服务于社会经济的发展和满足人民群众的各类需求。理事会作为社会服务机构的领导和决策机关,其在提升社会服务机

---

① 孙斌:《现阶段加快民办非企业单位发展的对策研究》,《社团管理研究》2011年第11期。

构的内部治理水平方面发挥着无可替代的重要作用。资金管理是社会服务机构良序运行的前提,是社会服务机构开展服务活动和实现使命愿景的基石。社会服务机构运营管理首先在于做好理事会治理和资金使用管理。

一、理事会治理

社会服务机构的理事会作为决策机构,行使下列职权:(1)制定、修改章程;(2)选举、罢免理事长、副理事长;(3)聘任或解聘本单位行政负责人及其提名的行政副职、财务负责人;(4)审议听取行政负责人的工作报告,并对其工作进行检查;(5)决定重大的业务活动计划;(6)审定年度财务预算、决算方案;(7)决定增加开办资金的方案;(8)决定本单位的变更、分立、合并、终止及清算等事项;(9)决定内部机构的设置;(10)制定内部管理制度;(11)依法核定从业人员的工资报酬、福利待遇;(12)决定其他重大事项。社会服务机构理事会理事的产生和罢免主要有以下原则:第一届理事会成员由举办者提名并协商确定;理事会换届改选时,由本届理事会推选产生新一届理事;罢免、增补理事由理事会表决通过;理事的选举和罢免结果报登记管理机关备案。社会服务机构理事会会议应当制作会议记录。形成决定的,应当当场制作会议决议,并由出席会议的理事审阅、签名。理事会决议违反法律、法规、规章或章程规定,致使本单位遭受损失的,参与决议的理事应当承担责任。但经证明在表决时反对并在会议记录有相关记录的,该理事可免除责任。理事会会议记录、决议由本单位的档案管理工作人员存档保管。

社会服务机构理事长行使下列职权:(1)召集和主持理事会会议;(2)检查理事会决议的实施情况;(3)法律、法规、规章和本单位章程规定的其他职权。副理事长协助理事长工作,理事长不能行使上述职权时,由理事长指定的副理事长代其行使职权。社会服务机构的执行负责人是理事会聘请的主持日常工作的负责人,可根据社会服务机构实际情况表述为院长、校长、所长、主任、团长、馆长、秘书长、总干事等。无论头衔为何,执行负责人负责社会服务机构的常务工作,如主持本单位的日常工作,组织实施理事会的决议,组织实施本单位年度业务活动计划,拟订本单位年度财务预算、决算方案,拟订本单位内部机构设置的方案,协调内部机构开展活动,拟订内部管理制度等。

二、资金使用管理

社会服务机构的经费来源主要有:(1)开办资金;(2)政府资助;(3)在业务范围内开展服务活动的收入;(4)利息;(5)社会各界的捐赠;(6)其他合法收入。社会服务机构的开办资金由举办者出资。根据运作和发展需要,举办者可以继续投入。社会服务机构如有多个开办者,应在合法有效的验资报告中分别载明每位开办者的出资金额。社会服务机构举办者的权利和义务主要有以下三个方面:(1)推选代表作为社会服务机构第一届理事候选人或监事候选人;(2)办理登记注册手续后,不抽回出资;(3)对出资的财产不保留、不享有任何财产权利,不要求回报。

社会服务机构的资产受法律保护,任何单位、个人不得侵占、私分、挪用。社会服务机构的资产必须用于章程规定的业务范围和事业的发展,除符合规定的支出外,财产及其孳息不得用于分配,增值部分不得分红,注销时剩余财产用于公益性或者非营利性目的。

第三节 我国社会服务机构的发展现状与新动向

1978年12月中共十一届三中全会召开以后,党的工作重点调整为以经济建设为中心。党在不同时期确立了不同的战略目标:党的十四大明确提出建立社会主义市场经济体制;党的十五大提出坚持以公有制为主体,多种所有制经济共同发展,培育和发展社会中介组织;党的十五届四中全会提出要鼓励减轻企业社会负担、分离企业办社会的职能;党的十六届六中全会提出要鼓励社会力量在教育、科技、文化、卫生、体育和社会福利等方面兴办非企业单位;党的十八届三中全会提出激发社会组织活力,加快实施政社分开,推进社会组织明确权责、依法自治、发挥作用,适合由社会组织提供的公共服务和解决的事项交由社会组织承担。一系列关于国家宏观社会经济发展的重要论述为社会服务机构指明了前进方向,创造了有利条件。社会服务机构迅速发展,已遍布社会的各个领域。

一、我国社会服务机构的发展现状

（一）数量增加

1996年党中央从完善我国社会组织管理格局的角度出发,决定把民办非企业单位交由民政部门进行统一归口登记。从2000年开始,民政部门对民办非企业单位进行了复查登记工作。据民政部民间组织管理局统计,全国民办非企业单位的登记数字在2001年年底为8万余家,到2002年5月底为9.6万余家。①

据中国社会组织网（中国社会组织公共服务平台）数据资料显示,截至2019年第四季度,全国社会服务机构48.7万个。② 近年来,社会服务机构数量增长较快,从2010年到2018年,全国社会服务机构数量分别为:2010年110641个（部级③ 36个）,2011年131245个（部级39个）,2012年159776个（部级46个）,2013年203459个（部级60个）,2014年251203个（部级77个）,2015年294879个（部级93个）,2016年341827个（部级101个）,2017年386645个（部级101个）,2018年431566个（部级101个）。

根据民政部《2018年社会服务发展统计公报》显示:全国共有民办非企业单位近44万个,比上年增长11.1%,其中科学研究类14665个,教育类240012个,卫生类30882个,社会服务类73024个,文化类26614个,体育类19986个,工商业服务类5437个,农村发展类3060个,其他类30412个。

（二）范围拓展

从统计数据来看,我国社会服务机构发展所涉及的社会领域比较全面,大体涵盖了人们生活的各个方面,反映了人们对公共服务需求的多样性,基本符合我国社会发展的实际。在不同类型的社会服务机构中,教育类机构占据绝大多数,表明社会公众在教育领域具有较为强烈的需求,也反映出公众对更高层次的精神生活的追求。但社会服务机构进还需要进一步优化。例如,在养老、

---

① 赵泳、刘宁宁:《全国民办非企业单位数量分析》,《中国民政》2003年第4期。
② 《社会组织发展态势:社会组织分类变动趋势》,http://data.chinanpo.gov.cn/,最后访问日期为2020年7月13日。
③ 指在民政部登记注册。

扶贫、帮困等方面,需要更多的社会服务机构参与;在生态环境建设和社会创新方面,也需要加强对社会服务机构的引导和培育。随着2016年中共中央办公厅、国务院办公厅《关于改革社会组织管理制度促进社会组织健康有序发展的意见》的发布,我国的社会服务机构的发展将迈出新的步伐,更多社会服务机构会积极投身到社会公用事业的发展。[1]

二、我国社会服务机构的新动向

(一)社会服务机构主动融入和参与国家治理

2013年11月,党的十八届三中全会通过的《中共中央关于全面深化改革若干重大问题的决定》指出,全面深化改革的总目标是完善和发展中国特色社会主义制度,推进国家治理体系和治理能力现代化。它明确提出激发社会组织活力,具体内容包括:正确处理政府和社会关系,加快实施政社分开,推进社会组织明确权责、依法自治、发挥作用。治理能力现代化是把治理体系的体制和机制转化为一种能力,发挥治理体系功能,提高公共治理能力。在社会治理体系中就是要按照党和政府领导、培育、规范社会组织,社会组织配置社会资源的逻辑深化社会体制改革,发挥社会组织在配置社会资源中的决定性作用。[2]

为落实党的十八届三中全会等相关会议精神,2016年8月,中共中央办公厅、国务院办公厅印发的《关于改革社会组织管理制度促进社会组织健康有序发展的意见》中指出:以社会团体、基金会和社会服务机构为主体组成的社会组织,是我国社会主义现代化建设的重要力量。党中央、国务院历来高度重视社会组织工作,改革开放以来,在各级党委和政府的重视和支持下,我国社会组织不断发展,在促进经济发展、繁荣社会事业、创新社会治理、扩大对外交往等方面发挥了积极作用。

具体到社会服务机构,社会服务机构的作用发挥不仅需要社会组织的充分发育,而且需要政府的积极引导,为社会组织发展和承接服务提供一种良性的

---

[1] 高潮、苑珂珂:《我国民办非企业单位现状及发展路径》,《中国民政》2018年第24期。
[2] 高小平:《国家治理体系与治理能力现代化的实现路径》,《中国行政管理》2014年第1期。

制度环境。① 为推动社会服务机构更好地在国家治理体系和治理能力现代化中发挥作用,应重点关注完善产权制度、明确非营利的底线、协调营利性与公益性这三个方面的问题。

(1) 完善产权制度。非营利性不是一种外部义务或道德假设,而是一种基于产权关系和产权制度的内在要求。一方面,社会服务机构是以资金(使用非国有资产)为基础的组织,不同于以人为基础的组织(如公司、社会团体等);另一方面,社会服务机构不是企业,而是非营利组织,出资者出资后并不对社会服务机构具有所有权,在行为上不是"所有人",那么出资者就没有剩余债权和剩余控制权。因此,产权制度是社会服务机构最基本的制度,也是保障其非营利性的重要制度。社会服务机构的产权安排属于非私有、非国有的社会公益性产权制度。出资人的出资行为应视为一般性捐赠,而不是投资。因此,需要完善社会服务机构和社会公共财产产权制度的监督机制。目前,大多数社会服务机构同意出资者成为"所有人"的要求,这一现实情况对社会服务机构的发展不利,我们应当借鉴大陆法系国家的财团法人制度,解决大量的法律、政治乃至社会心理问题。因此,社会服务机构的优化需结合我国第三部门行业的发展需要和立法进程,逐步、分阶段地完善相关产权制度。

(2) 明确非营利的底线。在第三部门,就财产权而言,出资者的出资行为并不能让其成为组织的所有者,资金一旦进入第三部门就成为组织的公共资源用于实现组织目标。这一限制条件在第三部门的实务工作中就产生了两个问题:第一,当第三部门仍然秉持将出资者视为所有者这一观念时,如何确保第三部门的非营利底线?第二,出资者如果不能成为第三部门的所有者,那么如何有效激励他们的出资热情呢?这两个问题可进一步整合为一个问题:第三部门如何在保持非营利的前提下,实现对出资者的有效激励,促进组织发展?非营利性是社会服务机构等第三部门的基本属性,这一属性得到了法律法规的确认。对社会服务机构的非营利性的规定主要有五个层面的内容:第一,在组织章程中明确规定非营利的宗旨;第二,分离社会服务机构的个人资产、支持机构资产和社会服务机构资产;第三,将社会服务机构的经营所得用于公共事业,不

---

① 叶敏、奚建武:《社会组织类型与服务承接的差异性困境——以上海市奉贤区 Z 镇政府购买服务经验为例》,《中国第三部门研究》2017 年第 1 期。

用于内部成员分配;第四,在政府指导和社会监督下,保证组织的资产信息公开透明;第五,对于规范化发展水平较高的社会服务机构,政府可向出资者和运营人返还部分资本,将其视为政府奖励措施。

(3) 协调营利性和公益性关系。建立协调的营利与公益(非营利)的关系,逐步提高社会服务机构的非营利水平需要做到以下几点:第一,加大政府支持力度,特别是对资金、税收、项目等的支持力度。社会服务机构可从主要依靠个人财产经营活动,转向吸纳一部分政府支持资源。第二,形成良好的社会氛围,引导社会关注、支持社会服务机构的发展。通过提供捐赠、志愿服务等方式动员社会力量支持社会服务机构的发展。第三,逐步完善社会服务机构的非营利身份。通过政策普及、理论宣传和制度约束,使大多数社会服务机构逐步了解社会服务机构的非营利要求。第四,调整规划体制和改革一些不适当的规定。例如,不允许以营利为目的的民营教育机构(这必然会迫使营利组织成为非营利组织)存在;出版机构必须到工商部门注册,取得营业执照成为营利单位。修改上述规定,能为资源供给者提供选择,从而最大限度地排除营利动机强烈的出资人,或强化其对社会服务机构非营利性的认知。社会服务机构不愿妥协于非营利性基本原则的,应当允许或者劝说其重新注册为企业或者其他组织。①

(二) 参与精准扶贫

从 2014 年发布的《建立精准扶贫工作机制实施方案》到 2015 年发布的《中共中央国务院关于打赢脱贫攻坚战的决定》,再到 2017 发布的《国务院扶贫开发领导小组关于广泛引导和动员社会组织参与脱贫攻坚的通知》,中央鼓励社会力量进入精准扶贫领域的顶层设计逐步完善。专业社会工作机构作为社会服务机构的重要组成部分,在精准扶贫工作中具有巨大潜力。社会工作机构是以社会工作者为基础,坚持"助人自助"的原则,遵循社会工作的道德规范,综合运用社会工作的专业知识、方法和技能,开展困难矛盾化解、维权、心理咨询、行为矫正、关系优化改进等社会服务的一类社会服务机构。精准扶贫是全面建成小康社会的必然要求。新时代中国特色社会工作具有资源整合和跨领域合作的双重优势,鼓励支持社会工作机构参与精准扶贫,是推动政府、市场、社会三

---

① 赵立波:《民办非企业单位:现状、问题及发展》,《中国行政管理》2008 年第 9 期。

者良性互动的重要因子,是挖掘源源不断的社会内生动力的有力支撑。

社会组织参与扶贫具有极强的现实意义。精准扶贫的提出意在解决过去"广撒网"扶贫路径的缺陷,旨在开展定向和准确的扶贫工作。社会组织扶贫已经被实践证明是一种扶贫对象瞄准率高、扶贫资源使用效率高、扶贫方式创新能力强的形式,因此可以在精准扶贫的实施过程中起到更大作用。① 社会组织参与扶贫体现了共治理念,是当代扶贫工作的重要内容。

海惠助贫服务中心是一家积极参与扶贫工作的社会服务机构。成立于2008年11月26日的四川海惠助贫服务中心是一个从事扶贫和农村发展的民办非营利机构,其前身是1985年就进入我国的国际扶贫公益机构——国际小母牛项目组织中国办公室,故简称"海惠·小母牛"。至2017年12月31日,"海惠·小母牛"共实施了179个项目(含已结束和正在进行的所有项目),分别与120个项目伙伴合作,在15个省、自治区、直辖市的112个县(市)实施。这些项目共扶持了71 213户贫困农户,援助动物1 270 845头(只)。共举办各类培训22 476期,参训人数达969 542人次。② 与此同时,项目培养了一个个踏实的工作团队和一批社区协助者,成为项目给社会留下的宝贵财富。

案例分析

社会服务机构立足社会需求 积极发挥作用

近日,一则自闭症患者临床试验招募消息引起众多患者家属的关注。这项临床试验由上海市第十人民医院与上海张江医学创新研究院联合申报,将利用肠道微生态移植技术治疗自闭症。"目前,伦理委员会正在审阅、修订试验细节。许多患者家属定期来电,打听进展。"上海张江医学创新研究院副理事长、上海宝藤生物医药科技股份有限公司董事长楼敬伟博士告诉记者。

上海张江医学创新研究院是一家民办非企业单位,由民营企业宝藤生

---

① 赵佳佳:《当代中国社会组织扶贫研究》,吉林大学博士学位论文,2017年6月,第4页。
② 《海惠年报(2017)》,http://haihuichina.org/wp-content/uploads/2018/12/2018-12-21_14-25-03_613729.pdf,最后访问日期为2019年8月28日。

物捐赠100万元发起创办。上海近日发布的《关于进一步深化科技体制机制改革增强科技创新中心策源能力的意见》提出,"鼓励社会力量兴办新型研发机构,支持运行模式和运行机制创新,对满足条件的新型研发机构,在项目申报、职称评审、人才培养等方面享受科研事业单位同等待遇"。看到这段话后,楼敬伟点赞说:"这对民营企业兴办的新型研发机构是一大利好。"

市科委副主任骆大进介绍,近年来,越来越多的民营企业开始兴办新型研发机构。上海张江医学创新研究院成立于2017年年底,在张江国家自主创新示范区专项发展资金重点项目的支持下发展很快,现在正与复旦大学张江研究院、上海市第十人民医院、中科院大连化学物理研究所等单位合作,研发、转化一系列医学创新技术。

"我们想把研究院办成一个开放的功能型平台,满足医学创新领域的多元化需求。"谈及创办上海张江医学创新研究院的初衷,楼敬伟说道。在他看来,张江科学城的高校和科研院拥有一批高水平科学家,生物医药大企业的研发总部和创新型中小企业也云集于此,然而科研单位与企业的交流合作、资源共享还不够多。

如何在生物医药领域加强产学研医合作,构建以产业化为目标的研究体系?这位自称"非著名乡镇企业家"的医学博士想到了创办研究院。"把上海张江医学创新研究院办好了,自然能集聚资本。我们正在与几家创业投资基金谈合作,计划发起成立生物医药原始创新基金。"

据介绍,上海张江医学创新研究院实行理事会领导下的院长负责制,主要机构为理事会、监事会和职能部门。理事会是决策机构,首届理事会成员可谓"阵容豪华",包括3位两院院士以及多位高校、医院、企业负责人,集聚了各方资源。理事会聘中国工程院院士杨胜利为院长。

肠道微生态精准治疗和检测,是上海张江医学创新研究院与上海市第十人民医院等单位合作开展的一项研究。上海张江医学创新研究院监事长、宝藤生物副总裁许骋博士介绍,科学研究发现,便秘、肥胖症、自闭症、抑郁症、帕金森病、难治型糖尿病等多种疾病与肠道菌群失调有关。近年来,肠道微生态移植技术进入了临床试验和应用阶段,即把健康人肠道内的菌群移植到患者体内。据了解,上海市第十人民医院肠道微生态诊疗中心已完成2200多例移植手术。

肠道微生态移植技术对自闭症的疗效究竟如何?日前,上海张江医学创新研究院携手上海市第十人民医院、上海宝藤医学检验所、上海交通大学、上海星语儿童智能训练中心,发起一项临床试验。通过伦理审查后,他们将在全国招募500名自闭症患者免费入组。"通过这项临床试验和两年随访,我们希望为肠道微生态移植技术治疗自闭症提供临床依据,也希望找到有关幼儿自闭症诊断的代谢标志物。"许骋说。

(资料来源:《民办研究院站上自闭症治疗前沿——宝藤生物发起创办张江医学创新研究院,高校医院企业合作促进技术产业转化》,《解放日报》2019年3月22日。有删改。)

分析要点

1. 专业性的社会服务机构有利于聚集人才,提升公共政策的科学性和准确性。

2. 社会服务机构以其组织和专业优势将散布于社会的各种资源予以聚合,提升组织参与公共事业的能力。

3. 社会服务机构在完成项目目标的基础上,应当重视与政府部门、企业、科研院所的交流与合作,促进产学研的一体化发展。

本章小结

社会服务机构前身是民办非企业单位,具有民间性、非营利性、独立性、实体性等特点。

社会服务机构在运作中发挥了联系政府和社会民众、承担政府转移的服务职能、提供就业机会和就业岗位、推进国际交流与合作等重要作用。

社会服务机构的理事会治理和资金使用管理是内部治理的重要内容。当前我国社会服务机构呈现数量不断增加、服务领域不断拓展,社会服务机构积极参与国家治理和精准扶贫的发展特征。

本章思考题

1. 社会服务机构有哪些主要特征?
2. 社会服务机构有哪些主要分类?
3. 社会服务机构同社会团体、基金会的区别有哪些?

阅读书目

1. 景朝阳主编:《民办非企业单位导论》,中国社会出版社2011年版。
2. 金锦萍、刘培峰主编:《转型社会中的民办非企业单位》,社会科学文献出版社2012年版。
3. 佟丽华:《中国民办非企业单位的改革与创新》,法律出版社2016年版。
4. 赵青航:《民办非企业单位法律制度研究:以民办养老机构的发展现状为素材》,浙江人民出版社2011年版。
5. 赵泳主编:《民办非企业单位问题研究》,中国社会出版社2004年版。

第十二章 基金会

【本章教学目标】

基金会是第三部门中重要的一种组织类型,它主要的特点是募集资产用于公益项目。本章主要概括了基金会的概念和特征,对基金会进行分类,介绍了美国、英国及中国基金会的发展历史和现状,阐述了基金会的项目运作与资产管理。

第一节 基金会概述

本节主要介绍了基金会的基本概念、特征、分类与作用,对基金会的基础内容做了全面的梳理。

一、基金会的基本概念与特征

(一)基本概念

对于基金会的定义,不同的学者有不同的侧重点。曾担任卡耐基基金会会长19年之久的弗雷德里克·P.凯佩尔从法律层面对基金会做出了界定,他认为基金会是基于慈善目的而设立,通过理事会进行管理,在联邦或州的法律的监管下运作,并在税收方面享有优待特权的组织。① 此定义侧重于基金会的法律意义。

美国基金会中心认为基金会是非政府性质的、拥有自己资金的(来自单一的个人、家庭或公司)、非营利的、可以自行组建董事会、制订并调整组织规划的组织。基金会创办的目的是支持或援助教育、社会发展、公益慈善、宗教或其他领域活动以推进公共事业和公共福利的发展,主要是通过对其他非营利机构的赞助来实现价值与宗旨。②

萧新煌、江明修、官有垣将基金会定义为一类非营利组织,其旨在促进社会的健全发展,引导财富,并运用于公益目的。③

《基金会管理条例》从法律层面上界定了基金会:"利用自然人、法人或者其他组织捐赠的财产,以从事公益事业为目的,按照本条例的规定成立的非营利性法人。"

根据以上的不同的定义,可以把基金会定义为:利用自然人、法人或者其他组织捐赠的财产,以从事公益事业为目的,开展资助和项目活动的非营利组织法人。

(二) 典型特征

不同学者对基金会的不同定义反映出基金会的典型特征,主要有以下几个方面。

(1) 以捐赠财产为基础。基金会以基金形式运作公益财产,这是基金会区别于其他社会组织的最显著特点。捐赠人一旦将财产捐出成立基金会,捐赠财产就独立于捐赠人。捐赠财产通过基金会来运作项目,服务于有需要的人群和慈善事业。

(2) 非营利性。非营利性与营利性相对,指基金会运作不以积累财富或者创造利润为目的,不能将基金会的利润或财产进行私人分配。

---

① Frederick P. Keppel, *The Foundation: Its Place in American Life*, New Brunswick, New Jersey: Transaction, 1989, p. 3.
② 崔利贞、何光先主编:《基金会指南》,中国工人出版社1990年版,第224页。
③ 萧新煌、江明修、官有垣主编:《基金会在台湾:结构与类型》,台北巨流图书有限公司2006年版,第22页。

（3）公益性。公益性是基金会的核心属性，是指基金会的目标服务于不特定的个人或群体，以实现公平性和正义性。

（4）组织性。基金会是在县级以上民政部门注册登记的非营利组织法人，自主决策、自治管理，承担法人所应履行的义务。

二、基金会的分类

不同国家和地区对于基金会的分类有所差别，当前具有代表性的是美国、德国和中国对基金会的分类。

（一）美国基金会分类

从美国《基金会年鉴》来看，根据基金会注册资金的来源与运作方式的不同，主要分为以下四大类基金会。[①]

独立基金会通常是由个人或家族通过捐赠和遗赠建立的，其发展历史悠久，是美国最重要的基金会形式，占美国基金会总数和资产总值的85%以上。福特基金会、洛克菲勒基金会、卡耐基基金会和皮尤慈善信托基金会都是著名的独立基金会。随着时间的推移，它们不再由捐献者家族成员控制，转而由独立的董事会或理事会和专业人员进行管理。因其带有鲜明个人或家族色彩，受政府和企业的影响较少，这些独立基金会是真正意义上的"民间基金会"。

企业基金会的资金来源是企业的商业利润捐赠。企业基金会在很大程度上与捐赠企业保持密切联系，但是在内部管理与财务运作上独立于企业。企业通过成立基金会来传播企业理念，反过来又促进企业发展。典型的企业基金会包括沃尔玛基金会和卡特彼勒基金会。

社区基金会是了解和发现本社区或地区的需要，并服务于这些需要的公益组织。社区基金会最重要的特征是资金来源较为多样化，既有来自个人的捐赠或遗赠，也有来自企业的捐赠，其资金大部分服务于本社区。1914年成立的克利夫兰基金会是美国最古老的社区基金会。

运作型基金会的资金主要来自私人或者家族，目的是进行研究或组织和实

---

① 资中筠：《财富的归宿——美国现代公益基金会述评》，生活·读书·新知三联书店2011年版，第5—6页。

施有关教育、科研与社会公益的活动。这类基金会极少向外界提供资助,一般来说其资助其他基金会的资金不超过其收入的 15%。从基金会的整体数量来看,运作型基金会数量相对较少,但是其社会影响力不可小觑,如卡耐基国际和平基金会、赛奇基金会、斯坦利基金会、查尔斯·凯特林基金会等都是知名的运作型基金会。

(二)德国基金会分类

根据基金会的资金来源、设立目的以及法律依据来看,德国基金会主要有公法基金会和民法基金会之分。①

公法基金会是在联邦政府或州政府的支持下,为实现公共利益依法成立的一种非营利组织。在实际运作过程中,联邦政府或州政府每年会通过财政预算,为基金会的发展与运作提供资金保障,支持基金会为社会提供基本的公共服务。基金会主管部门是相关的政府部门。这类基金会也可以称为政治基金会,主要为政党提供人才,同时开展国际合作。典型的公法基金会有弗雷德里希·艾伯特基金会和康拉德·阿登纳基金会等。

与公法基金会不同的是,民法基金会是根据德国民法典和各联邦州通过自己的实际情况自行制定的基金会法律与政策(财团法)的相关规定,以具体的公益目的为运作发展宗旨而成立的一种非营利组织。可以由个人出资,也可以由企业出资设立,但是原始资金按规定不得少于 5 万欧元,一般由各州的内政部或者司法部门归口负责,由属地政府部门登记,但是需要向财税部门申报公益免税资质,接受财税部门的监管。典型的民法基金会有西门子基金会和墨卡托基金会。

(三)中国基金会分类

1. 按资金募集方式划分

根据《基金会管理条例》,我国的基金会可以分为公募基金会与非公募基金会,实行分类管理。

公募基金会与非公募基金会的区别有三点:第一,资金来源不同。公募基金会可以通过公开途径向社会大众募集资金,而非公募基金会的基金来源主要

---

① 廖鸿:《德国基金会的管理及其启示》,《中国民政》2018 年第 11 期。

是特定个人或组织的捐赠,不可以通过公开途径向公众募集资金。第二,注册资金要求不同。根据《基金会管理条例》第八条,全国性公募基金会的原始基金不低于800万元,地方性公募基金会的原始基金不低于400万元,非公募基金会的原始基金不低于200万元。原始基金超过2000万元,发起人向国务院民政部门提出设立申请的非公募基金会的登记管理工作由国务院民政部门负责。第三,支出比例不同。《基金会管理条例》第二十九条规定,公募基金会每年用于从事章程规定的公益事业支出,不得低于上一年总收入的70%;非公募基金会每年用于从事章程规定的公益事业支出,不得低于上一年基金余额的8%。

2. 按注册单位层级划分

我国基金会的注册情况与行政层级存在很大关联,基金会按照行政注册单位层级的不同,可划分为全国性基金会与地方性基金会。全国性基金会在民政部注册,地方性基金会原则上在省级民政部门注册登记。随着近几年部分省级行政区民政部门的权力下放,一些地区的基金会可在地、市级乃至县级民政部门注册登记。

3. 按资金使用方式划分

根据资金使用方式,可以把基金会分为资助型基金会、运作型基金会和复合型基金会。

资助型基金会是将筹集到的资金主要用于资助其他组织开展公益项目,而不是自己运作公益项目。其他组织提交项目书向基金会申请资助,基金会在收到项目申请书后对项目进行审查研究,然后与得到资助的组织签署协议,按协议拨款。被资助的组织定期向基金会汇报项目进展情况,接受指导、评估与监督。2007年5月11日,南都公益基金会在民政部申请注册登记,明确定位为资助型基金会。

运作型基金会是将筹集到的资金全部用于公益项目的运作,一般不对其他组织直接进行资助。运作型基金会多为非公募基金会,如湖南弘慧教育发展基金会就是一家由私人发起的教育类基金会,通过开展筑梦计划、弘道计划等项目,为湖南贫困地区学生及教师提供经济支持和成长关怀,培育地方教育力量。

复合型基金会既有自己运作公益项目的部分,也有资助其他组织从事公益项目的部分,综合了资助型基金会和运作型基金会的部分功能。随着慈善法颁布,公募资格成为稀缺资源,一批运作型基金会正逐步改变过往专注于自身项目的发展战略,为相近领域的组织提供资金支持,转型为复合型基金会。较为典型的例子包括北京春苗慈善基金会和上海真爱梦想公益基金会等。

4. 按与政府关系划分

按与政府关系进行划分,可以把基金会分为官办基金会、民办基金会和半官半民基金会。

官办基金会的原始注册资金往往来自政府,基金会根据行政化的方式来运作,有的根据事业单位待遇由政府提供办公经费,受政府的影响较大,如中国宋庆龄基金会。

民办基金会的原始注册资金来自个人、企业或社会,基金会实行社会化和市场化方式运作,受政府的影响相对较小,如深圳市郑卫宁慈善基金会。

半官半民基金会主要指原始注册资金既有来自政府的,也有来自个人、企业和社会的基金会。基金会实行社会化与市场化运行,但半官半民基金会与政府关系往往较为密切,如上海宋庆龄基金会。

三、基金会的作用

基金会作为第三部门的有机组成部分,在解决社会问题与促进社会发展方面发挥着积极的作用。

(一)基础性作用

(1)集聚财产资源,配置资源最大化。借助基金会这一组织形式,把个人、企业和社会所体现出来的爱心通过捐赠财产的方式集中起来开展公益活动,与政府提供的公共服务实现互补与合作。

(2)为特定群体提供慈善服务。基金会为困难群体、特殊人群提供资金资助和项目服务,在救灾、扶贫、帮困、助老、助学、助残等方面发挥积极作用,确保特定人群的生存得到基本保障。

(3)减少矛盾与冲突。由计划经济向市场经济转型的过程中,人们的物质和文化需求已经发生了变化,全国各地贫富差距越来越大,贫富两极分化严重,发展的不平衡与不充分成为社会矛盾与冲突的集中点。这就要求基金会通过财富的二次分配,缓解社会矛盾,满足不同群体的合理需求。基金会提供的资金支持和项目活动有效维护社会秩序,减少了矛盾与冲突。

(4)缩小地区差距。东部地区发展快,中西部地区发展相对慢一些,两者间的差距成为基金会工作的空间。通过资金支持与能力培训,基金会把东部资金引入西部和中部地区,促进西部与中部地区的可持续发展。同时,基金会还可通过人员能力培训,提高西部和中部地区人员的文化素质与知识素养,为西部和中部地区发展提供智力支持。

(二)促进性作用

(1)推动社会可持续发展。基金会在教育、文化、卫生、体育、环境等方面提供资金资助和公益服务,提升人的社会价值和服务能力。

(2)提供法律政策咨询。基金会既可以提供相应的资金,也可以智库的身份开展法律政策的研究,推动相关法律政策的完善,维护公共利益,促进法律政策的科学性与民主化。

(3)保护传统文化。基金会通过资金支持和项目开展,倡导与保护传统文化,提高价值认同。

(4)培养公民意识。基金会借助资金资助和项目开展,培养公民的公益意识和责任意识,传播公民参与的价值。

(5)推动政府改革。作为第三部门的一部分,基金会在独立自主开展活动的同时,通过与政府之间的联系,运用政策倡议和提供示范的方式,加快政府观念转变与职能转移,扩大第三部门的社会空间。

第二节 基金会的发展历史与现状

基金会起源于西方,后传入中国。本节主要介绍国外和我国基金会的发展历史与现状,以及基金会的发展趋势。

一、国外基金会的发展历史与现状

国外基金会出现较早,其中美国和英国基金会有较长的历史,有一些经验值得我们学习与借鉴。

（一）美国基金会的发展历史与现状

基金会在美国最早出现于19世纪末20世纪初，它是根据公司形式建立的一种非营利组织，不同于教会创办的慈善机构和传统的信托慈善基金。

从总体上看，美国的基金会发展可以分为以下六个阶段。

第一阶段，1869年到1910年左右。1869年，美国马萨诸塞州金融家皮博迪为发展南北战争后南方各州的初等教育创设了皮博迪教育基金会。1882年，斯莱特基金会成立，这是一家致力于南方教育事业发展的私人捐助基金会，旨在推动南方各州的被释奴隶及其后代的教育，尤其是培养黑人教师。1889年，安德鲁·卡耐基的文章《财富的福音》引起了巨大的社会反响，基金会的社会影响力不断增强。初创阶段的基金会为现代基金会搭建了基本框架，使相对零散的捐赠发展为合理化、组织化和职业化的公益事业。1910年洛克菲勒基金会获取联邦许可证和1911年纽约卡耐基基金会的创立标志着基金会的发展开始进入第二阶段。

第二阶段，1910年到20世纪30年代早期。受到美国改良时期经济发展和社会财富迅速积累的影响，基金会发展迅速，其捐赠大多投入教育和科研，为美国的繁荣打下了扎实的基础。从1910年开始，众多基金会纷纷建立，如共同基金会和罗森沃尔德基金会。受弗雷德里克戈夫在克里夫兰工作的影响，社区基金会也在此时迅速发展，并成为美国基金会发展的重要种类。

第三阶段，20世纪30年代到40年代中期。经济危机和第二次世界大战期间，基金会的发展和活动空间都受到了一定的限制。由于缺乏相应的经济收入，基金会削减了许多学术研究项目，暂停设立新的机构。

第四阶段，20世纪40年代晚期到1970年。福特基金会在这一时期逐步成长为美国乃至世界最大的基金会，在教育、科学、社会改良和种族问题等方面都发挥了巨大的作用，成为第二次世界大战后美国基金会在全球释放影响力的代表之一。

第五阶段，20世纪70年代到80年代。由于20世纪70年代市场疲软和长达十年的通货膨胀，基金会资金来源减少，其作用受到限制。

第六阶段，20世纪90年代初期至今。由于社会保障制度逐步完善，政府在福利事业方面的作用得到加强,私人基金会影响力减弱。政府在公共服务领域的行政效率低、企业在公共服务领域的营利性和竞争性倾向都使得基金会在公共服务领域的地位和作用不断增强,社会影响力与日俱增。

美国基金会的历史演变呈现出两个基本特点:第一,基金会的宗旨和使命基本保持一致,都以传播知识、促进文化教育事业为宗旨。第二,基金会由大企业和大资本家出资兴建,一旦成立,就成为独立的、根据章程和法律运转的机构,不以出资者个人的意志为转移,与个人慈善行为有很大区别。[1] 需要注意的是,尽管美国的基金会规模庞大、种类繁多,但是也遇到了一些问题,正如乔尔·L. 弗雷施曼所言,美国的基金会也陷入了"黄金悖论"[2],特别是在追求个人利益与获得财富的纯粹利他主义争论。基金会希望通过提高受助组织的服务能力为社会创造更多价值,却容易出现干涉资助对象自主权,组织为公益而服务但公众感知度不高等问题。

(二)英国基金会的发展历史与现状

1601年,伊丽莎白女王发布世界上第一部专门慈善法——《慈善用途法》,规定所有慈善基金的使用必须同国家意志相结合,这改变了慈善事业由教会控制的历史,强调基金会必须为公众谋福利。19世纪英国政府出台《托管人管理法》和《慈善受托人社团法》,明确慈善组织理事会的组织定位与管理原则。1853年英国成立慈善委员会,主管慈善组织的登记注册,并对慈善组织实行监督管理。慈善委员会由英国财政全额拨款,独立于英国政府之外。法律和机构支持体系的建立与完善,为英国基金会发展提供了充分制度保障。

英国基金会的筹款来源有以下五类:一是直接向公众筹款;二是委托专业机构代筹;三是遗嘱捐赠;四是服务收入;五是投资收入。英国慈善委员会在2004年发布了《慈善基金会的投资:基本原则》这一官方文件,全文共四十条,分十二个部分,对慈善受托人投资权利及限制、义务与责任、慈善组织如何选任投资管理人、制定投资策略,以及混合动力投资、税收减免等内容做出了说明。

---

[1] 资中筠:《论美国强盛之道》(上),《学术界》2000年第6期。
[2] 〔美〕乔尔·L. 弗雷施曼:《基金会:美国的秘密》,北京师范大学社会发展与公共政策学院社会公益研究中心译,上海财经大学出版社2015年版,第2—3页。

二、我国基金会的发展历史与现状

1981年,中国儿童少年基金会正式依法登记,这是中国改革开放后的第一家基金会。部分研究者视之为中国基金会发展的起点,此后基金会发展迅速。对中国基金会发展的历史阶段划分,不同学者持有不同观点。例如,余昌颖将中国基金会的发展划分为恢复发展(1978—1988年)、规范发展(1989—1998年)、快速发展(1999—2006年)、全面发展(2007年至今)四个阶段。[1] 洪峰则把基金会的发展概括为五个阶段:第一阶段为新中国成立至1980年,空窗阶段;第二阶段为1981—1989年,混乱、无序阶段;第三阶段为1989—2004年,清理、整顿阶段;第四阶段为2004—2016年,快速发展阶段;第五阶段为2016年至今,依法治理阶段。[2]

结合现有研究,根据基金会功能、成立数量、作用状况与法律政策实施情况,可以将基金会的演变分成以下四个阶段。

第一阶段:积累阶段,从1949年10月到1981年6月。尽管这一时期基金会尚未出现,但已经有了基金会的雏形,如中国红十字总会、中华慈善总会。此类组织在履行社会团体功能的同时,也发挥了基金会的部分功能,即获得一定的财产捐赠,开展了公益项目活动。

第二阶段:初创阶段,从1981年7月到1988年8月。1981年7月,中国儿童少年基金会在民政部正式依法登记。此后,许多大型公募基金会纷纷成立,如1982年5月成立的中国宋庆龄基金会、1984年3月成立的中国残疾人福利基金会等。公募基金会数量不断增长,在推动社会发展方面发挥了积极的作用。但这一阶段尚未制定和出台相应的规范性文件,公募基金会数量多而由社会力量发起的基金会少,社会迫切需要非公募基金会的出现。

第三阶段:规范阶段,从1988年9月到2016年2月。1988年9月,国务院发布《基金会管理办法》,该办法规定了基金会的定义、设立条件、审批体制、资

---

[1] 余昌颖:《新时期福建省社会组织发展研究》,华侨大学博士学位论文,2015年6月,第58页。
[2] 洪峰:《中国基金会发展的历史、现状与未来》,http://www.chinadevelopmentbrief.org.cn/news-21510.html,最后访问日期为2019年8月28日。

金筹集规则、资金使用保值规则、资助协议和行政费用的规范以及监管规范等内容,对中国基金会的成立、发展,尤其是促进中国公募基金会的发展发挥了重要作用。2004年3月,国务院发布《基金会管理条例》,从国家层面明确规定我国的基金会种类主要分为公募性基金会与非公募性基金会,要求充分发挥社会力量出资兴办基金会,一定程度上促进了基金会的可持续发展。

第四阶段:快速发展阶段,从2016年3月至今。2016年3月全国人大通过慈善法以后,随着社会经济体制改革的不断加快与慈善环境的优化,我国的基金会数量得到了进一步扩展。根据《2017年社会服务发展统计公报》显示,截至2018年年初,全国共有各类基金会数量6307家,同比增长13.5%,其中公募基金会达到了1678家,非公募基金会数量达到4629家,通过民政部登记的基金会总数达到213家。

慈善法取消了非公募基金会这个概念,对作为慈善组织的基金会,在成立、运行、内部管理、行政开支、信息公开、资产保值增值等方面做出明确规定,基金会进入快速发展时期,这一时期许多基金会通过认定成为慈善组织。截至2020年8月,我国共有各类慈善组织8657家,其中属于基金会类型的达到5059家,占总慈善组织数量的58.44%[①]。

三、基金会的发展趋势

(一)基金会类型越来越多样化

2008年在深圳、上海等地出现的社区基金会是我国基金会发展到新阶段的主要代表。社区基金会的主要特点是以社区为工作场域,与街道、村委会、居委会和其他社会组织合作,成为募集社区财产、承接政府职能、服务社区组织与居民的资源集聚平台。

(二)基金会新价值观出现

基金会的新价值观表现在:从传统基金会的募集资金到运作项目逐渐演变成募集资金到资助项目;从单纯的财产捐赠转向风险投资;在发挥社会效益的

---

① http://cishan.chinanpo.gov.cn/biz/ma/csmh/a/csmhaindex.html,最后访问日期为2020年8月27日。

同时,关注经济效益,以慈善信托为背景的基金会商业运作模式逐渐为社会所接受。同时,移动互联网等新兴科技产品受到追捧,被各家基金会广泛运用。传统的资金募集通过个人劝募的方式进行,当前资金募集的主要方式是通过互联网募捐平台募资,这一募集资金的方式具有较大的规模与较强的营销性。现代慈善不仅是帮助他人,还强调慈善行动中的主体间互动。

(三)专业化、透明化与高效化并存

2015年7月,人力资源和社会保障部、国家质量技术监督局、国家统计局等联合发布《中华人民共和国职业分类大典》,其中增设劝募员作为国家认可的专业募集资金的职业,对基金会管理人员的专业化与职业化提出了新要求。

(四)专业性运作与支持性评估结合

在基金会健康发展格局之下,越来越多的基金会开始关注用公益资金解决"效率"与"效度"平衡的议题,开始关注社会影响力。在此过程中,基金会一方面注重自身的专业性运作,不断引入专业化的社会工作者、管理者从事基金会工作,另一方面支持公益组织发展,大量投入到资助活动中,推动社会服务机构和行业性组织的成长。

第三节 基金会的项目运作与资产管理

基金会的项目运作与资产管理是基金会持续发展的重要因素,本节重点对基金会的项目运作和资产管理加以介绍。

一、基金会项目运作

基金会核心功能是筹措资金,通过项目运作的方式,使资金得到有效利用,实现社会公益目的,因此项目运作成为基金会运行的中心职能之一。根据基金会类型的差异,资助型基金会不直接参与项目的运作,而运作型基金会直接触及项目运作的全过程,因此可从运作型基金会的视角来分析项目运行过程。

（一）项目设计

在项目设计阶段，基金会根据章程要求和自身能力来完成项目设计：一是项目要符合章程所规定的宗旨；二是项目要符合实际需要；三是项目要有一定的社会效益。在项目设计过程中，需要做好项目需求调研，明确项目设计的需求层级，根据需求的迫切性制定相应项目发展清单，结合基金会的组织使命、服务能力、资源情况优先满足需求性强、服务效果明显的项目，并且树立项目的品牌化服务意识，打造基金会品牌。

（二）项目管理

为了确保项目顺利有效地执行、充分发挥项目的价值，需要增加对项目管理工作的重视度，特别是项目行政管理、专业化规范性管理、项目进度管理、资金管理、团队管理等方面。在项目管理过程中，基金会不仅需要整合组织内部的发展资源，做好与项目执行部门的协调工作，而且还要注意利益相关方的管理工作，及时了解项目相关主体的看法，回应服务对象的需求，做到精准服务、精准管理。

（三）项目执行

项目获得批准后即可启动项目，项目执行过程需要注意以下几个方面的问题：一是项目实施方的合作情况；二是项目所需要的各方面条件是否具备，包括当地政府和公众支持程度；三是项目执行团队的情况；四是人力、财力、物力和时间的管理。同时，在项目执行过程中，做好项目质量管理，检查项目是否建立了服务质量评估的具体指标，是否有专业化的督导及培训机制，是否有意见反馈服务机制。此外，要及时地对项目的风险进行管理。

（四）项目评估与总结

基金会项目评估按照不同的标准分成不同类型。按照项目评估阶段划分为过程评估与结果评估，按照评估主体划分为委托方评估与第三方评估。基金会项目的评估需要综合考虑项目的公益性、专业性、文化价值、社会意义、组织自主性及社会化运作、社会责任、财务管理等方面。在实际工作中，可以采取"政府—第三方—专家委员会"三主体的评估模式，实现评估责任的转移分化。

对于有争议的评估结果,可由专家委员会进行复议。总体来说,在评估过程中需要把握好开放性、规范性、专业性、公平性及发展性原则。

项目总结是对项目从开始到结束的全面性总结,总结经验和教训以便后续项目的推进。需要注意的是,在项目总结阶段应当将项目的持续性与发展模式作为重点,前者涉及公益项目何以持续发挥作用,后者涉及公益项目何以实现公益价值与使命。

二、基金会资产管理

（一）基金会注册资金

根据《基金会管理条例》规定,公募基金会按出资标准可分成全国性基金会和地方性基金会。全国性公募基金会的原始基金不低于800万元,地方性公募基金会的原始基金不低于400万元,非公募基金会的原始基金不得低于200万元。但无论何种形式的基金会,其原始基金必须为到账货币基金。

在2018年8月发布的《社会组织登记管理条例（草案征求意见稿）》中,基金会注册资金的标准被进一步提高:全国性基金会不得低于6000万元,一般基金会不得低于800万元。

（二）基金会捐赠

大部分基金会财产都是通过社会捐赠的方式获得的。根据慈善法第三十六条规定,捐赠财产主要可以分为有形资产和无形资产两种,其中有形资产涉及货币、实物、房屋、有价证券,无形资产涉及股权、知识产权等方面。同时,境外捐赠也是重要的捐赠来源。根据境外非政府组织境内活动管理法规定,境外政府组织及其代表机构不可以在中国境内进行募捐,也不得在中国境内发展设立分支机构与发展相应的会员。

基金会的捐赠来源主要有三个途径。

（1）个人捐赠。个人捐赠数额较小、地点分散、空间宽广,如李连杰发起成立的深圳壹基金公益基金会。在民政部指定的20家互联网募捐平台上,个人捐赠的次数最多。腾讯公益平台在2017年"99公益日"期间有1268万人次捐赠善款8.299亿,淘宝公益平台2017年的捐赠人次达59.8亿次,排名20家互联网募捐平台全年累计捐赠人次榜的第一位。①

（2）企业捐赠。企业捐款较为集中。传统上公募基金会的捐赠来自国有企业。非公募基金会出现后，不少民营企业和外资企业捐赠给非公募基金会。不论是国有企业，还是民营企业和外资企业，都通过捐赠行为履行企业社会责任，对教育、科学、文化等事业表达自己的关切。例如，深圳大鹏新区葵涌办事处社区基金会在成立之初获得了辖区22家企业的爱心支持，筹集善款合计900多万元。

（3）政府支持。《基金会管理条例》中所称公募基金会的优势在于能够充分利用政府的资源，募集到企业的捐赠。社区基金会成立过程中，也有部分社区基金会的原始资金由政府提供。政府支持也是一种重要的捐赔机制，但捐赠后，政府往往会影响基金会的运作，对基金会的社会化和市场化产生不利影响。例如，上海市徐汇区康健社区基金会自成立至2018年4月共收到捐赠款及捐赠意向共463 851元，除爱心人士和社区企业以外，街道也贡献了较大比例的捐赠款与捐赠意向。

（三）基金会募捐

对于基金会而言，资金是其开展组织活动的重要基础，因此以募捐为代表的资金募集也成为组织工作重点。通常，基金会需要通过特定的方式向社会开展募捐活动。募捐可从六个方面进行：第一，明确募捐的财务支持的优先发展项，通过案例、项目的形式进行募捐；第二，确定利益相关者，同时识别潜在捐赠人；第三，通过适当的组织关系，与潜在捐赠人之间建立联系；第四，请求潜在捐赠人的募捐，进行资金劝募；第五，了解基金会的劝募情况并且确认捐赠者；第六，基金会进行合理管理确保募款目标的实现。

（四）基金会财产保值增值

《基金会管理条例》第二十八条规定，基金会应当按照合法、安全、有效的原则实现基金的保值、增值。2018年10月民政部发布的《慈善组织保值增值投资活动管理暂行办法》进一步明确慈善组织进行保值增值的具体工作，特别是第

---

① 《12家互联网募捐平台2017年筹款总额超25亿》，《公益时报》2018年3月1日。

四条就慈善组织的保值增值情形进行了具体规定,指出慈善组织既可以通过直接购买银行、信托、证券、基金、期货、保险资产管理机构、金融资产投资公司等金融机构发行的资产管理产品,也可以通过发起设立、并购、参股等方式直接进行股权投资,还可以将财产委托给受金融监督管理部门监管的机构进行投资。

根据有关法律法规,基金会支出不能低于上一年资金余额的8%,同时行政管理费不能超出支出的10%。基金会实现基金保值、增值的方式主要有银行存款、投资国债、投资其他有价证券等。基金会在财产保值增值过程中,需要遵循安全性原则,回避风险,降低基金遭受损失的可能性。遵循有效性原则,基金会需要对资产进行合理投资,获得更好的投资收益,从而实现基金会的长期可持续发展。我国公募基金会的发展情况虽然喜人,但投资的收益不高。根据金融媒体的分析,2018年我国的慈善基金会整体年化投资收益率仅为2%左右,超过2/3的慈善组织资金闲置在银行。① 高成本、高风险,机构专业投资人员配置不足都是影响组织资产保值增值的重要因素。

(五)基金会资金使用

对于基金会资金的使用情况,慈善法第六十条规定,具有公开募捐资格的基金会开展慈善活动的年度支出,不得低于上一年总收入的百分之七十或者前三年收入平均数额的百分之七十;年度管理费用不得超过当年总支出的百分之十,特殊情况下,年度管理费用难以符合前述规定的,应当报告其登记的民政部门并向社会公开说明情况。例如,中国孔子基金会2016年项目总支出1046.82万元,其中项目支出709.59万元,公益活动支出280.28万元,管理费用56.95万元。当年工作人员工资福利及行政办公支出为88.95万元,比上年增加24.98万元,占本年支出的比例为8.50%;公益事业支出989.87万元,占上年度总收入的80.18%。②

(六)基金会解散后的财产处理

基金会解散以后的财产有以下两种处理方式。

---

① 静波:《慈善组织投资收益率仅2% 中小基金可借机弯道超车》,《中国基金报》2018年11月18日。
② 《中国孔子基金会2016年度工作报告》,http://www.chinakongzi.org/zgkzjjh/jjdt/201804/t20180420_175941.htm,最后访问日期为2019年8月28日。

（1）归其他公益组织。基金会剩余捐赠财产全部转移给其他慈善组织。

（2）按章程规定确定归属。基金会由个人或企业出资成立,组织有明确的章程,因此按照章程的规定确定归属。

案例分析

扶贫基金会组织探访校园减灾教室

2019年8月2日,由中国扶贫基金会主办,宁夏教育厅、宁夏扶贫开发办公室、银川市人民政府、银川市扶贫开发办公室、银川市教育局、永宁县人民政府、永宁县教育局支持,宁夏气象局、永宁县消防救援大队、闽宁镇中心小学、宁夏义工联合会协办的"2019宁夏向灾害SAY NO活动暨校园减灾教室项目探访活动"在宁夏永宁县闽宁镇中心小学举办。

校园减灾教室项目是中国扶贫基金会推出的一项以儿童为主导,提升学校儿童灾害意识和避险能力,提升学校老师减灾防灾教育的教学能力和应急管理能力的校园综合减灾干预项目。项目通过在学校建设减灾教室、结合《小学生防灾减灾教育指南》开展减灾课程开发和培训,搭建具有"教学、展示、游戏、体验"四大功能的减灾互动实体平台,从而提升校园综合减灾能力。截至目前共计在云南、四川修建了22所校园减灾教室。

《小学生防灾减灾教育指南》是2016年年底中国扶贫基金会邀请国际应急协会副主席曲国胜作为编审专家组组长,组建编审专家组和编写专家组,经过案例搜集、理论研究、素材编写,历时近一年时间完成的编写,包含消防安全、交通安全、地震灾害教育、气象灾害教育、洪涝灾害教育、应急救护六大主题板块。《小学生防灾减灾教育指南》回答了小学生防灾减灾教育的三个问题:一是应该给不同年龄段的孩子提供怎样的防灾减灾教育内容,有效提高儿童防灾减灾能力;二是应该通过哪些方法、哪些资源为儿童提供有趣的、互动的教学,让儿童能够更好地学习、理解和掌握内容;三是对于儿童来讲,最主要的意外伤害的威胁是哪些,如何尽量贴合儿童的实际需求。

(资料来源:苏漪:《扶贫基金会组织探访校园减灾教室》,《公益时报》2019年8月6日。有删改。)

分析要点

1. 基金会搭建的扶贫公益平台有利于扶贫项目的持续性开展和长效化发展。

2. 基金会在儿童教育和扶贫领域采用了撰写文本材料、开展实践活动等多种方式提升慈善行动的实际效果。

本章小结

基金会是利用自然人、法人或者其他组织捐赠的财产,以公益事业为目的,开展资助和项目活动的非营利组织法人。基金会以捐赠财产为基础,具有非营利性、公益性和组织性。

不同国家和地区对基金会的分类有所差别。美国将基金会划分为独立基金会、企业基金会、社区基金会和运作型基金会四类。德国将基金会划分为公法基金会和民法基金会两类。中国主要依据资金募集方式、注册单位层级、资金使用方式、基金会与政府关系等标准将基金会划分为不同类型。

当前我国基金会的发展呈现出类型越来越多样,基金会新价值观出现,专业化、透明化与高效化并存,专业性运作与支持性评估结合等发展趋势。

基金会的项目运作和资产管理是影响基金会持续发展的重要因素。基金会的项目运作包括项目设计、项目管理、项目执行、项目评估与总结等过程,基金会的资产管理主要是对接受捐赠资金、募捐资金、财产保值增值等的管理,其中也包括基金会注册资金、基金会解散后的财产处理等内容。

本章思考题

1. 基金会有哪几个主要的类型?
2. 中国基金会的发展分为哪几个阶段?其主要特征是什么?
3. 基金会如何做好项目管理和资产管理?

阅读书目

1. 陶传进、刘忠祥编著:《基金会导论》,中国社会出版社 2011 年版。

2. 资中筠:《财富的归宿——美国现代公益基金会评述》,生活·读书·新知三联书店 2011 年版。

3. 刘忠祥:《从〈基金会管理条例〉到〈慈善法〉》,北京联合出版公司 2017 年版。

4. 肖杨、严安林:《台湾的基金会》,九州出版社 2009 年版。

5. 〔美〕乔尔·L. 弗雷施曼:《基金会:美国的秘密》,北京师范大学社会发展与公共政策学院社会公益研究中心译,上海财经大学出版社 2015 年版。

6. 基金会中心网主编:《德国基金会的创新实践》,北京联合出版公司 2016 年版。

第十三章　境外非政府组织

【本章教学目标】

境外非政府组织是中国第三部门的有机组成部分,在中国经济社会发展发挥着不可或缺的作用。本章介绍境外非政府组织的基本概念、特征、类型与作用,重点呈现境外非政府组织境内活动管理法实施之后的境外非政府组织管理制度及活动规范。

第一节　境外非政府组织概述

本节主要介绍境外非政府组织的概念、特征、发展历程和管理制度,对境外非政府组织的基本情况进行了详细的梳理。

一、境外非政府组织概念与特征

(一)境外非政府组织概念

在学术界,大部分学者习惯将非政府、非企业的第三部门组织称为"非政府组织"(non-government organization, NGO)或"非营利组织"(non-profit organization, NPO)。较之于"境外非政府组织","国际非政府组织"(international non-governmental organization, INGO)是更为普遍使用的概念,即在身份注册地之外的其他国家和地区开展活动的非政府组织。在我国,由于香港、澳门、台湾等地区的特殊性,来自这些地区的非政府组织也被与中国内地成立的社会组织区别对待,从而产生了境外非政府组织(overseas non-governmental organization,ONGO)的概念。

非政府组织的概念最早出现于1945年的《联合国宪章》中,随后在1950年联合国经济及社会理事会第288(X)决议中被正式提出,指"没有按照国际条约或政府间协定而组建的国际组织"①。这一概念强调的是组织之于政府系统的独立性,也将国际非政府组织同政府间国际组织相区分。1968年,经济及社会理事会第1296(XLIV)号决议扩大了界定范围,将"政府指定其成员资格"的组织包含在非政府组织范畴中,条件则是"这种成员资格不干预该组织观点的自由表达"②。1996年经济及社会理事会第31号决议再次扩大界定范围,不仅承认国际非政府组织的地位,对于区域性(regional)、次区域性(sub-regional)和国性(national)非政府组织的地位也予以承认,并仍然强调非政府组织的独立意见表达。③ 从定义中可以看出,联合国语境中的非政府组织包含了较强的国际性倾向。

联合国之外,其他国际组织亦有针对国际非政府组织的专门定义,如欧洲理事会在1986年的《关于承认国际非政府组织法律人格的欧洲公约》中将国际非政府组织定义为满足下列条件的"社会团体、基金会与其他私人机构":(1)组织的成立目的同时具备非营利性和国际性;(2)组织依据本公约某一缔约国之国内法而成立;(3)组织活动地域范围覆盖至少两个国家;(4)组织的固定办公室以及核心管理团队设置在本公约某一缔约国之内。④ 在该定义中,组织目标的非营利性、依据国内法而获取的法人地位、跨国的活动地域和办公机构的设置成为认定国际非政府组织的主要标准。

国际协会联盟(Union of International Associations,UIA)是全球国际非政府组织的主要联盟机构之一,也是国际非政府组织定义的重要来源。根据UIA提

---

① UN Economic and Social Council Resolution 288 (X), February 27, 1950.
② UN Economic and Social Council Resolution 1296(XLIV), May 23, 1968.
③ UN Economic and Social Council Resolution 1996/31, July 25, 1996.
④ European Treaty Series, No. 124, April 24, 1986.

出的定义,国际非政府组织应满足下列条件:第一,组织具有国际性,在三个以上国家开展活动。第二,组织具备开放性,其会员来自三个及以上国家的个人或团体。第三,组织有正式的国际总部、办事处和理事会,其中理事会经选举产生并设有固定任期。第四,理事来自不同国家且依选举结果轮流担任。第五,组织主要收入来源应包括三个以上国家,且不得向成员分配利润。第六,组织应具备独立性并设置有专职工作人员,不得依附于其他组织或政府机构。①

2004 年 3 月,国务院发布《基金会管理条例》,在此条例中出现"境外基金会代表机构"概念,境外非政府组织替代国际非政府组织,成为中国语境中的主流表达。与国际非政府组织相比,境外非政府组织的概念更为宽泛。不仅包括在国外成立、来华活动的各类非政府组织,也包括依据香港特别行政区、澳门特别行政区和台湾地区相关规定在上述地区成立且进入中国内地活动的非政府组织。② 根据境外非政府组织境内活动管理法,境外非政府组织是指"在境外合法成立的基金会、社会团体、智库机构等非营利、非政府的社会组织"。

(二) 境外非政府组织特征

关于境外非政府组织的典型特征,学界有不同认知,这些认知大多基于国际非政府组织的概念产生。王杰等人定义了国际非政府组织的三重属性:一是组织目的与活动范围的跨国性,即在两个及以上国家范围内开展组织活动及实现组织目标与愿景;二是机构组成的国际性,即成员来自不同国家,或是在两个以上国家设置组织机构;三是资金或其他主要资源来源与使用的国际性。③

王名和杨丽认为,国际非政府组织具有如下共性特征:组织依据国内法成立,须是一个国内法人;组织成员具有多样性,来自不同国家;组织活动具有跨国性;组织具有非营利的基本属性;组织具有民间性和志愿性;组织一般具有非政治性和非宗教性。④

---

① 王名、杨丽:《国际 NGO 论纲》,《中国非营利评论》2011 年第 2 期。
② 孙伟林主编:《社会组织管理》,中国社会出版社 2009 年版,第 115—116 页。
③ 王杰、张海滨、张志洲主编:《全球治理中的国际非政府组织》,北京大学出版社 2004 年版,第 18—19 页。
④ 王名、杨丽:《国际 NGO 论纲》,《中国非营利评论》2011 年第 2 期。

刘海江则认为,国际非政府组织的特征包括国际性、非政府性与独立性、组织性、合法性、非营利性。其中,国际性是区别其与国内非政府组织的首要标准;非政府性与独立性相联系,意味着组织主要成员是个人或私营部门而非政府;组织性意味着其内部设立规章制度、交往体系和目标准则;合法性意味着组织具备一定范围内人们所认同的权威和秩序;非营利性意味着组织不以营利为目的。①

从上面的定义可以看出,除了非政府组织所普遍具有的组织性、私有性、非营利性、自治性、自愿性之外,境外非政府组织的独有特征是其活动的跨国/跨境性。

二、境外非政府组织发展历程

(一)立法管理之前的境外非政府组织发展历程

1. 改革开放以前的境外非政府组织发展

境外非政府组织在中国的活动历史可以追溯至清朝末年。随着19世纪中叶大批传教士进入中国,宗教性质的公益活动同步兴起,并衍生出一批具有宗教背景的早期非政府组织,如教会医院、教会学校、育婴堂、孤儿院、图书馆等。20世纪初,现代意义上的非政府组织开始进入中国境内活动,例如日俄战争期间成立的救助受伤士兵的上海万国红十字会,1914年由洛克菲勒基金会发起的专门负责对北京协和医学院进行资助的美国中华医学基金会,以及1920年对黄河水灾受灾地区儿童进行捐款援助的救助儿童会等。这些组织为中国的人道事业发展做出杰出贡献,并对中国现代医疗卫生体系建立产生不可估量的推动作用。

1949年至1978年期间,境外非政府组织在中国的活动陷入停滞。此阶段中国与国际社会接触较少,受特定的国际国内局势影响,几乎没有境外非政府组织能够获准在中国开展活动。之前在中国活动的部分组织或被改造或被接收资产,绝大部分组织被视为反动势力清扫出国门。②

---

① 刘海江:《国际法治视野内国际非政府组织问责机制研究》,吉林大学博士学位论文,2014年6月,第42—47页。
② 韩俊魁:《国际非政府组织在中国》,《中国周刊》2016年第10期。

2. 改革开放后至20世纪90年代的境外非政府组织发展

改革开放后，重新与世界接轨的中国开始迎接境外非政府组织的到来。这一时期进入或重返中国的境外非政府组织，大多受到政府部门邀请，如福特基金会、亚洲基金会等。以福特基金会为例，1979年中美关系实现正常化以后，福特基金会受邀进入中国，直接资助中国的学术机构和美国机构开展专业性交流。[1] 除了经济援助外，通过过往项目的回归和向应急救灾项目提供捐赠也成为境外非政府组织常见的"入场"方式，前者的典型有美国洛克菲勒基金会、美国中华医学基金会和英国救助儿童会，后者的典型则包括香港乐施会和香港世界宣明会。根据2005年发布的中国发展简报《200家国际NGO在中国》的统计，共有55家境外非政府组织在1989年以前进入中国境内开展活动，占整体的24.9%。[2] 境外非政府组织与不同的政府业务部门或事业单位进行联系，通过国家渠道实现项目落地。较为典型的合作包括国家林业局与世界自然基金会、中国社会科学院与福特基金会、中国农业科学院与英国温洛克国际农业开发中心等。

20世纪90年代是境外非政府组织发展的腾飞期。随着中国走上市场经济发展道路和继续坚持对外开放政策，境外组织开始在中国办企业，成立社会组织，境外非政府组织数量迅速增长。尤其是1995年第四届世界妇女大会和世界妇女非政府组织论坛的召开，数以千计的妇女类非政府组织抵达北京怀柔参会，直接促使一批新的境外非政府组织进入中国开展活动。[3] 根据《200家国际NGO在中国》的统计，1978—1998年进入到中国开展活动的境外非政府组织数量为116家，占整体的52.5%。[4] 进入中国境内开展活动的境外非政府组织有相当一部分从事发展领域工作，需要在贫困落后地区执行项目，因此与地方政府互动频繁。较为典型的合作包括四川省扶贫办与英国四川农村发展组织在四川省汉源县的扶贫项目，以及云南省永胜县政府与世界宣明会合作在当地实施的发展项目。除了发展项目之外，环境保护、医疗卫生、特殊群体权利保护等

---

[1] 李立轩：《简析福特基金会与中国政府的关系》，《社会主义研究》2014年第1期。
[2] Nick Young, *200 International NGOs in China*, Beijing: China Development Brief, 2005, pp. 16-19.
[3] 王名主编：《中国NGO口述史》（第一辑），社会科学文献出版社2012年版，第34页。
[4] Nick Young, *200 International NGOs in China*, Beijing: China Development Brief, 2005, pp. 87-89.

领域的境外非政府组织也陆续进入中国境内开展活动。

3. 21世纪的境外非政府组织发展

21世纪初,随着中国加入世界贸易组织(WTO)以及市场经济主体地位逐步确立,中国融入全球化浪潮的步伐持续加快,境外非政府组织继续保持快速发展势头。尤其是随着跨国公司在华业务不断增长,一批经济类境外非政府组织如行业协会、商会、贸易协会以及各种形式的职业团体纷纷进入中国境内开展活动。根据中国官方发布的数据,截至2015年年初,在中国活跃的境外非政府组织数量达到7000多家。① 王名等人的研究则认为,截至2011年,活跃在中国的境外非政府组织总数达到10 000家左右。② 无论具体数字如何,与20世纪90年代相比,至境外非政府组织境内活动管理法颁布之前,在华境外非政府组织已经发展到一定规模。随着数量的增多,在华境外非政府组织的活动特点也愈加多元。谢晓庆将这些特点概括为:合作对象的多样性,存在形式的复杂性,来源国别以发达国家为主,活动集中在云南、四川和北京等地,以及活动领域广泛且丰富。③

(二)境外非政府组织发展现状及特点

境外非政府组织境内活动管理法正式实施之后,境外非政府组织在开展活动前需要登记代表机构或备案临时活动。2017年和2018年,陆续有一批境外非政府组织完成代表机构注册或临时活动备案,从而合法地在中国开展工作。截至2019年8月28日,根据公安部境外非政府组织办事服务平台公开数据显示,已有495家境外非政府组织机构的备案信息。④ 另外,还有一定数量境外非政府组织隐匿性地持续在中国境内运作项目,但其数量暂时无法测算。

境外非政府组织境内活动管理法实施之后,在华合法活动的境外非政府组织主要呈现出"一延续、三集中"四个方面特点。

第一,组织状态的延续性,表现为登记状态的延续性与合作状态的延续

---

① 傅莹:《中国现在已经有7000多家境外非政府组织》,http://news.youth.cn/gn/201603/t20160304_7703377.htm,最后访问日期为2019年8月28日。
② 王名、杨丽:《国际NGO论纲》,《中国非营利评论》2011年第2期。
③ 谢晓庆:《国际非政府组织在华三十年:历史、现状与应对》,《东方法学》2011年第6期。
④ http://ngo.mps.gov.cn/ngo/portal/index.do? p_type=1,最后访问日期为2019年8月28日。

性。① 登记状态的延续性表现为相当一部分以往在民政部门登记的境外基金会代表机构和工商部门登记的行业协会商会被原登记管理机关移交给公安机关，较为迅速地实现代表机构登记；合作关系的延续性则体现为境外非政府组织倾向于寻求以往合作较为密切的党政部门作为业务主管单位，从而实现合法身份的获取。

第二，活动领域的集中性，表现为经济类境外非政府组织的大量登记。在中国活动的境外非政府组织中，其中很大一部分提供的是经贸交流、投资合作、企业咨询等方面的商务服务，而这类型组织在已获取合法身份的境外非政府组织中占据主流。根据对境外非政府组织办事服务平台数据的估算，约有50%的代表机构主要开展经济领域的活动，远远超出其他领域活动的境外非政府组织规模。在其余活动领域中，只有济困救灾和教育领域的代表机构比例超过10%。②

第三，组织来源的集中性，表现为发达国家和地区非政府组织占据绝大多数。在已登记的代表机构中，组织来源国家或地区排名前五位的是美国、中国香港特别行政区、日本、韩国和德国。其中有119家来自美国，占总量的24%；有89家来自中国香港地区，占总量的18%；有54家来自日本，占总量的11%。仅上述三地非政府组织所成立的代表机构就占据总量的53%。而在已备案的2052项临时活动中，组织来源国家或地区排名前五的是中国香港、美国、德国、中国澳门和英国，其中仅香港地区的非政府组织就完成了273项临时活动备案，占整体的13%。③

第四，分布地域的集中性，表现为不同省级行政区登记代表机构和备案临时活动的数量呈现较大差异。已登记的486家代表机构中，有153家在北京注册，98家在上海注册，两地所登记代表机构数量占整体的约54%。除此之外，云南、广东、四川的代表机构数量在15家以上。与此同时，新疆、山西、宁夏等省级行政区截至2018年年底尚未有代表机构登记，另有6个省级行政区仅完成

---

① 贾西津：《境外非政府组织境内活动管理法实施观察》，《中国非营利评论》2018年第1期。
② http://ngo.mps.gov.cn/ngo/portal/index.do，最后访问日期为2019年8月28日。
③ 同上。

一家代表机构登记工作。①

三、境外非政府组织管理制度

（一）境外非政府组织管理制度演变历程

1. 20世纪70年代至90年代的境外非政府组织管理制度

虽然早在19世纪境外非政府组织就已进入中国境内活动，但专门针对这一组织类型的管理制度直到改革开放后才逐步探索建立。20世纪70年代至90年代，国务院出台少量与境外非政府组织相关的政策文件，如1980年发布的《中华人民共和国国务院关于管理外国企业常驻代表机构的暂行规定》和1983年发布的《国家工商行政管理局关于外国企业常驻代表机构的登记管理办法》，就外国企业常驻代表机构的登记程序、退出机制等做了具体的规定。按照上述两条政策，非营利性的外国经济团体申请设立代表机构需要报外经贸部审批。

1989年，国务院颁布了首部专门针对境外非政府组织的行政法规《外国商会管理暂行规定》。该规定中，外国商会是指外国在中国境内的商业机构及人员在中国境内成立的不从事任何商业活动的非营利性团体。不过，外国商会只是境外非政府组织的一个类别，其活动目的和宗旨是促进其会员同中国发展贸易和经济技术交往，服务对象是特定组织成员，在性质上属于互益性组织。因此，《外国商会管理暂行规定》并不适用于绝大部分到中国开展活动的、以提供公共服务为目标的境外非政府组织。

这一阶段还建立起境外非政府组织合作的支持性机制。1984年，经过联合国开发计划署驻华代表处的引荐，中国派出工作小组访问欧洲，寻求民间组织层面的合作渠道，并于翌年在中国国际经济技术交流中心之下成立国际民间组织联络处，作为国务院特许的从事国际民间组织合作的协调机构。② 1986年，国际民间组织联络处与由一批外国政府机构及国际非政府组织所组成的欧洲援华集团签订合作协议。国际民间组织联络处成为中国政府与境外非政府组

---

① http://ngo.mps.gov.cn/ngo/portal/index.do，最后访问日期为2019年8月28日。
② 孙永福主编：《中外民间组织交流与合作》，中国对外经济贸易出版社2001年版，第29页。

织合作的首个协调平台机构。① 1992年中国国际民间组织合作促进会(以下简称"民促会")经外经贸部的批准成立,并于1993年在民政部正式登记。民促会在形式上是全国性、联合性、自愿性的独立社团法人,其宗旨之一是"加强中外民间组织之间的交流与合作"②。民促会不仅直接帮助境外非政府组织与中国境内单位结成合作关系,为其项目运作提供辅助性服务,还通过组织工作坊、培训、游学以及论坛等交流活动,推进中国境内社会组织与境外非政府组织的沟通互动。

2. 21世纪的境外非政府组织管理制度

从2001年起,一系列针对境外非政府组织的管理政策频繁出台,在中央和地方政府层面都有所涉及。中央层面,在境外非政府组织境内活动管理法制定并实施之前,规范境外非政府组织活动的成文规定散见于工商部门、民政部门、宗教事务部门、外国专家局等不同部门的政策文件中。

2004年国务院通过的《基金会管理条例》首次赋予境外基金会在中国登记代表机构的权利。该条例第六条允许境外基金会在中国内地设立代表机构,并将国务院民政部门和省、自治区、直辖市人民政府民政部门定为境外基金会代表机构在中国境内的登记管理机关。境外基金会代表机构可以在中国境内开立银行账户、刻制印章以及办理税务登记。该条例第二十四条规定,担任基金会理事长、副理事长或者秘书长的香港居民、澳门居民、台湾居民、外国人以及境外基金会代表机构的负责人,每年在中国内地居留时间不得少于3个月。

《基金会管理条例》也对境外基金会的活动采取一系列限制。例如,境外基金会必须获得业务主管单位的同意文件才能成功登记,而其业务主管单位必须由国务院有关部门或者国务院授权的组织担任;同时规定境外基金会代表机构不具有法人资格,其行为产生的民事责任由境外基金会承担。第二十五条明确规定,境外基金会代表机构不得在中国境内组织募捐、接受捐赠。第四十条规定,未经登记或者被撤销登记后以基金会、基金会分支机构、基金会代表机构或者境外基金会代表机构名义开展活动的,由登记管理机关予以取缔,没收非法

---

① 黄浩明主编:《国际民间组织合作实务和管理》,对外经济贸易大学出版社2000年版,第3页。
② 孙永福主编:《中外民间组织交流与合作》,中国对外经济贸易出版社2001年版,第21—22页。

财产并向社会公告。

这一阶段的境外非政府组织相关政策文件还包括2004年国务院公布的《宗教事务条例》,允许宗教团体和宗教活动场所接受境外捐赠;2004年,国家外国专家局公布的《外国专家来华工作许可办理规定》和《介绍外国文教专家来华工作的境外组织资格认可办理规定》,给予向中国境内派遣文教专家的境外非政府组织行政许可;2009年出台的《国家外汇管理局关于境内机构捐赠外汇管理有关问题的通知》,明确限制未登记代表机构的境外非政府组织在中国境内接受境外捐赠;2010年国务院在《外国企业常驻代表机构税收管理暂行办法》基础上修订出台的《外国企业常驻代表机构登记管理条例》,允许外国企业在中国境内设立从事与该外国企业业务有关的非营利性活动的办事机构。这一系列政策文件一方面使境外非政府组织管理有了文本依据,另一方面则使整个管理体系呈现碎片化状态。

地方层面,2000年以后各级地方政府逐步对境外非政府组织规制进行探索与尝试:境外机构数量较集中、活动较频繁的西部省级行政区如四川、云南、西藏等在各种内外部因素的驱动下,率先着手制度创新,探索境外非政府组织管理的新模式。在一系列地方性管理政策中,影响最深远的是云南省政府率先在全国范围内制定和实施的《云南省规范境外非政府组织活动暂行规定》。该规定于2010年1月1日起正式实施,被认为是地方社会组织管理体制创新的重要探索之一。①

《云南省规范境外非政府组织活动暂行规定》所设定的制度结构不同于传统的第三部门双重管理,而可视作"三重管理"制度:境外非政府组织想要在云南合法活动,首先需要寻找云南省有关部门,获取其担任业务指导单位的同意;其次,向省民政厅申请身份备案,获取合法身份;再次,境外非政府组织要与云南省内的公益性事业单位、社会团体、基金会或民办非企业单位建立合作关系,联合开展项目;最后,在确定合作对象之后,境外非政府组织需要在省外事办完成活动备案。与《基金会管理条例》相比,《云南省规范境外非政府组织活动暂行规定》又进了一步:境外非政府组织的定义和类型首次得到明确;组织备案的

---

① 蓝煜昕:《社会组织管理体制:地方政府的创新实践》,《中国行政管理》2012年第3期。

具体条件和需要提交的具体材料都在文本中详细列明;境外非政府组织办理备案的各环节时间流程也有相应规定。

受到云南启发,不同层级地方政府开始在境外非政府组织管理方面进行政策尝试。四川规定了个人与境外非政府组织合作的规范事项;厦门专门针对临近的台湾地区的社会团体设立代表机构提供备案渠道;西藏专门针对与境外非政府组织开展合作项目的中方机构雇员制定管理办法等。

(二)境外非政府组织管理制度最新趋势

1. 境外非政府组织境内活动管理法出台

2016年4月28日,境外非政府组织境内活动管理法审议通过,并于2017年1月1日起实施,2017年11月4日修正。这是第一部专门针对境外非政府组织活动进行规制的法律,从登记备案、活动规范、便利措施、监督管理和法律责任等多个方面对境外非政府组织的定义、活动范围、合法身份、活动领域、登记备案流程等进行了详细规定。

境外非政府组织境内活动管理法的立法进程启动于2014年10月。中国共产党第十八届中央委员会第四次全体会议上审议通过的《中共中央关于全面推进依法治国若干重大问题的决定》明确提出"加强在华境外非政府组织管理,引导和监督其依法开展活动"。当年12月,境外非政府组织管理法第一稿经国务院常务会议审议通过,提交十二届全国人大常委会第十二次会议审议。[①] 2015年5月,经过十二届全国人大常委会第十四次会议审议的《境外非政府组织管理法(草案二次审议稿)》在中国人大网公布,向社会公开征求意见。征求意见持续一个月时间。而公开征求意见结束之后,不同治理主体又以座谈会形式为重要相关方提供表达渠道。如2015年7月,外交部、公安部、民政部共同在上海召开境外非政府组织座谈会,听取各国总领事和部分境外非政府组织代表意见。直到最终法律出台,历时约18个月。

2. 配套制度建立

境外非政府组织境内活动管理法通过之后,相应的配套制度也依次出台:2016年5月,由公安部牵头,29个成员单位参与的全国境外非政府组织管理工

---

① 彭东昱:《境外非政府组织管理法草案上会审议》,《中国人大》2015年第2期。

作协调小组正式成立,负责研究和协调境外非政府组织在中国境内开展活动的重大便利措施和监管举措。2016年11月28日,《境外非政府组织代表机构登记和临时活动备案办事指南》由公安部制定出台,指导代表机构登记与临时活动备案工作;2016年12月20日,公安部又对外公布《境外非政府组织在中国境内活动领域和项目目录、业务主管单位名录(2017)》,对于境外非政府组织可开展活动的领域、子领域、具体项目以及对应业务主管单位做出规定。

随着境外非政府组织境内活动管理法进入执行阶段,各主管部门的配套政策也相继出台。部分国务院职能部门一方面出台本系统内部的指导性文件,指导处室、直属单位和省级业务部门与境外非政府组织开展合作;另一方面则与公安部联合出台政策通知,规范和完善境外非政府组织注册和活动工作。指导性文件包括《国务院扶贫办关于受理境外非政府组织业务主管单位申请等事宜的操作办法(试行)》《国家林业局司局单位与境外非政府组织合作与交流管理办法》《民政部受理境外非政府组织设立代表机构业务主管单位申请工作办法(试行)》《境外非政府组织在境内开展体育活动管理办法》等。支持性文件包括《关于做好境外非政府组织代表机构人民币银行账户管理有关工作的通知》《关于为境外非政府组织外籍工作人员办理工作许可等有关问题的通知》等。

在地方层面,由于统一法律的正式颁布与实施,地方政府在境外非政府组织管理领域的政策试点创新不再具有相应的空间。这一阶段地方政府颁布的主要相关政策包括各省的境外非政府组织活动领域及业务主管单位目录。在公安部《境外非政府组织在中国境内活动领域和项目目录、业务主管单位名录》的指导下,各省级行政区所颁布的目录呈现出较高的相似性。

第二节 境外非政府组织的类型与作用

本节按照多个标准对境外非政府组织的类型进行了详细的说明,并阐释了境外非政府组织的作用。

一、境外非政府组织的分类

(一) 按照组织服务对象的分类

按照服务对象进行分类,可将在华境外非政府组织分为互益性组织和公益性组织。这种划分方式不仅适用于境外非政府组织,也是对所有第三部门组织的一种常见分类方式。对于境外非政府组织来说,其服务对象可以分为两类,一类是组织成员,一类是社会公众。互益性组织主要面向组织成员提供专门服务,其主要形式包括商会、行业协会、专业协会及其他互助组织。公益性组织主要通过提供准公共产品而使社会公众受益,其主要组织形式包括境外基金会、公益咨询机构、项目执行机构等。①

(二) 按照组织运作形式的分类

按照运作形式划分非政府组织类型最早源于世界银行,该机构根据组织运作目的将非政府组织分为运作型(operational)和倡导型(advocacy)两类,前者的主要运作方式是设计和实现发展相关的项目,后者的主要运作方式则是针对特定问题进行政策倡议或开展相应活动,旨在捍卫或促进特定目标并影响政策制定和实施。② 王名和刘培锋在此基础上将在华境外非政府组织分成四类,分别是支持型、倡议型、运作型和宗教类。支持型组织通常以基金会形式存在,大多不亲自运作项目,而是资助其他组织开展项目;倡议型组织主要包括环保类、人权类、残疾人权利类组织;运作型组织通常既给项目注入资金,也运作项目活动;宗教类慈善组织则一般规模较小,为中国境内项目募捐并开展相应活动。③ 值得注意的是,此种分类方式通常只包含公益性非政府组织,而未将互益性非政府组织囊括其中。

(三) 按照组织活动领域的分类

按照组织活动领域的分类较为多元化。赵黎青认为,国际非政府组织按照活动方式可以分为3类:第一类组织从事研究、教育和知识传播工作;第二类组织通过倡议和游说对政府及国际组织施加政策影响;第三类组织直接从事发展

---

① 陈晓春、施卓宏:《在华境外非政府组织的分类管理探析》,《中国行政管理》2014年第3期。
② *Working with NGOs*, Report by World Bank Operation Policy Department, 1995.
③ 王名、刘培峰等:《民间组织通论》,时事出版社2004年版,第306—308页。

领域各类工程项目,提供特定产品与服务。① 徐莹参照非营利组织国际分类体系,将在华境外非政府组织分成7类活动领域,分别是教育与研究,社会服务,健康,发展与住宅,环境,宗教慈善,法律、倡导及政党。② 陈晓春和施卓宏则在综合前人分类的基础上,将境外非政府组织活动领域分为12种,分别是企业间交流与合作、扶贫帮困、抗灾救灾、医疗卫生、教育培训、文化传播、技术援助、公益慈善、环境保护、社会服务、法律政治、学术交流。③

境外非政府组织境内活动管理法及其配套政策则为境外非政府组织的领域划分进一步提供依据。根据该法以及《境外非政府组织在中国境内活动领域和项目目录、业务主管单位名录(2019)》,境外非政府组织的活动领域被分为8大领域、65个子领域,分别是经济、教育、科技、文化、卫生、体育、环保、济困救灾等方面和其他。该分类方式与境外非政府组织的登记注册工作密切相关,成为境外非政府组织寻找业务主管单位的主要依据。

二、境外非政府组织的作用

（一）境外非政府组织的积极作用

长期在中国境内运作的境外非政府组织,从多个方面对中国产生积极影响。赵黎青将境外非政府组织的积极影响概括为六个方面:引入资金,引入海外的经验、信息、人员和活动方式,有助于中国社会发展,有助于中国新型社会体制创建,有助于中国公共政策形成过程的改进,有助于中国的法制建设。④ 马秋莎则将境外非政府组织作用概括为三个方面,分别是对中国学术界及第三部门研究的启迪,为中国非政府组织实践带来的新观念、方法和项目,直接的资金投入。⑤

在华境外非政府组织的作用显著体现在扶贫和环保领域。在扶贫方面,据国务院扶贫办外资项目管理中心编著的《中国外资扶贫回顾与展望》统计,改革开放后有50多家境外非政府组织参与到中国扶贫开发工作当中,其中近30家

---

① 赵黎青:《非政府组织问题初探》,《中共中央党校学报》1997年第4期。
② 徐莹:《当代国际政治中的非政府组织》,当代世界出版社2006年版,第183—190页。
③ 陈晓春、施卓宏:《在华外非政府组织的分类管理探析》,《中国行政管理》2014年第3期。
④ 赵黎青:《如何看待中国的外国非政府组织》,《学习月刊》2006年第18期。
⑤ 马秋莎:《全球化、国际非政府组织与中国民间组织的发展》,《开放时代》2006年第2期。

有直接资金投入,并向中国扶贫事业累计捐赠超2亿美元。① 除了提供资金之外,境外非政府组织为中国培养了一大批能与国际前沿扶贫理念和管理理念接轨的扶贫人才,同时通过与各级政府部门的项目合作,将一些重要发展理念和工作方法推广到扶贫工作中。② 境外非政府组织的贡献获得中国党政部门的充分肯定,如2001年国务院扶贫办发布的《中国的农村扶贫开发》就将境外非政府组织作为促进中国扶贫事业发展的重要外援主体。

在环保领域,境外非政府组织一方面通过搭建网络促进跨部门的环境领域合作,另一方面通过倡导活动来实现对环保事业干预。以第一家接受中国政府邀请来华开展活动的环保类组织世界自然基金会为例,其重要贡献之一是推动不同部门之间在环保事业上的合作。世界自然基金会的在华合作伙伴包括政府、本土社会组织和企业,由企业支持淡水、气候能源、物种保护等多维度项目,而在执行过程中则依靠地方政府和社会组织配合。同时,世界自然基金会还通过向不同政府部门提交报告或合作制定标准以影响政策,如向国家发改委提交的可持续矿业开采准则,以及与商务部合作制定的"中国全球化"主题海外投资环保指南。③

在长期与中国社会组织合作的过程中,境外非政府组织有效地促进了中国第三部门的成长。一方面,大部分境外非政府组织在中国的项目活动需要通过合作伙伴执行,而社会组织是各级政府之外最重要的合作伙伴来源。在项目合作过程中,大量初创期的社会组织经过境外非政府组织的培训和孵化,成长为具有独立执行能力的成熟组织。另一方面,境外非政府组织通过直接资金支持,一定程度上解决了中国社会组织尤其是民间草根组织的资源短缺问题,缓解其行政办公和人员经费方面的支出压力,从而为这些组织的生存发展提供保障。

(二)境外非政府组织的消极作用

在做出积极贡献的同时,部分境外非政府组织也造成了一定消极影响。有

---

① 谢晓庆:《国际非政府组织在华三十年:历史、现状与应对》,《东方法学》2011年第6期。
② 刘源:《精准扶贫视野下的国际非政府组织与中国减贫:以乐施会为例》,《中国农业大学学报(社会科学版)》2016年第5期。
③ 谢世宏、柯思林、聂传炎等:《国际NGO在中国》,《中国发展简报》2012年第3期。

学者认为,境外非政府组织存在四个方面的消极影响,包括危害国家安全、破坏政治稳定、助长官员腐败、强制推行外来发展模式。[①] 还有学者通过调查发现,少数境外非政府组织在中国境内存在着不同程度的非法活动嫌疑:利用文化交流、捐资助学等手段进行意识形态领域的渗透;搜集政治、经济、科技、军事情报;以开发援助、扶持困难群体为名,插手民间维权事务;利用人民内部矛盾和纠纷,制造舆论、混淆视听,煽动民众同党和政府的对立情绪;支持、参与、策划民族分裂活动。[②] 这些活动一定程度上威胁着中国国家安全和社会稳定,需要引起国家和公众的警惕和重视。

第三节 境外非政府组织的活动规范

境外非政府组织的活动规范主要包含人力资源管理、活动形式、项目管理与财务管理四个方面的具体内容。

一、境外非政府组织人力资源管理

(一)境外非政府组织员工管理

法律只对境外非政府组织的员工管理进行了较为抽象的规定,强调人员信息需要提交主管部门。根据境外非政府组织境内活动管理法第二十七条的规定,境外非政府组织代表机构在中国境内聘用工作人员应当遵守法律、行政法规,并将聘用的工作人员信息报业务主管单位和登记管理机关备案。

设立代表机构的境外非政府组织,其代表机构由首席代表负责管理。根据境外非政府组织境内活动管理法第二十九条规定,一家代表机构应当设一名首席代表,可以根据业务需要设一至三名代表。首席代表及代表的任职资格存在一定限制,有下列情形之一的,不得担任首席代表、代表:(1)无民事行为能力或者限制民事行为能力的;(2)有犯罪记录的;(3)依法被撤销登记、吊销登记证书的代表机构的首席代表、代表,自被撤销、吊销之日起未逾五年的;(4)法

[①] 赵黎青:《如何看待在中国的外国非政府组织》,《学习月刊》2006 年第 18 期。
[②] 王存奎、彭爱丽:《境外非政府组织在华运行现状及管理对策——以维护国家政治安全为视角》,《中国人民公安大学学报(社会科学版)》2014 年第 1 期。

律、行政法规规定的其他情形。同时,第三十八条也明确允许境外人士担任首席代表和代表。

境外非政府组织聘用中国籍工作人员,需要通过外事服务单位或中国政府指定的其他单位办理。由于境外非政府组织及其代表机构在中国境内没有法人地位,并无资格签订劳动合同书,因此必须通过外事服务单位,才能保障员工所签订合同的法律效力。这一情况与立法之前境外非政府组织在中国的人事管理制度较为接近。① 虽然该项规定并未出现在最终出台的境外非政府组织境内活动管理法中,但绝大多数境外非政府组织代表机构在实践中还是选择通过北京外企人力资源服务有限公司(FESCO)等外事服务单位与员工签订劳动合同及发放工资,而组织本身的人力资源部门则主要负责开展招聘和岗位培训等工作。

境外非政府组织聘用外国籍工作人员则需要先通过各级外国专家局办理工作许可,才能签订劳动合同。2017年7月,国家外国专家局、公安部联合印发的《关于为境外非政府组织外籍工作人员办理工作许可等有关问题的通知》规定,设立代表机构的境外非政府组织,其首席代表和代表可以凭借代表证、体检证明和外国人来华工作许可申请表在线申请工作许可,而其他外籍工作人员则按照外国人来华工作分类标准(试行)及外国人来华工作许可服务指南(暂行)等规定申请工作许可;开展临时活动的境外非政府组织,其工作人员可凭借临时活动备案回执单办理工作许可,但工作许可批准期限不超过临时活动期限。

(二) 境外非政府组织会员管理

大多数境外非政府组织无资格在中国境内发展会员。根据境外非政府组织境内活动管理法第二十八条规定,无论是登记代表机构还是开展临时活动的境外非政府组织,"不得在中国境内发展会员,国务院另有规定的除外"。根据全国人大法工委相关人员的解释,境外非政府组织代表机构在中国境内是非法人组织,而开展临时活动通常只限于短期,发展会员不符合中国的相关法律规

---

① 韩俊魁:《全球公民社会语境下的境外在华 NGO:兼论中国本土 NGO 的国际化》,《中国非营利评论》2011 年第 2 期。

定①,因此设置此项禁止条款。

少部分境外非政府组织在中国发展会员的权利得以保留。法律条文所述"国务院另有规定的除外",主要是指一些国外自然科学领域的学会性质组织在中国境内发展专家学者等个人会员的情况。这一情况在中国较为普遍,而国家对于专家学者加入美国国家科学院等海外学术机构也持支持鼓励态度。因此,境外非政府组织在中国境内发展会员并未被完全禁止,但其适用性较为有限。

二、境外非政府组织活动形式

（一）代表机构

登记设立代表机构,是境外非政府组织在中国境内长期合法活动的主要形式。根据境外非政府组织境内活动管理法第十条,在中国境内设立代表机构需要满足的一些基本条件包括:在境外合法成立;能够独立承担民事责任;章程规定的宗旨和业务范围有利于公益事业发展;在境外存续二年以上并实质性开展活动;法律、行政法规规定的其他条件。

境外非政府组织登记设立代表机构需要遵循双重管理制度。作为中国境内社会组织管理的传统方式,双重管理制度意味着组织的登记注册需要同时获得登记管理机关和业务主管单位的同意。根据境外非政府组织境内活动管理法第六条,登记管理机关由公安部和省级人民政府公安机关担任②;业务主管单位由国务院有关部门和单位、省级人民政府有关部门和单位担任。出于明确业务主管单位、方便境外非政府组织对接的考虑,公安部分别于2016年12月和2019年3月两次公布业务主管单位名录。部分省级行政区的公安机关在公安部名录的指导下,自行编制了本省(自治区、直辖市)范围内的业务主管单位名录。但在实践中,也有境外非政府组织寻找到名录之外的党政部门出任业务主管单位,并成功实现代表机构登记。

对于境外非政府组织来说,试图设立代表机构首先需要征求业务主管单位

---

① 辛闻:《境外非政府组织在中国不具备法人资格发展会员不合法》,http://news.china.com.cn/2016-04/28/content_38346017.htm,最后访问日期为2019年8月28日。

② 实践中,公安部并未直接负责境外非政府组织代表机构的登记工作,而是完全由省级公安机关负责,公安部只是进行统筹指导和配套政策制定的工作。

同意。业务主管单位同意后,境外非政府组织需要在限定时间(三十天)内向登记管理机关申请设立代表机构,并提交一系列申请材料。登记管理机关受理申请之后,也需要在限定时间(六十日)内做出准予或者不予登记的决定。准予登记的则发给登记证书并向社会公告。在代表机构申请成立的所有环节中,只有业务主管单位不需要在限定时间内对登记申请进行答复。因此,获得业务主管单位同意成为较大一部分境外非政府组织申请登记时面临的主要困难。

(二)临时活动

未设立代表机构的境外非政府组织则需要通过临时活动备案来取得在中国活动的权利。临时活动必须与中方合作单位共同开展。根据境外非政府组织境内活动管理法第十六条规定,境外非政府组织未在中国境内设立代表机构,在中国境内开展临时活动的,应当与中国的国家机关、人民团体、事业单位、社会组织合作进行。企业和非法人组织并不属于境外非政府组织开展临时活动可以合作的组织类型。

临时活动的备案申请由中方合作单位负责完成。按照境外非政府组织境内活动管理法第十七条规定,境外非政府组织开展临时活动,中方合作单位应当按照国家规定办理审批手续,并在开展临时活动十五日前向其所在地的登记管理机关备案。备案应当提交下列文件、材料:境外非政府组织合法成立的证明文件、材料;境外非政府组织与中方合作单位的书面协议;临时活动的名称、宗旨、地域和期限等相关材料;项目经费、资金来源证明材料及中方合作单位的银行账户;中方合作单位获得批准的文件;法律、行政法规规定的其他文件、材料。在赈灾、救援等紧急情况下,需要开展临时活动的,备案时间不受前款规定的限制。临时活动期限不超过一年,确实需要延长期限的,应当重新备案。登记管理机关认为备案的临时活动不符合本法第五条规定的,应当及时通知中方合作单位停止临时活动。

三、境外非政府组织项目管理

(一)境外非政府组织项目设计规范

与境内社会组织相比较,境外非政府组织的项目活动计划性较强,这一点对代表机构而言尤为明显。根据境外非政府组织境内活动管理法第十八条要求,境外非政府组织代表机构必须在登记的业务范围和活动地域内开展活动;而根据该法第十九条,境外非政府组织代表机构应当于每年12月31日前将包含项目实施、资金使用等内容的下一年度活动计划报业务主管单位,业务主管单位同意后十日内报登记管理机关备案。特殊情况下需要调整活动计划的,应当及时向登记管理机关备案。对于境外非政府组织代表机构来说,这一系列规定意味着组织必须在每年年底完成项目设计工作,制订出完整的下一年度项目活动计划。

在境外非政府组织境内活动管理法实施之前,境外非政府组织在中国的项目活动设计相对灵活。部分组织在财政年度开始前,只根据前一年度的收入情况设定大致的预算区间和重点项目方向,而不会直接制订具体项目计划。财政年度开始后,除了前一年度延续下来的项目,组织在寻找新项目时会同大量的潜在合作伙伴或受益对象进行广泛接触,从中选择同时具备社会意义和操作可行性的项目,由组织本身或合作伙伴设计具体的项目方案,包括执行预算、执行进度、执行目标等。境外非政府组织一般由项目官员收集项目方案,一定金额之内的项目可由项目官员或地方项目办公室负责人直接定夺,而金额较大的项目则需要逐层向上汇报,有些体量巨大的项目需要获得来自国际总部的直接批准。

随着境外非政府组织境内活动管理法的颁布,灵活的项目设计周期不再适用。为满足年度活动计划呈报要求,境外非政府组织代表机构需要在12月初即确定下一年度机构内部的项目活动内容,这就要求组织更早启动项目设计工作。以香港乐施会为例,其项目活动招标从前一年9月即已展开,通过公开渠道向意向合作者发布项目征集信息,经过一个月的项目申报和一个月的项目审核,11月底即可确定项目内容与合作对象,从而方便年度工作计划的提交。

(二)境外非政府组织项目执行规范

境外非政府组织的项目执行模式具备一定多样性。以组织活动较为集中的云南为例,主要的项目运作方式有三种:第一种是接受其他项目运作主体的申请,境外非政府组织提供资金而不参与项目的直接运作;第二种是由境外非政府组织与境内主体建立合作伙伴关系,共同运作项目,一般由境外非政府组织负责资金支持和项目评估,而境内合作方负责具体的项目实施;第三种是由境外非政府组织同相关党政部门达成项目合作备忘,境外非政府组织直接进行项目管理和运作。①

境外非政府组织境内活动管理法没有对境外非政府组织的项目执行做太多细节上的规定,但列举了一些限制性规定,其中明确禁止境外非政府组织在中国境内开展营利性活动(既不能从事也不能资助)、政治活动(既不能从事也不能资助)和宗教活动(既不能非法从事也不能资助)等三类活动。同时,境外非政府组织在开展活动时,不能违法对中方合作单位或受益人附加条件。

四、境外非政府组织财务管理

(一) 境外非政府组织资金制度

1. 资金来源

境外非政府组织的资金来源被明确予以限制。根据境外非政府组织境内活动管理法第二十一条,境外非政府组织在中国境内活动资金包括境外合法来源的资金、中国境内的银行存款利息、中国境内合法取得的其他资金。这三类来源之外的资金将被视为非法。境外非政府组织尤其被直接禁止在中国境内开展募捐活动。因此,尽管慈善法第二十六条允许组织和个人基于慈善目的"与具有公开募捐资格的慈善组织"合作募捐,但境外非政府组织由于法律的限制性规定并不具备同慈善组织合作开展募捐的资格。

境外非政府组织境内活动管理法没有明确界定"中国境内合法取得的其他资金"的具体概念,因此衍生出一个并无明确答案的问题:境外非政府组织及其代表机构能否在中国接受被动捐赠?即在未开展募捐的情况下,接受来自中国境内企业或个人捐赠。实践上,有的地区登记管理机关对于被动接受捐赠明令禁止,有的则采取不置可否的态度。由于中国公民及法人对于自身财产拥有自由处分的权利,因此从法理上很难强行规定其不得向境外非政府组织进行捐赠。由于担心存在潜在的违法风险,极少有境外非政府组织选择接受来自境内

---

① 王妮丽、王虹:《国际非政府组织在云南的项目运作》,《云南师范大学学报(哲学社会科学版)》2009年第4期。

个人或组织的捐赠。

境外非政府组织开展临时活动的具体资金可以由境外非政府组织负担,也可以由中方合作单位负担。无论采取哪种形式,中方合作单位必须在活动开始前向登记管理机关提交项目经费、资金来源证明材料。为方便材料收集,部分省级公安机关提供了资金来源证明模板。图13-1即为广东省的范例。

资金来源证明

兹证明本次活动(活动名称),涉及金额××××元人民币,其中(境外非政府组织)出资数为××××,(中方合作单位)出资数为××××,所有活动资金来自:(请根据实际情况填写,如机构或个人捐赠)。活动资金通过中方合作单位的银行账户进行管理,专款专用。

中方合作单位银行信息
开户银行:
账户名称:
银行账号:

(盖章)

年 月 日

图13-1　临时活动资金来源证明示例

2. 资金收付

根据境外非政府组织境内活动管理法第二十二条规定,设立代表机构的境外非政府组织应当通过代表机构在登记管理机关备案的银行账户管理用于中国境内的资金。开展临时活动的境外非政府组织应当通过中方合作单位的银行账户管理用于中国境内的资金,实行单独记账,专款专用。除了上述两个资金收付渠道之外,其余任何形式的资金收付都会被认为是违法的。境外非政府组织境内活动管理法第四十五条规定,境外非政府组织代表机构、开展临时活动的境外非政府组织或者中方合作单位有下列情形之一的,由设区的市级以上人民政府公安机关给予警告或者责令限期停止活动;没收非法财物和违法所得;情节严重的,由登记管理机关吊销登记证书、取缔临时活动:(1)未按照规定办理变更登记、备案相关事项的;(2)未按照登记或者备案的名称、业务范围、活动地域开展活动的;(3)从事、资助营利性活动,进行募捐或者违反规定发展会员的;(4)违反规定取得、使用资金,未按照规定开立、使用银行账户或者进行会计核算的;(5)未按照规定报送年度活动计划、报送或者公开年度工作报告的;(6)拒不接受或者不按照规定接受监督检查的。

实践中,银行账户的开立及备案已经成为境外非政府组织代表机构登记的环节之一。为了办理人民币银行账户业务,境外非政府组织首先需要完成代表机构登记,并取得税务部门核发的税务登记证书。根据《国家税务总局关于做好境外非政府组织代表机构税务登记办理有关工作的通知》,境外非政府组织在完成代表机构设立之后,以18位统一社会信用代码为纳税人识别号,按现行规定办理税务登记,并获取相应证件。

境外非政府组织代表机构负责人出具有效身份证件、境外非政府组织代表机构首席代表证、境外非政府组织代表机构代表证以及税务登记证书等相关证件后,可在银行业金融机构办理人民币银行账户业务。银行会通过柜台查验、境外非政府组织网上办事服务平台查询等方式审查证明文件的真实性、完整性和合规性,如若查验无误,则可为代表机构开立人民币银行账户。

在完成税务登记、印章刻制及银行账户开设等一系列工作后,代表机构还需要填写《境外非政府组织代表机构有关事项备案表》并上传,内容包括机构名称、地址、银行账号、统一社会信用代码、代表及工作人员个人信息,加盖公章并附税务登记证复印件,在网络平台和窗口同步向登记管理机关提交,才算完成账户设立和代表机构登记工作。

(二)境外非政府组织财务报告制度

财务报告方面,境外非政府组织境内活动管理法第二十四条要求境外非政府组织代表机构"执行中国统一的会计制度",并且财务会计报告需要经中国境内会计师事务所审计;第三十一条则要求在代表机构的年度工作报告中包含"经审计的财务会计报告"。因此,境外非政府组织代表机构的财务报告制度与中国境内社会组织的并不存在显著差异,其报告形式、栏目及内容设置与中国境内的基金会、社会团体、社会服务机构大体相同。以施永青基金(香港)北京代表处2018年度审计报告为例(见图13-2),其主要内容包括财务相关情况统计表、资产负债表、业务活动表、现金流量表、固定资产清查明细表、公益项目明细表、财务报表附注和管理建议书。

```
┌─────────────────────────────────────────────────────────┐
│                                                         │
│              施永青基金(香港)北京代表处                  │
│                      2018 年度                          │
│                      审计报告                           │
│                                                         │
│                      目  录                             │
│                                              页码       │
│                                                         │
│   一、审计报告                                1—2        │
│   二、审计报告附送                                      │
│     1. 财务相关情况统计表                      3         │
│     2. 资产负债表                              4         │
│     3. 业务活动表                              5         │
│     4. 现金流量表                              6         │
│     5. 固定资产清查明细表                      7         │
│     6. 公益项目明细表                         8—14      │
│     7. 财务报表附注                          15—20      │
│     8. 管理建议书                              21        │
│   三、北京神州会计师事务所营业执照复印件                │
│                                                         │
│                                                         │
│           委托单位:施永青基金(香港)北京代表处           │
│           审计单位:北京神州会计师事务所                 │
│                                                         │
└─────────────────────────────────────────────────────────┘
```

图 13-2　境外非政府组织代表机构财务会计报告示例

　　2017 年 1 月实施的境外非政府组织境内活动管理法第二十四条曾明确要求境外非政府组织代表机构"聘请具有中国会计从业资格的会计人员依法进行会计核算"。但在 2017 年修订之后,上述条文被删除,只要求财务会计报告由中国境内会计师事务所审计。另外,虽然该法第三十一条明确境外非政府组织代表机构应当将年度工作报告在统一的网站上向社会公开,但在实际执行中暂时未有省级登记管理机关主动公开代表机构的年度工作报告或财务会计报告信息。

案例分析

境外非政府组织面对面探讨合规运营难题

自境外非政府组织境内活动管理法在2017年1月1日正式实施后,截至11月底已有273家境外非政府组织在华成功完成注册。然而完成注册不是终点,如何适应新法、顺利在中国开展活动,已成为注册之后的首要任务。

2017年12月1日,北京益行公益信息交流服务中心(简称益行中心)主办了境外非政府组织面对面工作坊,邀请已成功注册的境外非政府组织分享注册后的机构发展策略以及运营实务经验,共有来自境外非政府组织的66名与会者参与交流。参会的境外非政府组织中,总部设在美国的境外非政府组织代表有25家,来自中国香港地区的有13家,来自欧洲的有8家;参会的境外非政府组织中已经注册的有19家机构,还有47家机构没有注册。

新法实施的首要问题就是境外非政府组织的合法注册。对此,境外非政府组织也经历了疑虑、观望到积极参与的过程。据境外非政府组织办事服务平台数据显示,境外非政府组织境内活动管理法实施快一年时间里,分别在今年1月、5月和9月出现三次登记高峰,注册成功的这200多家机构的70%集中在北京、上海、云南和广东。益行中心理事长张耿瑞分析,境外非政府组织境内活动管理法颁布之初,大家对于形势的估计并不明朗,有许多担心和疑惑。随着一批具有行业代表性的境外非政府组织注册成功,大家意识到法律不只是规范了业务活动,同时也对活动起到保驾护航的作用,在新法的框架下开展活动更有安全感。

对于机构的合法注册,与会者普遍反映,如何找到业务主管单位是重中之重。从国际计划中国首席代表海德·雅各布与乐施会北京办事处首席代表廖洪涛的经验分享中可以发现,长期与业务有关部门建立合作伙伴关系至关重要。据海德·雅各布介绍,国际计划和主管单位陕西省妇女联合会有着20年的合作关系;而乐施会自1987年就在内地开展工作,2017年6月、7月实现了甘肃、广东、云南三地办公室注册,9月又在北京注册。

除了"传统"注册方式,四川海惠助贫服务中心副理事长陈太勇分享了国际小母牛在华本土化之路。1985年,国际扶贫组织小母牛来中国做第一批项目,陈太勇就参与其中,他的身份也经历了从项目伙伴、技术助理到小母牛中国办事处主任,再到海惠助贫服务中心法人代表的转变。30多年来,小母牛组织的身份合法性问题一直困扰着陈太勇。小母牛中国办事处、香港小母牛、四川海惠助贫服务中心、上海海惠社区民生发展中心,陈太勇亲历了每一个机构的诞生。从身份上而言,陈太勇现在已经和国际小母牛组织没有多大关系了。2008年和2012年,四川海惠助贫服务中心和上海海惠社区民生发展中心分别注册成功,他作为中心主任和法人代表,实际上已经脱离了曾担任的小母牛中国办事处主任身份。

人与人互满爱中国国家主任迈克尔·赫曼是个"中国通",自2005年在中国开展工作这12年来,人与人互满爱共计在本土筹款9000万元。对于新法中关于境外非政府组织不能在中国本土筹款的规定,迈克尔的理解是并不是法律禁止筹款,而是财政系统影响了筹款。他认为多样性是这部法律的最大特征:"法律只是给了我们一个宏观的概念,其中的具体实施还需要公安部能出台针对性的方案。一切只能慢慢来,从已有的案例中分析,找到自己机构最高效的注册方式。"他特别强调:"在法律颁布以后,国际非政府组织管理办法的法律实施并未对机构运营和现有项目有非常大的影响。"

美国商会财务总监孟岚从财务管理、合规管理、风险管理和内控等方面分享了境外非政府组织在华运营机构实务层面的经验。她认为财务管理直接关系非政府组织的公信力和竞争力。"登记注册后,公安部门及上级主管单位下发的关于年度报告以及资金使用方式、审计的要求对很多机构来讲都更严格了,但是换一个角度,这样可以帮助机构重新梳理目前的管理机制,使管理更为系统化,有利于机构长久发展。"孟岚说。

香港嘉里集团郭氏基金会北京代表处人力资源科目主任刘子萍同样肯定了合规在基金会发展的重要价值导向作用。香港嘉里集团郭氏基金会作为第一批在北京市公安局登记的境外非政府组织之一,专门设立了"规范建设部门"落实合规审计等工作。刘子萍分享了重视合规工作如何积极影响机构合作伙伴的规范意识,乃至促成与政府相关部门的有效合作。

在圆桌讨论环节中,针对"招人难"的问题刘子萍从"建章立制"和"吸引良才"两个角度给出了解答。她认为,严格遵照劳动法相关法律法规进行人员管理,合规与人性化管理并不矛盾,规范化、合法化也是机构吸引人的因素之一。

来自美国、欧洲和中国香港地区非政府组织的代表表示,工作坊加深了他们对管理法的理解,消除了一些担心。"今天的工作坊让大家对于境外非政府组织境内活动管理法有了更深刻的认识,消除了一些误解。中国发展简报乐于搭建这样的平台,未来我们准备收集大家的需求,继续推出这类解渴的工作坊。"益行中心执行主任刘忠亮总结说。

(资料来源:徐辉:《境外 NGO 面对面探讨合规运营难题》,《公益时报》2017 年 12 月 12 日。有删改。)

分析要点

1. 在加强对境外非政府组织监管的同时,也要重视境外非政府组织的发展问题。

2. 以加强境外非政府组织之间沟通为目标的平台性组织推动了境外非政府组织之间的信任关系和合作关系的发展。

本章小结

第一,境外非政府组织是指在境外合法成立的基金会、社会团体、智库机构等非营利、非政府的社会组织。除了非政府组织所普遍具有的组织性、私有性、非营利性、自治性、自愿性等特征之外,境外非政府组织的独有特征为其活动的跨国或跨境性。

第二,改革开放后,中国的境外非政府组织持续发展,但相应的管理制度却一直呈现碎片化状态。随着境外非政府组织境内活动管理法颁布实施,境外非政府组织管理逐步规范化,并呈现出组织状态延续性和活动领域、组织来源、分布地域集中性的特点。

第三,依据组织服务对象、运作形式和活动领域的不同,可将在华境外非政府组织分成不同类型。不同类型的境外非政府组织在资金、人才、理念、运作方式等方面对中国第三部门发展产生积极影响,但同时也有少量组织涉嫌参与非法活动,对国家安全和社会稳定构成威胁。

第四,在境外非政府组织境内活动管理法的规范下,境外非政府组织的法定活动形式被限定为登记代表机构和备案临时活动两种。登记代表机构境外非政府组织需要根据年度计划开展项目,同时其资金来源被限定为有限渠道,并通过专门银行账户进行收付。境外非政府组织的人员雇佣和会员发展受到一定限制。

本章思考题

1. 境外非政府组织管理制度经历了怎样的变化过程?哪部法律使其管理走向规范化?
2. 境外非政府组织的类型有哪些?
3. 境外非政府组织在中国境内可以采取哪几种合法活动形式?

阅读书目

1. 韩俊魁等:《境外在华 NGO:与开放的中国同行》,社会科学文献出版社 2011 年版。
2. 黄浩明主编:《国际民间组织合作实务和管理》,对外经济贸易大学出版社 2000 年版。
3. 孙伟林主编:《社会组织管理》,中国社会出版社 2009 年版。
4. 王名主编:《中国 NGO 口述史》(第一辑),社会科学文献出版社 2012 年版。
5. 魏红英、何静:《中国涉外民间组织的政府管理研究》,中国社会科学出版社 2017 年版。
6. 徐莹:《当代国际政治中的非政府组织》,当代世界出版社 2006 年版。

第十四章　事业单位

【本章教学目标】

事业单位既有别于政府、企业,也不同于社会组织或国外的非营利组织。事业单位规模大、数量多,并且聚集了大量的专业技术人才,是我国良好政社关系的重要组成部分。伴随着改革开放,事业单位改革也不断推进,本章对事业单位的基本概况、改革与发展历程及机理进行了梳理和分析。

第一节　事业单位概述

本节介绍了事业单位的概念、登记程序、登记要件与类别,对事业单位的基础性内容做了简单的梳理。

一、事业单位概念

事业单位是指国家为了社会公益目的,由国家机关举办或者其他组织利用国有资产举办的,从事教育、科技、文化、卫生等活动的社会服务组织。事业单位依法建立的营利性经营组织,必须实行独立核算,依照国家有关公司、企业等经营组织的法律法规登记管理。① 由于其在社会服务提供方面的突出作用以及公益性特征,事业单位被视作我国第三部门的重要组成部分。

民法典对法人做出相关规定,将法人划分为营利法人、非营利法人和特别法人。事业单位法人与社会团体、基金会和社会服务机构共同构成非营利法人的主要类型。事业单位门类繁多,涉及政治、经济、文化、社会等各个领域,是我国公益服务的主要承担者。②

在公众日常生活中,事业单位是一个耳熟能详的名词,代表着一种稳定的体制身份。最常见的事业单位包括高校、医院、科研院所、文艺院团等。在事业单位工作的人一般具有事业编制或签订聘用合同,部分事业单位具有一定的行政级别,其单位负责人具有相应的领导职务和职级。

二、事业单位的登记程序及要件

(一) 登记程序

事业单位经县级以上人民政府及其有关主管部门批准成立后,应当依照国家相关管理条例的规定登记或者备案。事业单位应当具备法人条件。申请事业单位法人登记,应当具备下列条件:一是经审批机关批准设立;二是有自己的名称、组织机构和场所;三是有与其业务活动相适应的从业人员;四是有与其业务活动相适应的经费来源;五是能够独立承担民事责任。③

事业单位的改革正处于持续推进阶段,编制管控比较严格,除医疗卫生、基础教育等行业,其余领域的事业单位登记较为困难,且存量改革也在不断推进中,编制只减不增。

(二) 登记要件

申请事业单位法人登记,应当向登记管理机关提交下列文件:(1)登记申请书;(2)审批机关的批准文件;(3)场所使用权证明;(4)经费来源证明;(5)其他

---

① 《国务院关于修改〈事业单位登记管理暂行条例〉的决定》,http://www.gov.cn/zhengce/content/2008-03/28/content_6422.htm,最后访问日期为 2019 年 11 月 24 日。
② 岳云龙:《从传统管理到现代治理——事业单位改革的目标取向及路径选择》,《中国行政管理》2008 年第 4 期。
③ 《国务院关于修改〈事业单位登记管理暂行条例〉的决定》,http://www.gov.cn/zhengce/content/2008-03/28/content_6422.htm,最后访问日期为 2019 年 11 月 24 日。

有关证明文件。①

三、事业单位的类别

事业单位的划分方法有很多种。例如,依据分布领域,可以划分为科学类事业单位、教育类事业单位、文化类事业单位、卫生类事业单位等;依据行政级别,可以划分为部委事业单位、厅局级事业单位、县处级事业单位和其他事业单位等;依据公益性质,可以划分为公益一类和公益二类事业单位(见表14-1)。下面具体讲述按公益性质的划分。

(一)公益一类事业单位

公益一类事业单位是指经由国家财政全额资助的事业单位组织,其典型特征是完全以公益为主导,不以营利为目的,主要分布在义务教育、基础性科研、公共文化、公共卫生及基础医疗等领域。

(二)公益二类事业单位

公益二类事业单位是指经由国家财政差额拨款资助或自收自支但具有一定公益性质的事业单位组织。这类组织具备一定的面向市场经营和获利的能力,具体运作过程中具有公益化、行政化和市场化等多重属性,主要分布在高校、职业教育、公立医院、科研院所等行业。

表14-1 公益一类和公益二类事业单位特点及服务内容

分类	特点	服务内容
公益一类事业单位	公益性强,经费需由国家财政全额予以支撑,体制机制尚待完善,效率有待提高	义务教育、基础性科研、公共文化、公共卫生及基础医疗等
公益二类事业单位	公益性较强,政府资助部分经费,自主开展相关业务活动,服务价格执行政府定价或政府指导价,体制机制尚待完善,效率有待提高	高校、职业教育、公立医院、科研院所等

---

① 《国务院关于修改〈事业单位登记管理暂行条例〉的决定》,http://www.gov.cn/zhengce/content/2008-03/28/content_6422.htm,最后访问日期为2019年11月24日。

第二节 事业单位的改革与政策演变

本节介绍事业单位的发展过程和改革方向,分别从基本方向与改革路径、改革政策演变与过程、改革重点三个方面详细论述。

一、基本方向与改革路径

（一）基本方向

我国事业单位改革的基本方向是分类改革,通过管办分离,理清政府、事业单位、市场组织、社会组织之间的边界,以克服行政力量对市场配置资源过度干预的问题。管办分离的改革路径重在实现政府部门"举办事业"与"监管事业"职能的分离。① 管办分离是推进事业单位分类改革的重要原则和方向,界定管办分离的内涵可为深化改革提供理论基础。

（二）改革路径

事业单位被广为诟病的问题是"过度行政化",即事业单位与政府之间关系过于密切,丧失了组织独立性,并且在某些市场领域损害自由竞争的规则。部分事业单位具有一定的行政职权,充当"二政府"的角色,将政府赋予的部分权力扩大化。这种不受制约的自由裁量权,使得大政府的政社格局进一步放大。基于此,事业单位改革的具体操作是以分类为基础,重新规划或进一步细化政府的职能,如各地开展的清单制管理、阳光政务、电子政务等。事业单位本是政府力量的延伸,只有当政府职能界定清晰以后,方可对事业单位和政府之间错综复杂的关系进行简化、分类和处理。

事业单位的改革在狭义层面是将事业单位作为一个整体进行适当的"功能

---

① 管办分离的改革具体体现在以下三个方面:一是事业单位不再由政府部门举办,通过改革切断政府部门与所举办事业单位的利益联系,将事业单位举办者的职能真正转到提供公益性服务的基本目标上来;二是建立独立的事业单位监督管理机构,由这个监管机构管理事业单位的人、财、物等事宜;三是事业单位不再作为政府机关的附属物,而应成为具有独立法人地位、独立享有权利和义务的社会组织并按照一定的章程开展活动。具体参见洪向华、井敏:《事业单位"管办分离"存在的问题及对策》,《中国行政管理》2011 年第 3 期。

分解":把原本属于政府的权力收回以便加强监督;把具有市场竞争力的事业单位推向市场,实行企业化改革;将真正具有公益属性而需要国家财政支持的事业单位按照公益化的原则进行规范。在广义层面,事业单位改革的实质是对政事关系的重新定位,是政府行政体制改革的重要部分。倘若不及时进行制度化的约束和规范,那么事业单位改革也将面临顽疾难除的局面。

二、事业单位改革的政策演变与过程

(一)事业单位改革的政策演变

自1985年开始,我国事业管理体制不断改革,在科学技术体制改革、医疗卫生体制改革、文艺院团改革、教育体制改革、事业编制改革等主要领域都有涉及。[①] 2002年11月,党的十六大的报告强调要"按照政事分开原则,改革事业单位管理体制";2003年10月,党的十六届三中全会进一步提出"加快推进事业单位分类改革"。2008年2月,党的十七届二中全会通过《关于深化行政管理体制改革的意见》提出对既有事业单位分三类进行改革。随后国家分别于2008年和2009年启动了文化事业单位和医药事业单位的改革,并于2011年发布了事业单位改革指导意见:承担行政职能的事业单位,逐步将其行政职能划归行政机构或转为行政机构;从事生产经营活动的事业单位,逐步转为企业;从事公益服务的事业单位,继续保留在事业单位序列,强化其公益属性。

2013年9月,国务院颁布《关于政府向社会力量购买公共服务的指导意见》,推进事业单位政府购买服务改革。2014年,国务院通过《事业单位人事管理条例》,对事业单位人事改革做了规定。2017年,党的十九大报告进一步明确,深化事业单位改革要"强化公益属性,推进政事分开、事企分开、管办分离"。

(二)事业单位改革的特征

自2002年以来,事业单位改革已推进了十八年,虽然顶层制度设计将事业

[①] 1985年3月《中共中央关于科学技术体制改革的决定》;1985年4月,国务院批转卫生部《关于卫生工作改革若干政策问题的报告》;1985年4月,中共中央办公厅、国务院办公厅批准文化部《关于艺术表演团体的改革意见》;1985年5月,中央下发《关于教育体制改革的决定》;1993年,党的十四届二中全会审议通过的《关于党政机构改革的方案》;1996年,中共中央办公厅、国务院办公厅印发《中央机构编制委员会关于事业单位机构改革若干问题的意见》。

单位改革进行分步推进,但总体来看,事业单位改革已进入了深水区,进一步改革的难度较大。完善事业单位改革总体方案应做到上下统筹考虑、条块结合、分类指导、分行业推进、分级组织与分步实施,且各级政府应统一思想,进一步明确改革目标、总体规划与改革思路,从上至下加强改革信念、坚定改革信心。在改革过程中,应注重事业单位分类改革与各项配套政策联动协调发展,统筹规划事业单位改革布局并有序出台养老保险、收入分配、财政保障等改革政策。①

1. 去行政化改革

事业单位的"行政化"特征源于"行政事业一体化"的传统组织体制。在高度集中的计划经济时代,各类事业单位通常作为国家计划和政府事业职能的执行机构和附属机构而设立,其业务目标、工作任务、编制规模、经费投入、岗位设置、人事任免等均由行政主管部门负责,财务制度、人事制度、社会福利制度等也与行政系统基本相同。所有事业单位都享有一定的行政级别,其工作人员与行政机关人员同样享有"国家干部"身份,并且二者可以交叉任职。政府部门主要通过行政管理系统,采用行政命令和指令性计划的方式来领导和管理下属事业机构。②

2. 分类改革

事业单位改革的基本思路是分类改革,即在分类的基础上对不同类型的事业单位确定不同的改革目标、适用不同的改革方案,然后按照政事分开、事企分开的原则提高事业单位的纯度,使行政职能尽量收归行政机关,市场业务则交由企业。③ 事业单位分类改革是事业单位综合性改革的基础,是事业单位其他体制创新的前提。事业单位在人事制度、收入分配、财政管理、养老保险等领域的改革,都必须以分类改革为前提。④

---

① 胡税根、王汇宇、莫锦江:《我国事业单位改革政策发展研究》,《北京行政学院学报》2018 年第 2 期。
② 朱光明:《试论事业单位"去行政化"改革的实现途径》,《北京行政学院学报》2014 年第 1 期。
③ 刘太刚:《事业单位改革:非营利组织发展的新契机》,《中国行政管理》2005 年第 11 期。
④ 郭小聪、聂勇浩:《事业单位分类改革:内在冲突及替代性方案》,《中国人民大学学报》2011 年第 5 期。

三、事业单位改革的重点

(一) 分类改革的阶段性突破

事业单位分类改革的重点主要有清理规范、人事制度改革、养老金制度改革与公立医院改革。一是清理规范。2011年11月起，随着中央编办发布《关于开展事业单位清理规范工作的通知》，全国各地陆续启动相应工作，主要由各地编制机构对本地区事业单位的基本情况做调查和统计，包括组织规模、数量、从业人员、分布领域、主要业务、生产状态等。清理规范过程中的调查结果为后续改革提供基本参照和更加明确的指向。二是人事制度改革。2014年，国务院通过《事业单位人事管理条例》，对事业单位工作人员实行分级分类管理，中央事业单位人事综合管理部门负责全国事业单位人事综合管理工作。县级以上地方各级事业单位人事综合管理部门负责本辖区事业单位人事综合管理工作。事业单位主管部门具体负责所属事业单位的人事管理工作。该条例对事业单位岗位设置、公开招聘和竞聘上岗、聘用合同、考核和培训、奖励和处分、工资福利和社会保险、人事争议处理等进行了更加细致的规定。三是养老金制度改革。长久以来被诟病的养老金双轨制，逐渐被提上改革日程。① 养老金的并轨统一采取定额调整、挂钩调整与适当倾斜相结合的调整办法，根据人力资源社会保障部、财政部的统计数据，2019年参保离退休人员总数达到12 310万人。② 四是公立医院改革。公立医院改革是我国医疗卫生体制改革最为核心的改革

---

① 国务院副总理马凯将其概括为"一个统一、五个同步"。"一个统一"是指机关事业单位与企业等城镇从业人员统一实行社会统筹和个人账户相结合的基本养老保险制度，都实行单位和个人缴费，都实行与缴费相挂钩的养老金待遇计发办法，从制度和机制上化解"双轨制"矛盾。在此基础上，形成城镇职工和城乡居民基本养老保险并行的两大制度平台，并可相互衔接，从而构建起完整的城乡养老保险制度体系。"五个同步"是指机关与事业单位同步改革，避免单独对事业单位退休制度改革引起不平衡；职业年金与基本养老保险制度同步建立，在优化保障体系结构的同时保持待遇水平总体不降低；养老保险制度改革与完善工资制度同步推进，在增加工资的同时实行个人缴费；待遇确定机制与调整机制同步完善，退休待遇计发办法突出体现多缴多得，今后待遇调整要综合考虑经济发展、物价水平、工资增长等因素，并与企业退休人员等群体统筹安排，体现再分配更加注重公平的原则；改革在全国范围同步实施，防止地区之间出现先改与后改的矛盾。

② 《2019年度人力资源和社会保障事业发展统计公报》，http://www.mohrss.gov.cn/SYrlzyhshbzb/zwgk/szrs/tjgb/202006/W020200608534647988832.pdf，最后访问日期为2020年6月28日。

内容,是事业单位改革的重要组成部分。公立医院吸纳和聚集了绝大部分社会医疗资源,但长期无法实现最优运转效率,以至于"看病贵、看病难"等问题曾一度成为社会痛点。公立医院体制改革历经十几年的"市场化—公益化—市场化—公益化"的循环,从2017年公布《关于全面推开公立医院综合改革工作的通知》起,已进入全面综合改革阶段。

(二)政府购买服务与事业单位改革的衔接

政府购买服务要与事业单位分类改革相结合,以事业单位分类改革为前提和契机,根据各地实际情况,探索事业单位参与政府购买服务的具体方式,运用政府购买服务的方式倒逼事业单位改革。2013年9月26日,国务院办公厅公布《关于政府向社会力量购买服务的指导意见》,要求政府向社会力量购买服务"坚持与事业单位改革相衔接,推进政事分开、政社分开",对事业单位作为购买主体做出明确规定,即"参照公务员法管理、具有行政管理职能的事业单位";而对事业单位作为承接主体的规定则并没有凸显。而在2014年12月,财政部、民政部、国家工商总局印发的《政府购买服务管理办法(暂行)》中则将事业单位在政府购买服务中的身份做了细致规定,"具有行政管理职能的事业单位"可作为购买主体,"按事业单位分类改革应划入公益二类或转为企业的事业单位"可作为承接主体。

上海在推行政府购买服务创新方面具有超前和成熟的经验,并尝试将事业单位改革纳入政府购买制度创新范围内(见图14-1)。①

---

① 具体来说,上海市事业单位参与政府购买服务的创新点主要有两个:一是成功地将事业单位引入公共服务竞争性购买,形成事业单位与非营利组织在公共服务购买中的良性竞争。如上海市民政局通过委托市社区服务中心作为唯一的招投标机构,负责全市政府购买社区公共服务招投标具体事务(包括招标工作方案和各环节的具体组织实施、投标方案的评估审议、协助有关方面对资助项目的过程进行监督评估与效益评价等),形成了统一公开的社区公共服务购买平台,然后通过此公共平台将上海市所有相关的社区公共服务事务公开向上海市的所有符合资质的社会团体、民办非企业和公益性非营利事业单位进行招标。虽然在社区公共服务购买的实际过程中,事业单位的参与度和中标率没有达到理想的水平,但是就将事业单位纳入公共服务竞争性购买这一点而言,上海市的实践是具有开创性的。二是渐进式推进事业单位参与政府购买服务。上海市有策略地选择较为容易实现事业单位竞争性参与购买的社区服务领域作为突破口。

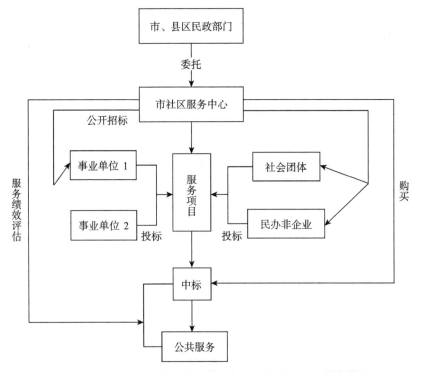

图 14-1　上海市事业单位竞争性参与民政局购买社区服务模式

（根据以下材料整理而成：倪咸林：《事业单位参与政府购买服务：上海的探索与启示》，《中国社会科学院研究生院学报》2016 年第 5 期。）

具体如何将两者进行妥当的衔接，句华做了较为深入的分析和研究。她提出：第一，从购买内容来看，事业单位政府购买服务可以分为购买自身需要的服务（如法律服务、课题研究等）和购买向社会公众提供的公共服务（如养老服务、矫正服务等）两类。第二，从购买主体和承接主体来看，可分为政府向事业单位购买公共服务和事业单位向社会购买服务两类。再进一步细分，政府向事业单位购买公共服务可分为政府向公益类事业单位和经营类事业单位购买服务两类；事业单位向社会购买服务可分为行政类事业单位和公益类事业单位向社会购买服务两类。第三，从购买程度来看，实践探索可分为完全购买模式和部分购买模式。①

---

① 句华：《政府购买服务与事业单位改革衔接模式探讨》，《行政管理改革》2017 年第 3 期。

第三节 事业单位的发展与改制

本节在深入剖析事业单位改革现状的基础上,阐释了事业单位改革过程中出现的问题并展望了事业单位改革的未来发展。

一、事业单位发展理念更新

调整事业单位的格局,推动其更好地发展,需要更新三种相关理念。第一种理念是更新以国有资产投入为前提来界定事业单位公益性与非营利性的理念。原有的界定过于狭隘,把同样从事公共产品提供的民办非企业单位排除在外,不利于我国公益事业的统筹发展。第二种理念是公益性理念。在事业单位中,公益一类事业单位大多提供纯公共产品,公益二类则大多提供准公共产品,所以不能简单认为事业单位就是纯公益性的。从实际情况出发,也要允许部分事业单位在保持准公益性的前提下,保留一定的自利空间。第三种理念是非营利性理念。对事业单位的非营利性,依分类来要求,对国有资产投入的公益一类事业单位,适用纯粹的非营利性;对其他类别的事业单位,应适用"准非营利性",允许事业单位对经营性收入进行一定比例的利润分配。应根据国际经验和国内实际情况,分地区、分行业合理确定利润分配比例。[①] 在更新相关理念并推广到事业单位管理过程中时,应事先建构新的公益性和非营利性评价标准。

二、按照分类改革思路优化运行机制

我国事业单位遵循分类改革的逻辑,其三类改革的基本思路是:第一,主要承担行政职能的,逐步转化为行政机构或将行政职能划归行政机构;第二,主要从事生产经营活动的,逐步转为企业;第三,主要从事公益服务的,强化公益属性,整合资源,完善法人治理结构,加强政府监管。[②] 综合来看,事业单位改革主要有三个路径,分别是公益化运行、双轨制运行和市场化运行。

---

① 潘修华:《事业单位的公益性与非营利性标准调适探析》,《理论月刊》2017年第9期。
② 朱仁显、李楠:《我国事业单位管理制度构建与改革的价值选择——基于公平与效率的视角分析》,《山东社会科学》2017年第1期。

（一）公益化运行

公益化运行主要针对那些不具备市场能力的公益一类事业单位。受行业特性、公共产品外部性、规模效应、市场营利能力等的复杂影响，该类组织无法面向市场竞争，因此需要或不得不依靠国家财政的支持。

（二）双轨制运行

基于部分事业单位的服务和产品不完全具有公益性的特点以及政府财力的约束，中央政府有关行政主管部门及不少地方政府的近期改革对部分事业单位实施了"企业化"转制改革，或保留事业单位性质但实施企业化管理，经费也由财政拨款改为单位自谋。这种改革的基本思路完全正确，但比较突出的问题在于如何确定哪些事业单位适合转为企业。很多单位的选择并非真正根据相关机构的实际职能是否具有公益性而定，而是更多地依据机构自身在市场上的生存能力。其结果是，一些承担社会公益职能，事实上不应市场化、企业化的机构却被推向市场。这些机构在实施了企业化改制或企业化运行后，自然将赢利视为唯一目标，放弃了本身应当具有的公益目标。①

（三）市场化运行

事业单位中，有很多具备市场竞争能力并且公益属性并不十分显著的组织。分类改革的思路是将这类组织中的行政和公益职能进行剥离后，将其推向市场，以形成政企分开的良好组织生态，避免因为组织身份的差异而使得具有市场能力的所谓"事业单位"获得垄断利润，或借助与政府的特殊关系获得不公平的市场地位。

三、构建公共责任的内部、外部双重监督约束机制

（一）公共监督的总体要求

事业单位开展活动，按照国家有关规定取得的合法收入，必须用于符合其宗旨和业务范围的活动；事业单位接受捐赠、资助，必须符合事业单位的宗旨和

---

① 事业单位体制改革研究课题组：《事业单位体制改革中需研究解决的几个原则性问题》，《管理世界》2003年第1期。

业务范围,必须根据与捐赠人、资助人约定的期限、方式和合法用途使用资金。①

(二) 内部、外部双重监督约束机制的构建

公益性事业单位公共责任的实现离不开内部与外部双重的约束机制,其中内部约束机构包括事业单位的上级主管部门和财政机关,外部约束机构包括权力机关、司法机关、第三方机构和媒体等。为此,事业单位需要在内部,建立科学的问责程序,实行规范的预算制度;在外部,通过信息公开,让政府与社会获得了解公益性事业单位信息的渠道,从而使外部力量行使监督权力有所依据。

四、法制建设与事业单位可持续发展

为促进事业单位可持续发展,应着力构建中国特色事业单位制度体系并尽可能使之法制化。这个体系可分为三个层次:第一层次是制定和发布"事业单位组织法",主要明确改革后事业单位的性质、定位、权利义务、创设撤销、管理体制、运行机制、救济途径等基本原则和方向,使之成为事业单位各项具体制度的根本依据;第二层次是与法律相配套的单项制度条例或规章,具体规范事业单位人事管理、编制管理、收入分配、财政保障、财务管理、人员社会保障、国有资产管理以及登记管理等事项,从而将法律中原则性规定进一步具体化,使各项制度更符合实际、更具操作性;第三层次是针对具体问题的政策文件,如明确推进管办分离、法人治理的具体措施,实施人员分流安置和单位转制的优惠政策,总结推广地方和部门经验做法,这些政策文件与法律、单项制度法规共同构成了中国特色事业单位制度体系。当然,构建这一体系是一项浩大的工程,不可能一蹴而就,需要在很长一段时间内逐步探索,但在改革之初就应有顶层设计和步骤安排,确保法制建设按照既定目标前进。

---

① 其他可参照《事业单位登记管理暂行条例》中的具体条款:事业单位必须执行国家有关财务、价格等管理制度,接受财税、审计部门的监督。事业单位有下列情形之一的,由登记管理机关给予警告,责令限期改正;情节严重的,经审批机关同意,予以撤销登记,收缴《事业单位法人证书》和印章:(1)不按照本条例的规定办理变更登记、注销登记的;(2)涂改、出租、出借《事业单位法人证书》或者出租、出借印章的;(3)违反规定接受、使用捐赠、资助的。事业单位违反法律、其他法规的,由有关机关依法处理。登记管理机关的工作人员在事业单位登记管理工作中滥用职权、玩忽职守、徇私舞弊构成犯罪的,依法追究刑事责任;尚不构成犯罪的,依法给予行政处分。

案例分析

辽宁事业单位改革动真碰硬闯出新天地

"有人没事干，有事没人干。"辽宁事业单位曾经呈现"多、小、散"状态，不同程度地存在政事职责不清、管理体制不顺、生机活力不足、资源配置不合理等问题，这成为辽宁体制改革发展路上的绊脚石。2016年以来，特别是党的十九届三中全会以后，辽宁迎难而上，把加快推进事业单位改革作为深化机构改革的"先手棋"，以打破陈旧体制、降低财政负担、服务全面振兴为目标，大刀阔斧推进省、市、县、乡事业单位改革，经营性事业单位一律转企，公益性事业单位优化整合，行政类事业单位政事分开。目前，全省1174个经营性事业单位转企改制组建集团，27 514个公益性事业单位优化整合为2366个，精简幅度达92%。

转企改制，经营性事业单位焕发活力

辽宁省事业单位改革以经营性事业单位转企为突破口，确立以组建企业集团推动事业单位转企改制为主要方向的改革思路，通过撤销、整合、转企等多种方式，将全省712个经营性事业单位退出事业单位序列，组建12个企业集团，交由国有资产监督部门管理，从而盘活事业单位资产，激发事业单位活力，提高财政资金使用效率。

近两年，辽宁先后组建省交投集团、水资源集团、地矿集团、工程咨询集团、城建集团、体育产业集团、辽勤集团、旅游集团、担保集团等12个企业集团，涉及事业单位183个，人员编制1.6万个，资产3300多亿元，收回事业编制1.4万个。各市组建企业集团143个，涉及事业单位1006个，人员编制3.7万名。

"由事业单位到企业，改变的不仅是身份，更重要的是改变了思想观念，有了市场意识。"辽宁省环保集团技术发展中心副主任石玉敏说，把应由市场配置资源的经营活动交给市场，职工积极性就调动起来了。

之前高速公路建设按照财政投入、银行贷款的单一融资模式进行，政府背负巨额债务。新成立的辽宁省交投集团涵盖了高速公路等优质资产，改制后盘活了资产，去年通过股权融资、资产证券化以及成立基金管理公司等多种形式，融资148亿元，与工商银行、民生银行开展总行级战略合作，大幅降低了融资成本，同时还涉足金融、能源等业务板块。

据辽宁省国资委统计,2017年,辽宁新组建的首批7家省级企业集团合计实现营业收入238亿元,同比增长22.6%,实现利润8.1亿元,同比增长149.8%。

提质增效,公益性事业单位深度整合

聚焦解决事业单位"有人没事干,有事没人干"等问题,2018年5月,辽宁启动优化整合公益性事业单位工作,重新分析服务需求、梳理机构职能,进行大规模归并、优化、整合。

在整合过程中,辽宁坚持"一把尺子量到底",不搞例外、不开口子。面向社会提供公益服务的事业单位,加大跨部门整合力度,推进管办分离;职责任务相近、分散设置在多个部门的公共文化服务、信息服务、农业技术服务等事业单位,跨部门整合后组建新的事业单位;大幅精简整合为机关提供支持保障的事业单位,撤并规模过小的事业单位,优化职能和人员结构。目前,全省新组建的事业单位已全部完成法人登记和挂牌工作,大量"小、散、弱"事业单位和性质相同、服务对象相似的事业单位得到了优化整合,提高了服务效率,降低了运行成本。

新组建的辽宁省信息中心由26家省直机关所属政务信息中心整合而成,以前每家信息中心各搞一套人马,不仅浪费资源,而且无法有效实现信息共享。改革后,节省运维人员129名,节省设备4550台套,节省机房面积约1万平方米,每年可节约经费3.58亿元。辽宁省检验检测认证中心整合了原隶属于9个省直部门的20家事业单位,拥有设备约9500台套,不论规模还是技术能力,均位居全国前列,计量、检验检测和认证认可等全都实现"一站式服务",大幅降低企业的检测服务成本。

此次改革中,辽宁省围绕老工业基地振兴需要新设机构,创新性整合省政府部门所属34个事业单位职责,新组建5个省政府直属的"五大基地"建设工程中心,对省委、省政府中心工作形成支撑。同时,在完成承担行政职能改革试点的基础上,辽宁省开展事业单位承担行政职能清理工作,全省承担行政职能的事业单位行政职能全部归划机关,事业单位不再承担行政职能,实现政事分开。

(资料来源:刘勇:《辽宁事业单位改革动真碰硬闯出新天地》,《光明日报》2019年1月3日。有删改。)

分析要点

1. 公益性事业单位的改革涉及身份、观念等多个方面的转变，需要明晰公共事业与市场之间的边界，加大跨部门整合的力度，强化公益性事业单位的公益属性。

2. 事业单位的改革遵循分类改革的思想，对承担行政职能的、从事生产经营活动的、从事公益服务的事业单位区分情况积极推进改革。

3. 公益类事业单位的分散性、重复性和条块分割严重等特点促成其组建大型综合性事业单位，集中力量和资源，整合技术力量与资金设备，统一面向社会提供公益服务。

本章小结

事业单位是我国特有的一种社会组织类型，对其准确认识，需要把握以下几点。

第一，事业单位的定义。事业单位是指国家为了社会公益目的，由国家机关举办或者其他组织利用国有资产举办的，从事教育、科技、文化、卫生等活动的社会服务组织。

第二，事业单位的分类。依据公益性质，可以划分为公益一类和公益二类事业单位。前者主要分布在义务教育、基础性科研、公共文化、公共卫生及基础医疗等领域。后者主要分布在高校、职业教育、公立医院、科研院所等行业。

第三，事业单位的改革路径。我国事业单位改革的基本路径是分类改革，其主要方向是通过管办分离，理清政府、事业单位、市场组织、社会组织等的边界，以克服行政力量对市场配置资源的过度干预。

第四，事业单位的改革重点。事业单位改革重点主要有清理规范、人事制度改革、养老金制度改革、公立医院改革。

第五，购买公共服务的具体类型。政府向事业单位购买公共服务可分为政府向公益类事业单位和经营类事业单位购买服务两类；事业单位向社会购买服务可分为行政类事业单位和公益类事业单位向社会购买服务两类。

第六,事业单位改革的路径。事业单位改革主要有三种路径,分别是公益化运行、双轨制运行和市场化运行。

 本章思考题

1. 事业单位与政府、企业和其他社会组织的主要区别是什么?
2. 事业单位分类制改革最关键的难点是什么?
3. 分类制改革是否可以解决当前事业单位发展过程中存在的问题?

阅读书目

1. 赵立波:《事业单位社会化与民间组织发展研究》,山东人民出版社2010年版。
2. 成思危主编:《中国事业单位改革:模式选择与分类引导》,民主与建设出版社2000年版。
3. 朱光明:《关于深化事业单位分类改革的认识》,《中国机构改革与管理》2015年第9期。
4. 范恒山主编:《中国事业单位改革探索》,人民出版社2010年版。
5. 句华:《政府购买服务与事业单位改革衔接机制研究》,人民出版社2017年版。

第三部分

现状与趋势

　　第三部门的治理在不同的发展时期呈现出不同的特征。第三部门组织数量增加、公民意识提升、公共物品供给增加、社会企业家出现等都表明我国的第三部门得到快速发展。在取得重大成就的同时,第三部门的发展也暴露出自治性弱、社会信任弱、动员能力低以及营销与筹资能力较弱等问题。适应第三部门发展的新时代,大力提升第三部门的国内作用和国际影响力,从政策规范、治理趋势等方面不断提升第三部门的发展水平。

第十五章　第三部门的演变、治理特点与新格局

【本章教学目标】

我国第三部门兴起于国家转型期,在国家和社会的规范化治理过程中不断发展壮大。第三部门的治理演变至今,已体现出明显的时代特征。因此,有必要对第三部门治理现状与发展趋势进行简要梳理,具体了解第三部门治理的阶段、标志、特点、问题和格局等重要内容,较为全面地把握第三部门治理的全貌。

第一节　第三部门的历史演变

新中国成立之后,中国第三部门经历了七十年的发展,在不同阶段呈现出不同的治理特点,也在整个发展过程中反映出一些具有较强延续性的发展标志。本节归纳了中国第三部门发展的四个历史时期和六大主要表现,以总结七十年来整个第三部门历史演变的特征和脉络。

一、第三部门发展阶段

学术研究中依据不同的标准,会产生不同的中国第三部门发展阶段划分。陶传进基于第三部门发展生态提出第三部门建设的四个阶段理论,即从无到有

的第一阶段,追求专业性的第二阶段,打通与政府间壁垒的第三阶段,以及形成自身生态系统的第四阶段。① 王名等人对中国第三部门进行了两个层次的阶段划分。第一个层次是从20世纪初开始,将中国第三部门发展过程划分为三阶段:第一阶段从20世纪初至1949年,第二阶段从1949年至"文化大革命"结束,第三阶段从改革开放至今。② 第二个层次是从改革开放后开始,根据社会组织的统计数据可比性划分出四个阶段:第一阶段是从1978年到1991年的迅速发展时期,第二阶段是从1992年到2001年的规范优于发展时期,第三阶段是从2002年到2007年的分类发展时期,第四阶段是2008年以后的全面蓬勃发展时期。③ 马庆钰则综合考量国内外第三部门发展现状,将中国第三部门发展划分为20世纪上半叶的跌宕起伏时期、1949年到"文化大革命"结束的低迷中断时期,以及改革开放以后的引导发展时期。④

从1949年10月中华人民共和国成立到如今,中国第三部门治理在发展过程中同样呈现出阶段性的特征。根据对上述学者划分阶段的回顾,基于对中国第三部门治理的重要节点梳理,可将1949年后中国第三部门发展分为四个阶段,分别是1949—1978年的清理整顿时期,1978—1998年的秩序重建时期,1998—2012年的开放发展时期,以及2012年以后的法治规范时期。

(一)清理整顿时期

这一阶段从1949年中华人民共和国建立开始,至1978年中国共产党十一届三中全会召开前为止。

新中国成立之初,党和政府对民国时期开始发育的第三部门进行了清理整顿。1950年,当时的政务院和内务部通过颁布《社会团体登记暂行办法》等法律法规和政策文件初步建立社会团体的分级登记管理制度,同时将一部分遗留的学校、医院、文化机构等改造为事业单位。⑤ 1966年5月"文化大革命"前夕,

---

① 陶传进:《社会组织发展的四阶段与中国社会演变》,《文化纵横》2018年第1期。
② 王名、贾西津:《中国NGO的发展分析》,《管理世界》2002年第8期。
③ 王名等著:《中国社会组织1978—2018:社会共治——正在生成的未来》,社会科学文献出版社2018年版,第3页。
④ 马庆钰:《中国非政府组织发展与管理》,国家行政学院出版社2007年版,第111—118页。
⑤ 韦之:《关于事业单位机构管理问题(一)》,《经济研究参考》1992年C6期。

全国性社会团体有近百个,地方性社会团体有 6000 多个。① 1957 年"反右"运动开始后,社会团体登记工作基本暂停。1966 年"文化大革命"开始后,"单位"代替了几乎所有类型的社会组织行使职能。除事业单位外,中国第三部门无法正常地发挥作用,处于全面瘫痪状况。

（二）秩序重建时期

这一阶段从 1978 年改革开放开始,至 1998 年《社会团体登记管理条例》和《民办非企业单位登记管理暂行条例》颁布之前为止。

1978 年 12 月随着中国共产党十一届三中全会召开,中国实行改革开放政策,第三部门从全面瘫痪状态逐步复苏。一些全国性行业协会在国务院主导下成立,如中国食品工业协会、中国包装技术协会等。同时,一些政府背景基金会在改革开放初期成立,如中国宋庆龄基金会、中国残疾人福利基金会和中国儿童少年基金会等。② 中国第三部门迎来了发展的春天。政策方面,经过一段时间的放任发展后,《基金会管理办法》《外国商会管理暂行规定》和《社会团体登记管理条例》先后出台,明确上述类型组织成立需要接受业务主管单位和登记管理机关的双重审查和双重监管。1990 年和 1997 年,国务院办公厅两次开展较大规模的第三部门整顿工作,以落实上述政策。至 1998 年两大条例出台之前,第三部门治理的基本秩序已得到重建。根据《1998 年民政事业发展统计报告》,截至 1998 年年底全国社会团体已达到 16.56 万个。

（三）开放发展时期

这一阶段从 1998 年两大社会组织登记管理的行政法规颁布开始,至 2012 年中国共产党第十八次全国代表大会召开前为止。

1998 年新的《社会团体登记管理条例》和《民办非企业单位登记管理暂行条例》出台,将业务主管单位和登记管理机关的职能进一步明确,第三部门的常规化、制度化治理格局就此形成。③ 这两部行政法规与 2004 年颁布的《基金会管理条例》一起,构成了第三部门治理的主要政策依据。随着 2001 年中国加入

---

① 谢海定:《中国民间组织的合法性困境》,《法学研究》2004 年第 2 期。
② 谢菊、马庆钰:《中国社会组织发展历程回顾》,《云南行政学院学报》2015 年第 1 期。
③ 邓正来、丁轶:《监护型控制逻辑下的有效治理——对近三十年国家社团管理政策演变的考察》,《学术界》2012 年第 3 期。

世界贸易组织、建立服务型政府、融入全球化体系的需求日益强烈,能够提供公共服务并具备较强影响力的第三部门成为政府的有效补充,尤其地方政府出于发展与改革的需要,在自身职权范围内为第三部门的生存与培育提供了较大空间,如上海在部分市区试点由街道担任社会团体和民办非企业单位的业务主管单位。在较为开放的治理体系推动下,中国第三部门规模持续扩大。根据《2012年社会服务发展统计公报》,截至2012年年底,我国社会组织总数已达到49.9万家。

(四)法治规范时期

这一阶段从2012年中共十八大召开起延续至今。

十八大报告提出要建设"政社分开、权责明确、依法自治的现代社会组织体制",中国第三部门治理在一系列法律政策的引导和推动下呈现规范化、法治化特点。2016年以后,一方面,随着慈善法、境外非政府组织境内活动管理法和民法典等相关领域基本法律出台,第三部门治理有了更为充分的法律依据和更加明确的活动规范,整个体系呈现出法治化转向;另一方面,随着2013年《国务院机构改革和职能转变方案》以及2016年《关于改革社会组织管理制度促进社会组织健康有序发展的意见》等文件的发布,社会组织直接登记和双重管理并行的混合治理体制在中央层面确立,进一步从国家层面明确了第三部门的发展方向。此外,在国家"一带一路"建设尤其是"民心相通"领域的工作布局推动下,第三部门逐渐走出国门,在国际救灾和慈善事业中发挥积极作用,成为建设人类命运共同体的重要民间力量,在国际社会传递中国声音。

二、第三部门发展壮大的主要表现

通过对中国第三部门发展历程的回顾,可以把第三部门发展壮大的主要表现概括为六个方面:组织数量增加、公众参与意识提升、资源动员能力增强、大批社会企业家出现、行业社会影响力扩大和服务领域拓展。

(一)第三部门组织数量增加

中国第三部门发展标志之一体现在社会团体、社会服务机构(民办非企业单位)和基金会三类社会组织的数量上。纵览其发展过程,呈现出明显的上升趋势:1978年,第三部门发展第一阶段结束时全国性社会团体数量仅100多个,至 1998 年第二阶段结束时,根据《1998 年民政事业发展统计报告》,各级社会团体数量已达到 16.56 万个。[①] 随着《社会团体登记管理条例》《基金会管理条例》和《民办非企业单位登记管理暂行条例》这三大条例确立了社会组织的主要类型,到 2012 年年底第三阶段结束时,根据《2012 年社会服务发展统计公报》,全国社会组织总数提升到 49.9 万个,其中社会团体 27.1 万个、民办非企业单位 22.5 万个、基金会 3029 个。[②] 十八大之后,中国社会组织增长趋势依然明显,根据民政部发布的《2018 年社会服务发展统计公报》,截至 2018 年年底,社会组织总数已增长到 81.7 万个,其中社会团体 36.6 万个,民办非企业单位 44.4 万个,基金会 7034 个。[③] 由此可见,中国第三部门规模扩张趋势明显,其数量在不同发展阶段之间呈现出跨越式增长。

(二)公众参与意识提升

第三部门能够凭借其民间性特征,充分体现出社会公众的主体意识、权利意识、参与意识。[④] 在第三部门数量持续上升的过程中,公众参与意识也随之提升。尤其是 2010 年以后,随着互联网科技不断升级并广泛介入中国第三部门的资源募集、信息公开、日常管理、社会网络数据来源:维护等多个方面,公众参与的渠道被进一步拓宽,社会公众与第三部门之间逐步建立广泛的连接。一方面,互联网平台成为大多数人接触第三部门、参与公益活动的直接路径,20 家互联网募捐信息平台获得超过 84.6 亿人次网民的关注与参与。[⑤] 另一方面,第三部门中的个体组织也获得了更多公众支持,如上海联劝公益基金会通过开展"一个鸡蛋的暴走"活动,希望通过每天给贫困地区的孩子一个鸡蛋以改变他们的膳食结构。活动吸引了社会人士的广泛参与,连续开展十年,累计共有 76 支

---

① 《1998 年民政事业发展统计公报》,http://www.mca.gov.cn/article/sj/tjgb/200801/200801150094199.shtml,最后访问日期为 2019 年 8 月 28 日。
② 《2012 年社会服务统计公报》,http://www.mca.gov.cn/article/sj/tjgb/201306/201306154747469.shtml,最后访问日期为 2019 年 8 月 28 日。
③ 《2018 年民政事业发展统计公报》,http://www.mca.gov.cn/article/sj/tjgb/201908/20190800018807.shtml,最后访问日期为 2019 年 8 月 28 日。
④ 伍华军:《公民意识:对公民政治参与的促进与形塑》,《法学评论》2014 年第 4 期。
⑤ 《互联网慈善的"中国样本"正在形成》,https://gongyi.qq.com/a/20190408/007991.htm,最后访问日期为 2019 年 8 月 28 日。

团队参与,资助暴走项目的金额达到了164万。①

(三) 资源动员能力增强

资源动员指行动主体获取并控制资源的过程,而资源包括资金、物质、技术、人力等多种类型。② 对于第三部门来说,动员政府、企业、社会公众等相关方向其提供外部资源,是组织提供有效服务的基本前提,也是实现其成立宗旨的必要条件。随着中国第三部门的持续发展,其资金与物资捐赠吸收以及志愿者动员能力都取得长足进步。以社会捐赠为例,1998年,面对特大洪涝灾害,全国实现境内外捐赠款物募集金额约为134亿元③,其中绝大多数被政府部门所接收;到2012年,全国各地直接接收捐赠款物已达578.8亿元,其中民政部门直接接收社会各界捐款101.7亿元,捐赠物资折款6.3亿元,各类社会组织接收捐款470.8亿元④;而到2018年年底,全国社会组织年度捐赠收入即达919.7亿元。⑤ 此外,第三部门多样化的公益项目吸纳了众多志愿者参与。截至2016年年底,我国共有3278万名志愿者在全国志愿服务信息系统中注册,到2017年年底人数上升至4242万名。⑥ 志愿者热情高涨,积极服务于社会公共事务。社会捐赠的持续增长和志愿人员的持续投入,都使第三部门能够掌控的资源显著增加,活动开展更加游刃有余。

(四) 大批社会企业家出现

伯恩斯坦基于对社会效应的考量,提出"社会企业家"概念,指为理想驱动、有创造力的个体,他们开拓新机遇,拒绝放弃,为建设一个更好的社会而努力。⑦

---

① https://baozou.lianquan.org/,最后访问日期为2019年8月28日。
② 杨宝:《嵌入结构、资源动员与项目执行效果——政府购买社会组织服务的案例比较研究》,《公共管理学报》2018年第3期。
③ 《1998年民政事业发展统计报告》,http://www.mca.gov.cn/article/sj/tjgb/200801/20080115009 4199.shtml,最后访问日期为2019年8月28日。
④ 《2012年社会服务统计公报》,http://www.mca.gov.cn/article/sj/tjgb/201306/201306154747469.shtml,最后访问日期为2019年8月28日。
⑤ 《2018年民政事业发展统计公报》,http://www.mca.gov.cn/article/sj/tjgb/201908/2019080001 8807.shtml,最后访问日期为2019年8月28日。
⑥ 中国志愿服务联合会编著:《中国志愿服务发展报告(2017)》,社会科学文献出版社2017年版,第22页。
⑦ 〔美〕戴维·伯恩斯坦:《如何改变世界:社会企业家与新思想的威力》,吴士宏译,新星出版社2006年版,第2页。

褚松燕进一步强调了该类人群的社会性,提出他们是活动于社会领域并以一定的民间组织为依托的人。① 在中国,随着第三部门规模的持续增长,已有一批注重在社会领域开拓创新并将理念与实践成功结合的社会企业家涌现出来。徐永光曾创建中国青少年发展基金会,并实施"希望工程"这一具有全国影响力的公益项目;后又于2007年创办南都公益基金会,致力于推动公益行业发展和社会创新。何道峰从1999年起执掌中国扶贫基金会十余年,努力促进这家中国最大的官办基金会之一实现社会化运营和国际化活动,并兴办开创性的小额信贷公司中和农信,建立起中国的"穷人银行"。廖晓义1996年创办并领导环保组织地球村二十余年,发起了"26度空调节能行动""无车日"等民间环保行动,是中国倡导绿色生活的先行者。汪永晨作为民间环保网络"绿家园志愿者"召集人,积极组织"江河十年行"等环保公益活动,并于2003年率先参与具有标志性意义的"怒江保卫战",是中国民间环境抗争的代表人物。郑卫宁1997年创办深圳残友集团,为残疾人提供各种线上、线下的专业化服务,搭建起国内首个法人多元的第三部门联合体,旗下包括残友集团、深圳市郑卫宁基金会、深圳市信息无障碍研究会和深圳市残友社工服务社等多种类型组织。

(五)行业社会影响力扩大

第三部门发展的第五项重要标志是其社会影响力提升。社会影响力主要体现在项目所产生的社会服务效果、社会倡导影响范围和公共政策结果等方面。在中国第三部门发展的过程中,诞生了一系列具有较强社会影响力的项目活动,对社会发展起到正向促进作用。例如,希望工程由中国青少年发展基金会于1989年发起实施,至2019年累计接受捐款161亿元,资助困难学生617.02万名,援建希望小学20 359所②,是我国社会参与最广泛的民间公益事业。"26度空调节能行动"于2004年由6家中外环保组织共同发起,倡导公共场所夏季空调温度不低于26摄氏度。该活动直接促成国务院办公厅于2007年发布《关于严格执行公共建筑空调温度控制标准的通知》,要求所有公共建筑夏季室内

---

① 褚松燕:《社会事业家理论评析》,《经济社会体制比较》2007年第4期。
② http://www.cydf.org.cn,最后访问日期为2020年8月28日。

空调温度不得低于26摄氏度。① 怒江水坝事件又称怒江保卫战,发生于2003年。由于环保组织的积极宣讲和政策建议,原定于在怒江中下游修建十三级水电站的计划被暂时搁置。此事受到国务院相关领导关注及批示,体现了中国环境民间环保组织在政策倡导过程发挥的重要作用。免费午餐项目由民间团队发起,后获得中国社会福利基金会支持,倡议公众捐赠善款以帮助中国贫困地区儿童解决营养不足问题。至2020年8月底,该活动累计接受捐赠6.63亿元,覆盖全国26个省级行政区1292所学校,惠及33万在校儿童。②

（六）服务领域拓展

随着中国第三部门的持续发展,其所覆盖的服务领域日趋多元化,可满足公众不同方面的社会生活需求。通过分析《2018年民政事业发展统计公报》的具体内容,可以发现我国第三部门已经形成多种类型与层次的服务领域。数据显示,中国社会组织广泛分布在科学研究、教育、卫生、社会服务、文化、体育、工商业服务、农村及农村发展等活动领域中。以2018年社会团体数据为例,总共36.6万个社会团体中,有工商服务业类4.3万个,科技研究类1.5万个,教育类1.0万个,卫生类0.9万个,社会服务类4.9万个,文化类4.2万个,体育类3.4万个,农村及农村发展类6.5万个,其他类型约10万个。③ 这些社会团体的业务领域已经覆盖国家发展和社会生活的方方面面。

第二节　第三部门治理特点与问题

第三部门治理是指在特定的目标指引下,通过人、财、物、时间等方面资源调配,完成相关的任务。除了内部治理外,第三部门治理还包括外部治理,主要涉及审查、监管、培育等方面的内容。本节从内部治理与外部治理的角度出发,总结我国开展第三部门治理的特点,以及呈现当前整个治理体系发展

---

① 徐家良、樊东方:《民间环境保护组织在构建和谐社会中的社会位置与策略选择》,《学习论坛》2008第2期。

② http://www.mianfeiwucan.org/,最后访问日期为2020年8月26日。

③ 《2018年社会服务发展统计公报》,http://www.mca.gov.cn/article/sj/tjgb/201908/20190800018807.shtml,最后访问日期为2019年8月28日。

所存在的问题。

一、第三部门治理特点

（一）直接登记与双重管理结合的混合体制

随着2016年中央办公厅和国务院办公厅联合发布《关于改革社会组织管理制度促进社会组织健康有序发展的意见》，直接登记与双重管理相结合的混合体制在中国得以确立，成为中国第三部门治理的基本制度。

直接登记制度经过不同地方政府的试点之后，于2013年获得了来自中央政府的确认。2013年3月14日第十二届全国人民代表大会第一次会议的批准通过《关于国务院机构改革和职能转变方案的决定》和2013年11月15日中国共产党十八届三中全会发布的《中共中央关于全面深化改革若干重大问题的决定》，都明确提出开展社会组织直接登记改革，并将直接登记的社会组织类型确定为行业协会商会类、科技类、公益慈善类和城乡社区服务类四种类型。2016年，慈善法确认了慈善组织的直接登记制度，中央办公厅和国务院办公厅《关于改革社会组织管理制度促进社会组织健康有序发展的意见》则将上述四种类型的组织范围更加具体化。随着《社会组织登记管理条例（草案征求意见稿）》进入国务院审议阶段，直接登记制度有望通过行政法规予以明确。

双重管理制度早在1989年版《社会团体登记管理条例》出台时即成为中国第三部门治理层面的重要制度安排。在《社会团体登记管理条例》《基金会管理条例》《民办非企业单位登记管理暂行条例》三大条例出台之后的近二十年时间里，虽然部分地区一直在探索对双重管理制度的改革，但其仍然作为第三部门治理的基本依据在不同层级党政部门中得到贯彻。2016年的《关于改革社会组织管理制度促进社会组织健康有序发展的意见》作为纲领性文件，明确了直接登记的组织范围，但也强调完善双重管理制度，较为直观地体现了国家意志，使双重管理体制在全国范围内得到更加有效的执行。[①] 在现有制度下，除部分可直接登记的社会组织之外，不论是申请成立社会团体、民办非企业单位和基金会，还是境外非政府组织代表机构、事业单位，都需要业务主管单位事前同意，

---

① 章高荣：《类全能主义：对中国国家社会关系的一个整体性理解》，《经济社会体制比较》2018年第6期。

如果没有得到同意,无法到登记管理机关进行注册登记。同时,无论社会组织还是境外非政府组织代表机构,其活动领域也需要聚焦于业务主管单位的管辖范围。

（二）培育与监管并重的管理过程

在第三部门治理过程中,为促进第三部门更好地发展,需要政府提供相关的培育措施,同时,为了保证其规范和有效的运作,政府需要进行必要的监管。所以,政府与第三部门的关系呈现出既培育又监管的状况。

第三部门发展离不开政府的培育,政府的培育保障了第三部门的生存与可持续发展。第三部门在中国出现较晚,因此,存在着资金短缺、专业人员匮乏、服务专业性不足、社会参与度有限和社会效能较低等问题,第三部门难以在外力支持不足的前提下得到可持续发展,更不用说承接政府转移职能。为此,有必要对第三部门开展有针对性的培训,以期提升第三部门的发展实力。① 第三部门培育涉及职能转移、资金保障、购买项目、提供办公场所等多项内容,慈善法、《国务院办公厅关于政府向社会力量购买服务的指导意见》等法律法规和政策文件都对第三部门的培育做出了相关的规定,确保第三部门的培育有法可依。

同时,第三部门需要接受政府的监管,保证其运作的规范性。第三部门监管是指行政机关和行政人员通过章程监督、年度检查、财务审查、评估监督、行政执法等途径对第三部门合法性、合理性、有效性的检查、监察、督促和了解的活动。② 1990 年 6 月,政府第一次对社会团体政治性和营利性问题进行清理整顿;1997 年 4 月,政府第二次对社会团体的营利性问题和组织问题进行清理整顿;1996 年和 1997 年,民政部相继发布《社会团体年度检查暂行办法》《民政部关于查处非法社团组织的通知》等,对第三部门违法行为做了较为具体的规定,包括撤销、停止活动等。

（三）地区发展不平衡

长期以来,中国第三部门发展存在不平衡现象,东部发达地区多,西部贫困

---

① 陈友华、祝西冰:《中国的社会组织培育:必然、应然与实然》,《江苏社会科学》2014 年第 3 期。
② 徐家良等:《新时期中国社会组织建设研究》,中国社会科学出版社 2016 年版,第 118 页。

地区少,从业人数也有很大差距。① 第三部门地区发展不平衡体现在三个方面:第一,在经济落后的中西部地区,第三部门发展缓慢;第二,在经济发展快的东部地区,第三部门发展较快,公众公益意识较强,尤其在珠江三角洲和长江三角洲地区,第三部门发展势头具备较为优越的发展土壤;第三,先发展地区的第三部门不仅数量多,并且已经深入公民生活之中,活跃在文娱、教育、卫生、医疗等多个方面,提供政府无法提供或供给不足的服务。在第三部门发展程度较为落后的中西部地区,也衍生出一些独具地方特色的第三部门治理经验。如云南省长期通过引进境外非政府组织的资源和服务,带动本地社会组织和公益事业发展。湖南省则积极开展慈善组织认定工作,发挥慈善组织在脱贫攻坚、社会救助等方面的资源动员功能。截至2019年1月,湖南省完成了313家慈善组织认定,在全国各省级行政区当中位列第五,其中公募慈善组织167家,在全国排名第一。②

(四) 公益意识不断提升

在推进慈善治理工作的同时,第三部门的相关治理主体也潜移默化地使社会公众的公益意识不断提升。公益意识是人类伦理精神拓展的时代体现,是公益主体自我内在发展的吁求,含有对社会发展的人文关怀意蕴。它是对责任、奉献、行动、反思、博爱、包容等品质的整合,是个体愿景和行动结合的文明表达形式,能够化作影响个人行为的精神力量。③ 公益意识可以引导个人在公益事业中的广泛参与。2008年"5·12"汶川地震的志愿救援促成了中国的"公益元年",此后中国社会公众的公益意识基本处于不断提升的轨道中,如在志愿服务领域已搭建起志愿组织、志愿者、政府三者的良性互动格局,共同参与公益活动。④

二、第三部门发展存在的问题

尽管具有中国特色的第三部门治理机制已基本形成,但相关治理结构在发

---

① 王名、贾西津:《中国NGO的发展分析》,《管理世界》2002年第8期。
② http://charitychina.foundationcenter.org.cn/home/cszz,最后访问日期为2019年8月28日。
③ 卓高生:《现代社会公益精神的价值及本质特征》,《甘肃社会科学》2012年第4期。
④ 徐家良、梁钜霄:《志愿者应急管理与冲突理论——以5·12地震四川G县为例》,《中国农业大学学报(社会科学版)》2008年第4期。

展过程中仍存在一些亟待解决的问题。马庆钰、廖鸿将第三部门发展问题总结为外部环境问题、内部治理问题、信息披露问题和第三部门治理问题四个维度。① 孙兰英、张卫成则从模式、现状和制度三种角度出发,分析了第三部门发展的三个问题:双重管理模式阻碍了第三部门的发展;第三部门数量少、规模小、结构不合理,影响其发挥服务社会的功能;第三部门管理中的体制性障碍影响了第三部门的良性发展。王建军将第三部门发展问题细分为自身发展不足、政府扶持力度不够、对第三部门的监管不到位和第三部门内部管理不善四个方面。②

结合以往研究的成果及第三部门的具体实践,可将第三部门的发展问题概括为以下五个方面:存在一定体制依附性,自主性不足;信息公开程度有限,社会公信力较弱;整体资源有限,社会动员能力低;营销活动匮乏,宣传能力有待提升;国际化程度较低,跨国活动较少。

(一) 存在一定体制依附性,自主性不足

由于历史原因,中国的一部分第三部门对国家有较强依赖性,在人员、职能、资金等方面与党政部门有着千丝万缕的联系,官办色彩浓。政府的过多介入使得这些组织失去应有的独立性和自主性,第三部门在重大决策、人事任免和日常活动安排方面常常受到政府部门的干预。尽管国家规定已明令禁止,但仍有社会组织负责人由现职国家公务员担任。还有的组织尤其是行业协会,同业务主管单位关系密切,导致员工难以正常流动。"依附式自主"成为中国第三部门的重要特征。③

(二) 信息公开程度有限,社会公信力较弱

在能力建设、人员配置、制度规范等方面存在局限,部分第三部门信息透明度不高,其运作行为缺乏有效监管,导致组织运作情况难以为外界所知,降低了组织的社会公信力。更严重的是,极少数组织出现以公益之名行私益之实,贪污、挪用捐款潜逃等恶性事件时有发生,玷污了第三部门和公益活动声誉,导致

---

① 马庆钰、廖鸿主编:《中国社会组织发展战略》,社会科学文献出版社2015年版,第198—223页。
② 王建军:《当前我国社会组织培育和发展中的问题与对策》,《四川大学学报(哲学社会科学版)》2012年第3期。
③ 王诗宗、宋程成:《独立抑或自主:中国社会组织特征问题重思》,《中国社会科学》2013年第5期。

社会对整个行业的信任度下降,各类组织的有效性和正当性受到社会的质疑。

(三)整体资源有限,社会动员能力低

尽管从历史发展的进程看,中国第三部门的资源动员能力处于向上发展的态势,吸纳捐赠数量和志愿者数量也稳步增长,但总体而言,第三部门在资金、人才、信息等资源规模存在较大缺口,且由于专业性不足无法实现对现有资源的有效运作,更进一步加深了第三部门的资源困境。而第三部门自身资源较少,又限制其承接政府职能或接受社会公众委托的能力,难以开展多样化的公益活动,导致其在动员社会参与方面的能力欠缺。

(四)营销活动匮乏,宣传能力有待提升

部分第三部门组织缺乏营销战略规划,宣传能力较弱,这与其专业化运营程度不足密切相关,具体体现在运作模式僵化、创新性不足,对外主体吸引力有限,没有充分运用线上、线下双重平台激发运作活力,对内开展的公益活动无法做到与公众需求相符、与时代主题相接。此外,相当一部分组织对外宣传不足,在获取其他主体关注和支持方面能力较低,直接导致组织难以获取外部支持,使本就不甚理想的资源汇集情况更加恶化。

(五)国际化程度较低,跨国活动较少

尽管在"一带一路"建设的推动下,已有中国扶贫基金会、爱德基金会等少量社会组织走出国门,参与海外公益项目。但整体来看,中国第三部门国际化进程还处于初级阶段,面临诸多障碍与挑战。根据民政部的统计数据,我国现有社会组织81.7余万个,其中涉外机构不到600家,占比不足千分之一。此外,在联合国经济和社会理事会中,中国组织获得全面咨商地位、特别咨商地位和名册咨商地位的数量和比例较小,这限制了第三部门在国际事务中的参与能力,无法在国际舞台进行充分的利益表达。

第三节 第三部门治理新格局

随着十八大提出建设"政社分开、权责明确、依法自治的现代社会组织体制";2019年10月党的十九届四中全会通过《中共中央关于坚持和完善中国特

色社会主义制度 推进国家治理体系和治理能力现代化若干重大问题的决定》中提到"重视发挥第三次分配作用,发展慈善等社会公益事业",中国的第三部门治理面临新的发展格局。2021年9月,民政部发布《"十四五"社会组织发展规划》,为新时代第三部门治理提供了较为明确的发展方向。而在内外部因素的共同推动下,第三部门治理呈现出建立多重关系和构建新型公益两大转型趋势。

一、第三部门治理政策新导向

除了直接登记与双重管理并行的基本治理结构之外,第三部门领域受到2012年之后形成的一系列政策导向影响,整体发展与多项国家战略相契合。

(一)党建引领下的有序发展

新时代中国第三部门治理最显著的特征之一是党建引领。2015年9月28日,中央办公厅印发《关于加强社会组织党的建设工作的意见(试行)》,正式提出加强社会组织党建工作,引领社会组织正确发展方向,不仅要推进党的组织和党的工作在社会组织中的有效覆盖,还要拓展社会组织中的党员作用,建设相应的党务工作者队伍。2016年8月22日,中共中央办公厅、国务院办公厅印发《关于改革社会组织管理制度促进社会组织健康有序发展的意见》,进一步强化了第三部门建设,注重激发第三部门的发展活力,强调第三部门的发展与党的建设相结合。第三部门党建主要指中国共产党为加强对第三部门及其联系的原子化个体的引领,保证组织的政治方向、团结凝聚群众所产生的一系列行为。[1]加强第三部门党建工作,引导第三部门正确的发展方向,可以激发第三部门发展活力,促进第三部门在国家治理环节中发挥重要力量,并进而推动慈善事业的可持续发展。

(二)为政府购买服务提供支持

政府长期作为中国第三部门发展的主要支持力量,对第三部门的支持方式呈现出从直接拨款向政府购买服务的转向。2013年9月26日,《国务院办公厅关于政府向社会力量购买服务的指导意见》正式发布,明确在公共服务领域更

---

[1] 葛亮:《制度环境与社会组织党建的动力机制研究——以Z市雪莱饼协会为个案》,《社会主义研究》2018年第1期。

多利用包括社会组织在内的社会力量,加大政府购买服务力度。2014年12月15日,依据上述指导意见的部署,财政部印发《政府购买服务管理办法(暂行)》,其中不仅提出"加大社会组织承接政府购买服务支持力度",还进一步将承接主体扩展至公益二类事业单位,并鼓励行业协会参与承接购买服务,号召培育发展社会组织并提升其承担服务的能力。2016年12月1日,财政部和民政部联合公布《关于通过政府购买服务支持社会组织培育发展的指导意见》,对加强购买服务支持第三部门发展等方面做了更为明确的制度安排,尤其放开承接主体成立年限,允许多年期服务项目,探索凭单制购买形式等规定,使这项支持制度更具有灵活性。从2012年起,中央财政每年拨付2亿元资金支持社会组织参与社会服务。仅2013年一年,全国各级政府购买社会组织服务的资金已达到150亿元。①

(三)离退休干部有限参与

针对离退休领导干部在第三部门任职的普遍现象,中央出台文件进行限制,避免其中出现利益输送、贪腐等风险。2014年6月25日,中共中央组织部公布《关于规范退(离)休领导干部在社会团体兼职问题的通知》,其中规定离退休领导干部兼职不得领取社会团体的薪酬、奖金、津贴等报酬和获取其他额外利益,也不得领取各种名目的补贴等,确属需要的工作经费,要从严控制,不得超过规定标准和实际支出。

(四)群团改革与管理

群团组织是具有浓厚"国家色彩"的第三部门。1993年《国家公务员暂行条例》颁布之后,工、青、妇等群团组织纳入行政编制。在22家群团组织中,除中国红十字会总会、中国思想政治工作研究会、中国计划生育协会作为事业单位,其余都参照2018年修订的公务员法管理。群团日常经费是由财政拨付,领导人选是由党委组织部门统一安排。② 2014年12月,中共中央政治局审议发布《关于加强和改进党的群团工作的意见》:必须坚持党对群团工作的统一领导,坚持发挥桥梁和纽带作用,坚持围绕中心、服务大局,坚持服务群众的工作生命

---

① 杨团主编:《中国慈善发展报告(2014)》,社会科学文献出版社2014年版,第4—5页。
② 葛亮:《群团组织参与社会治理创新——共同参与和搭台唱戏》,《浙江社会科学》2017年第5期。

线,坚持与时俱进、改革创新,坚持依法依章程独立自主开展工作,确保群团工作始终与党和国家事业同步前进。

(五) 第三部门的反腐倡廉

腐败是公职人员或者通过公职人员利用公共权力损害公共利益和私人利益以实现私人目的,并经过集体的理性判断认为必须交由国家专门机构进行惩防的行为或现象。① 一般讲反腐败,对象集中于政府机构和公务员,当前逐渐扩展到第三部门。2014 年 11 月,民政部、财政部发布《关于加强社会组织反腐倡廉工作的意见》,从健全社会组织民主机制、加强社会组织财务管理、规范社会组织商业行为、实行社会组织信息公开制度、强化社会组织审计和执法监督、加强社会组织廉洁自律教育六个方面对社会组织反腐倡廉工作进行了规定。

(六) 动员社会组织参与脱贫攻坚

中国共产党十九大将打赢脱贫攻坚战、全面建设小康社会作为主要目标之一,并提出"动员全党全国全社会力量,坚持精准扶贫、精准脱贫"。作为联系社会帮扶资源与贫困受助对象的第三部门,也在十九大后被迅速纳入脱贫攻坚的参与主体;2017 年 11 月 22 日,国务院扶贫开发领导小组公布《关于广泛引导和动员社会组织参与脱贫攻坚的通知》,认为参与脱贫攻坚为社会组织的重要责任,鼓励社会组织在产业扶贫、教育扶贫、健康扶贫、易地扶贫搬迁等事业上广泛参与,尤其发挥全国性和省级社会组织示范带头作用,同时扶贫部门为社会组织参与脱贫攻坚给予必要的资金和项目支持。通知获得多地民政部门响应,如上海市民政局通过发布扶贫项目清单,供全市社会组织认领;山东省民政厅在社会组织年度评估中加入扶贫内容,突出参与相关工作重要性,均取得明显成效。②

(七) 社会智库的引导与发展

社会智库是指由民政部门等有关部门负责规划和引导,以提升政府公共政策的制定和执行质量为核心,以汇聚专业化的研究人才、研究知识、研究技术为

---

① 秦馨、黄义英:《实践理性视角下腐败的概念内涵探析——反腐败的法治认同功能研究系列论文之一》,《学术论坛》2017 年第 2 期。

② 王学军:《积极引导和动员社会组织参与脱贫攻坚》,《慈善公益报》2018 年 11 月 21 日。

基础,以发挥政策咨询、理论创新、社会服务、舆论引导、对外公关等功能为出发点,以提交政策建议、发布研究报告、出版研究刊物、举办研讨会议等为手段,能够在相关领域产生一定的决策影响力、社会影响力,且获得其他社会主体普遍支持的社会团体智库、基金会智库和社会服务机构智库。① 2015 年中央办公厅和国务院办公厅联合印发的《关于加强中国特色新型智库建设的意见》中首次提出"规范和引导社会智库健康发展",奠定社会智库的建设基调。2017 年 5 月 4 日,民政部、中央宣传部、中央组织部、外交部、公安部、财政部、人力资源和社会保障部、国家新闻出版广电总局、国家统计局联合印发《关于社会智库健康发展的若干意见》,从重要意义、指导思想和基本原则、强化规范管理、优化发展环境、加强自身建设、完善保障措施六个方面对社会智库培育和监管做出了具体的规定。

(八)行业协会与政府主管部门脱钩

第三部门与政府的脱钩主要针对行业协会而言。目前行业协会在经济社会中发挥着独特的作用,除具有与一般社会团体共有的非政府性、非营利性等特征,还有互益性、利益性与代表性等特性。② 2015 年 7 月 8 日,中共中央办公厅、国务院办公厅发布《行业协会商会与行政机关脱钩总体方案》,包括总体要求和基本原则、脱钩主体和范围、脱钩任务和措施、配套政策、组织实施五部分,以实现行业协会自立、自主地运作。

(九)强化社会组织抽查工作

在年度检查基础上,对于社会组织的抽查工作逐步制度化。2017 年 3 月 13 日,民政部发布《社会组织抽查暂行办法》,对社会组织抽查事项做出具体规定。各级登记管理机关对本级登记的社会组织的抽查比例不得低于 3%,主要针对社会组织的年度报告、信息公开、内部治理、财务状况、业务活动等情况展开。

(十)推动社会组织参与社区治理

社区治理是在社区层面建构由政府、社区组织、非政府组织、企业、社区居

---

① 徐家良主编:《中国社会智库发展报告(2018)》,社会科学文献出版社 2018 年版,第 7—8 页。
② 徐家良:《互益性组织:中国行业协会研究》,北京师范大学出版社 2010 年版,第 70 页。

民等主体组成的合作网络,共同处理社区公共事务,发展社区公共利益。① 2017年6月19日,中共中央、国务院公布《关于加强和完善城乡社区治理的意见》,从总体要求、健全完善城乡社区治理体系、不断提升城乡社区治理水平、着力补齐城乡社区治理短板、强化组织保障五个方面对加强和完善城乡社区治理作了具体的规定。

二、第三部门治理发展新探索

在外部治理政策调整的背景下,第三部门内部治理的新探索包括以下四个主要走向:适应法律规范,调整组织形式;承接政府购买,提供社会服务;完善治理结构,提升自主水平;开展职业化建设,强化专属技能。

(一)适应法律规范,调整组织形式

第三部门领域的基本法律、行政法规以及指导性文件数量逐步增加,政策体系愈发复杂。仅法律层面,具有密切相关性的法律法规就包括1999年发布的公益事业捐赠法,1993年制定和2017年修改的红十字会法,2016年制定的慈善法,2016年制定的境外非政府组织境内活动管理法以及2020年通过的民法典等,这些单项法律均具有一定的针对性,对第三部门规范发展有较强的指导意义。

面对法律政策的不断调整,第三部门一方面努力适应规则,尽可能满足各项规范性要求,保持组织的合法性;另一方面主动调整组织登记注册形式,从而在新的制度环境下创造更为理想的生存空间。以英国的救助儿童会这一组织为例,20世纪90年代重新进入中国后,该组织在境外非政府组织管理尚无法可依的情况下,遵照1983年颁布的《外国企业常驻代表机构登记管理办法》要求,成立了常驻代表机构;《基金会管理条例》出台后,该组织又抓住条例提供的制度空间,在民政部登记为境外基金会代表机构;等到境外非政府组织境内活动管理法实施后,救助儿童会又成为首批在北京市公安局注册的境外非政府组织代表机构之一。通过对法律规范的不断适应,救助儿童会实现了在中国的长期

---

① 刘超:《社区治理体系建设中的文化认知、功能、困境及出路》,《吉首大学学报(社会科学版)》2018年第3期。

合规运作。

（二）承接政府购买，提供社会服务

1995年，上海浦东新区社会发展局委托上海基督教青年会管理浦东新区罗山市民会馆，即"罗山会馆"模式，这是新时期中国最早对政府购买公共服务的尝试。自此中国开始了政府购买服务的尝试，第三部门开始通过该方式承接政府职能。政府内部自我改革，下放权限；明确转移政府职能、购买服务、孵化器和第三方咨询机构四位一体的机制健全了政府与第三部门互动的制度安排。[①] 2012年起财政部每年拨专款购买社会组织服务，并与民政部联合制定《中央财政支持社会组织参与社会服务项目资金使用管理办法》。2013年9月，国务院办公厅发布《关于政府向社会力量购买服务的指导意见》，不仅仅是民政部和财政部，其他的政府部门，包括教育、文化、环境保护、体育等部门，都成为购买社会组织服务的重要主体，政府购买第三部门服务已成为国家固定的制度安排。

在政府购买第三部门服务制度不断深化的基础上，第三部门充分利用政策支持，拓展服务规模及地域范围。以上海绿洲公益发展中心为例，该机构成立于2014年，发起了上海首个食物银行项目，通过收集行将浪费的食物捐赠给贫困家庭，实现创建环保节约型社区的目的。一开始，该机构活动范围仅限于上海市普陀区和浦东新区的两个社区，但凭借连续五年承接中央财政购买社会服务项目，机构获得长足发展，至2018年年底已完成分发食物186.9吨，受益人次达13.66万人。[②] 2019年，上海绿洲公益发展中心又承接内蒙古伊金霍洛旗政府发布的服务类民生微实事项目，将食物银行引入当地，再次借由政府购买社会组织服务机遇实现组织的服务地域扩展。

（三）完善治理结构，提升自主水平

建构完善的法人治理结构是第三部门合理运作的基础和前提。中国第三部门中主要法人类型，如社会团体、社会服务机构、基金会、事业单位和宗教活动场所，以及非法人的慈善组织和境外非政府组织代表机构，正逐步建立较为完善的内部治理结构，形成权力机构、决策机构、监督机构和执行机构四位一体

[①] 徐家良：《激发社会组织能量重点在政府改革》，《广州日报》2011年12月5日。
[②] http://www.oasiseco.org/file/2018report.pdf，最后访问日期为2019年8月28日。

的治理格局。完善我国第三部门的法人治理结构需要借鉴国外经验,走法治化道路,完善第三部门内部治理委托代理制度,合理配置第三部门内部各机构之间的权力、权利及责任,完善分权制衡的治理结构。①

治理结构完善的同时,第三部门的自主性也得到显著提升。"自主性"在语义学上有三种含义,即独立性、自我管理和自我决定。② 第三部门作为独立主体,一方面能够在政府(第一部门)和企业(第二部门)的支持下开展合作交流,另一方面,能够自主地开展活动,发挥第三部门的独特作用。中国第三部门的自主性觉醒,突出体现在民间志愿组织的发育过程中。以浙江省德清义工协会为例,作为当地民众自发组织发起的公益团队,德清义工协会在创立初期就具备较为独立的决策机制,并经过不断探索,建立起包含会员大会、理事会、常务理事会的多层级治理结构,使得组织虽然接受政府及企业委托开展的大量项目,但始终能够保持战略设定和活动安排方面的自主性。③

(四)开展职业化建设,强化专属技能

职业化是对第三部门专业性的要求。2015年发布的新版《中华人民共和国职业分类大典》,增加了第三部门社会组织专业人员、劝募员、社团会员管理员三个职业。《中华人民共和国职业分类大典》的更新为第三部门工作人员的工种做出划分,强化了第三部门从业人员的专业化建设,注重人员的专属技能培养和专业素质提升。

以职业劝募员为代表的第三部门从业人员职业化,已在部分组织的实践中得到推广。以浙江金华施乐会为例,该组织在全国率先设置"有偿社工"模式,实际将劝募员引入机构运作当中。④ 作为金华市慈善总会的分支机构,施乐会依托总会平台获取募捐资格,由"有偿社工"在线下收集受助人信息同时垫付善款,随后将信息发布在互联网上进行募捐,提取相应的捐款及工作经费。尽管随着慈善法的出台,施乐会运作模式因与慈善募捐相关规定冲突而宣告终止,

---

① 戚枝淬:《社会组织内部治理结构法律问题研究》,《理论月刊》2016年第8期。
② 黄晓春、嵇欣:《非协同治理与策略性应对——社会组织自主性研究的一个理论框架》,《社会学研究》2014年第6期。
③ 徐家良、张其伟:《地方治理结构下民间志愿组织自主性生成机制——基于D县C义工协会的个案分析》,《管理世界》2019年第8期。
④ 赵挺、徐家良:《网络慈善与劝募职业化——以金华施乐会为例》,《行政论坛》2015年第5期。

但其在职业劝募方面的尝试仍然对后续的第三部门运作具有一定启发性。

接下来要做的工作有两个方面,一是制定"社会组织专业人员职业技能标准""劝募员职业技能标准""社团会员管理员职业技能标准"。制定国家职业技能标准,可明确职业活动内容,对从业人员提出三个职业应该要掌握的理论知识和技能,它也是开展职业教育培训和人才技能鉴定评价的基本依据。二是制作考试大纲,编写教材。根据这三个职业,分别制作《社会组织专业人员职业考试大纲》《劝募员职业考试大纲》《社团会员管理员考试大纲》,在此基础上编写《社会组织专业人员考试指导教材》《劝募员考试指导教材》《社团会员管理员考试指导教材》。在上述两个工作已经做好的前提下,可以对社会组织专业人员、劝募员、社团会员管理员进行初级、中级考试,对社会组织专业人员进行职称评定。

三、第三部门治理转型新趋势

在内外部治理格局变化的推动下,第三部门整体治理转型呈现出两大发展趋势:一是建立多重关系,二是构建新型公益。

(一)建立多重关系

第三部门建立的多重关系,根据对象的不同可以分为四种,即第三部门与公众、第三部门与政府、第三部门与企业、第三部门与媒体。

第一,第三部门与公众:生成与强化公共性的拓展关系。公共性指涉的是人们从私人领域中走出,就共同关注的问题展开讨论和行动,从而实现从私人向公众的转化。[1] 与政府或营利组织相比,第三部门所开拓的公共性更为常态化和非权力性,是依赖自愿结社、自愿支援等柔性力量而生成。[2] 随着中国第三部门的持续发展,组织一方面承担公共利益表达的功能,如通过团结社会成员组建起会员制的社会组织,建构起会员自我思考和自我决定基础上的自治关系;另一方面作为公共服务的供给者,提供具有无偿性、利他性的服务产品,满足公众需求,如通过吸纳社会捐赠向困难群体提供资助,或直接向受助对象提

---

[1] 李友梅、肖瑛、黄晓春:《当代中国社会建设的公共性困境及其超越》,《中国社会科学》2012年第4期。

[2] 唐文玉:《社会组织公共性:价值、内涵与生长》,《复旦学报(社会科学版)》2015年第3期。

供志愿服务。在上述两种方式的作用下,第三部门实现公共性的生成与强化,加强了与公众之间的联系。

第二,第三部门与政府:转变职能、购买服务下的共治关系。转变职能是将政府原有职能向第三部门转移,由第三部门来提供部分公共物品,而转移过程主要通过购买服务的形式实现,此时,政府与第三部门形成一种共治关系。在政府购买服务政策的推动下,越来越多的党政部门同第三部门建立联系,包括以往一些较少与社会组织接触的部门。例如国家体育总局通过购买服务形式,将青少年体育赛事交由地方体育协会或俱乐部等社会组织承办;公共文化服务也成为政府购买的热点领域,文化部等四部委为此在2015年5月专门出台《关于做好政府向社会力量购买公共文化服务工作的意见》。政社共治关系的夯实,使得我国的国家治理现代化建设体系更加完备。

第三,第三部门与企业:资源投入、模式借鉴和美誉度获取的互利关系。企业与第三部门的关系,首先是单向的资源投入:企业通过捐赠,把钱物捐给第三部门,支持第三部门发展;或者企业动员员工参加志愿服务,直接为社会公益事业贡献人力。作为中国慈善捐赠最重要的资源供给主体,企业捐赠长期占据中国整体慈善捐赠规模的六成以上,如2017年来自企业的捐赠占64.23%,其中民营企业仍然是慈善捐赠的中坚力量,全年捐赠达482.83亿元,占企业捐赠总量的50.12%,国有企业保持第二位,捐赠总额为314.82亿元,占企业捐赠32.68%。[①] 其次,企业提供商业运作模式,尤其是项目管理和创新理念,为第三部门增加运营收入,带来活力和生机。如有腾讯、阿里巴巴、百度等知名企业参与其中的20家互联网公开募捐信息平台已成为中国慈善捐赠和公益营销领域的主要创新源泉。最后,企业能够从与第三部门的合作中获取社会美誉度,改变企业只为赚取利润的刻板形象,实际上进行了品牌宣传,因此有动力持续向第三部门提供支持。双方在互惠互利的基础上保持合作。

第四,第三部门与媒体:内容提供与时效性传播的合作关系。在世界各国,媒体都是第三部门重要的合作对象,帮助第三部门实现利益表达和形象

---

① 中国慈善联合会研究部:《2017年度中国慈善捐助报告》,http://www.charityalliance.org.cn/u/cms/www/201909/1814583 3j6wo.pdf,最后访问日期为2019年8月28日。

宣传等功能。① 在中国,第三部门与媒体的合作也日益密切。媒体在新闻发布上具有准时高效、扩散范围较广的特性。第三部门通过媒体可以有效宣传组织及项目,得到更多主体的关注和支持。同时,媒体也能从第三部门的活动中获取适合的新闻报道内容,以及收获社会美誉度。以上海"公益之申"活动为例,该活动由上海公益新媒体中心、上海东方传媒集团联合多家主流媒体和高校共同举办,对公益组织、公益项目和公益故事等进行奖项评比。通过这一活动,公益组织不仅能扩大知名度,还可直接接受参与投票的社会公众报名成为公益组织的志愿者,而媒体则通过举办该活动彰显社会责任感,提升影响力。

（二）构建新型公益

现代公益实现了由传统向现代的转型,主要体现在网络公益、透明度、平台化、规模化、行业性和跨界性六个方面。

（1）网络公益。网络公益是通过移动互联,在同一时间连接多地、多点、多项目,获取网络资金,用于公益目的的一种现代公益行为。② 网络公益的特点在于,没有传统意义上时间和空间的限制,只要有做公益的意愿,可以随时随地通过网络进行慈善捐赠、提供志愿服务和交流公益信息等活动。根据民政部社会组织管理局 2019 年 4 月发布的数据,20 家指定互联网募捐信息平台 2018 年共为全国 1400 余家公募慈善组织发布募捐信息 2.1 万条,吸引超过 84.6 亿人次参与,累计吸纳捐赠额度 31.7 亿元有余,同比增长 26.8%。③ 这些数据均显示,互联网公益已成为由第三部门和企业共同构建的重要公益参与方式。

（2）透明度。透明度与第三部门内部运作过程中的资金、人员、项目和绩效等信息的公开密切相关。第三部门主动接受政府、媒体、公众等相关利益主体的监督,在行政和社会监督过程中实现规范化发展,并获得社会公信力。从 2012 年起上线的中基透明指数 FTI,是中国第三部门提升透明度的重要尝试。该指数由基金会中心网编制,至 2018 年已发展为涵盖 40 项综合指标的专业第

---

① 李东晓:《表达性行动与国际非政府组织的在华落地——一个"勾连"视角的阐释》,《新闻与传播研究》2018 年第 3 期。
② 赵文聘:《网络公益发展中的瓶颈问题及其消解》,《理论探索》2019 年第 3 期。
③ 《20 家互联网募捐信息平台 2018 年募集善款 31.7 亿元 吸引 84.6 亿人次参与》,http://www.xinhuanet.com/politics/2019-04/04/c_1124329757.htm,最后访问日期为 2019 年 8 月 28 日。

三方透明度评价体系。2018年,参与中基透明指数评选的基金会共5694家,其中透明度满分的基金会有151家。①

(3) 平台化。平台是第三部门在与政府、企业、其他第三部门等组织互动过程中建立起的互利合作机制,在承接政府职能、接受企业捐赠、开展志愿服务等事务中发挥信息提供、利益表达、资源集聚等联结和枢纽作用。中国第三部门运作已呈较为明显的平台化倾向,一批具有区域乃至全国影响力的公益平台被搭建起来,在上海较为典型的包括公益伙伴日、公益新天地、浦东公益服务园、浦东基金会服务园等,这些平台为不同类型的第三部门组织提供办公空间、合作渠道以及日常服务,通过邀请社会组织长期入驻来实现平台发展的规模效应。在全国层面,最为典型的平台则是一年一度的中国公益慈善项目交流展示会(简称"慈展会")。慈展会诞生于2012年,由民政部、国务院国资委、全国工商联以及广东省和深圳市地方政府联合创设,每年固定于深圳举办,其主要作用是促进慈善项目和资金的对接,同时是外界关注中国慈善乃至整个第三部门发展的窗口。

(4) 规模化。第三部门的发展要求第三部门具有较强的影响力,而影响力的形成往往与组织及全行业的规模化直接相关。随着治理体系的不断改革推进,中国第三部门不仅整体发展规模保持增长,在组织数量、业务范围、人员规模和地区空间等方面实现量的聚集,同时在个体的成长方面也取得跨越式发展。在中国第三部门内,已形成一批具有全国性活动能力的民间组织,如已在各地设立40多家办事处,开展公益组织孵化、公益创投、政府购买招投标服务等多元业务的支持型公益组织恩派(NPI)以及在全国31各省级行政区均有经过品牌授权的团队,涵盖4万名普通志愿者及1万名专业救援志愿者的蓝天救援队。另外,还有一些组织实现了法人多元运作,以第三部门集合体的形式开展活动,如旗下包含社会企业、基金会、社会服务机构、社会团体等多种形式组织的深圳残友集团以及集社会团体、基金会、社会服务机构于一体的大型环保组织自然之友。

(5) 行业性。随着服务内容和提供产品类型的细分化,以及从业人员的职

---

① 张明敏:《2018中基透明指数FTI在京发布》,http://www.gongyishibao.com/html/gongyizixun/15668.html,最后访问日期为2020年6月8日。

业化程度不断提升,第三部门已基本形成具有较强内部多元性的独立行业。在这一背景下,第三部门中的行业组织体现出行业自律和行业自治的特征,致力于推动实现本行业规范化发展。除了不同经济领域的行业协会,中国第三部门领域的代表性行业组织是成立于2013年的中国慈善联合会。中国慈善联合会通过维护会员权益和参与政策制定,将会员诉求反映给政府主管部门,完善慈善领域的制度体系;同时,开展行业研究和专业培训,掌握行业发展动态,培养优秀行业人才,促进行业的整体发展。除了中国慈善联合会,北京、浙江、广州等地也先后建立了本行政区域范围内的慈善行业组织,助推行业共同进步。

(6) 跨界性。第三部门与政府、企业、公众、媒体等多元社会主体进行多重合作,在此过程中形成的跨界合作可以吸纳其他主体提供的外部资源,借鉴具有创新性的运作模式为己所用,产生收益最大化的功效。在中国第三部门领域,较为主流的跨界合作方式之一是社会创业。作为一个20世纪50年代诞生于西方的概念,社会创业直到2010年后才在中国成为一个重要且有影响力的运作形式。社会创业主要是以市场化为手段,关注社会需求,并以一套可持续的、创新的方式去实现。① 社会创业同时追求社会价值和商业化运营,能够产生较强的社会影响力和社会价值。较为典型的跨界社会创业的例子是摩拜单车。作为共享单车领域的领导品牌之一,摩拜被认为运用商业手段解决了社会公众"最后一公里"的出行问题,并因此于2017年获得"中国社会企业奖"。尽管摩拜的社会企业性质存在一定争议,但作为公共交通的补充性服务提供方,同时在经营模式上也体现出创新性,摩拜存在的社会价值还是获得多方认可。

案例分析

深圳市社会组织坚持"党建引领"促发展

在深圳,社会组织起步早、发展快、规模大、种类多,目前总数已达10 162个。在快速发展过程中,如何确保社会组织的正确发展方向?

作为深圳建市以来首批党内法规之一,《深圳市社会组织党的建设工作规

---

① 刘志阳、李斌、陈和午:《企业家精神视角下的社会创业研究》,《管理世界》2018年第11期。

定(试行)》(以下简称《规定》)明确提出要不断扩大党在社会组织的影响力,引领社会组织正确发展方向。

据悉,深圳目前在市、区民政部门登记管理的社会组织7793家,共建立党组织1891个;在区民政部门、街道办事处备案管理的社区社会组织2369家,党建工作全部纳入街道党工委和社区党委兜底管理。全市755家行业协会全部单独建立党组织,民办学校、民办医院等重点行业党组织覆盖率100%。

"相比于社会组织庞大的数量和快速的增长,社会组织党建基础薄弱的现状依然是不可回避的问题。"市委组织部相关负责人表示,《规定》的制定坚持问题导向,着力破解社会组织党组织体系不够健全、组织和工作覆盖不够全面、作用发挥不够充分等难题,推动社会组织党建工作水平全面提升。

为强化业务主管单位抓社会组织党建工作责任,《规定》创新提出了"三同步""五嵌入",即民政部门党委(党组)应当健全完善社会组织党建与社会组织登记、检查、评估等同步落实的协调机制,对新申请成立的社会组织,同步采集党员信息、同步推动组建党组织、同步指导党建工作写入章程;社会组织业务主管单位党组织,要结合各自职能和业务工作将党建工作全流程嵌入社会组织年检年报、等级评估、换届改选、购买服务和承接政府转移职能、评先评优等各个环节。实现党的组织和工作"两个全覆盖"是抓好社会组织党建工作的基础。《规定》要求建立市、区、街道三级党建工作台账,及时准确掌握社会组织党建工作的底数和变化,在此基础上按单位、按行业、按区域加大党组织组建力度,实现应建尽建。对于暂不具备组建条件的社会组织,可以通过选派党建工作指导员、联络员以及建立工会、共青团、妇联组织和开展统战工作等多种方式,实现党的工作覆盖,条件成熟时及时建立党组织。

为充分发挥社会组织党组织的政治引领作用,《规定》提出,推进党建工作内容写入社会组织章程,包括明确党组织的设置形式、地位作用、职责权限,明确党组织参与重大决策的制度安排,明确党建工作机构及人员配备、党建工作经费保障等内容和要求,为党组织和党员发挥作用提供制度保障。

"党建入章程,既保障了党组织在社会组织中的地位,有利于促进党组织和社会组织管理层之间互相融合、和谐互动,也有利于实现社会组织内部治理结构与党组织政治引领作用发挥的有机结合。"市委组织部相关负责人如此表示。

记者了解到,在促进党组织建设与社会组织发展深度融合,防止"两张皮"方面,《规定》还明确规定,坚持党组织活动与社会组织发展紧密结合,探索开展主题活动等有效载体,与社会组织执业活动、日常管理、文化建设等相互促进。推行党组织与社会组织领导班子成员交叉任职、纪委书记(纪检委员)与社会组织监事长(监事)交叉任职。党组织书记应当参加或者列席管理层有关会议,党组织开展的活动可以邀请非党员社会组织负责人参加。在行业协会商会,由党组织主导建立行业自律或者廉洁从业委员会,负责加强诚信建设和行业自律。

做好社会组织党建工作,一支素质优良、结构合理、数量充足的高素质专业化党建工作力量必不可少。《规定》大胆创新,在选优配强社会组织党组织负责人方面,明确对依法成立、行业特征明显、管理体制健全、实施行业管理的具有特殊性质的行业自律性组织,业务主管单位(行业主管部门)党组织可以选派党组织负责人。

在加强党务工作者队伍建设方面,《规定》提出了选派"第一书记"、党建组织员等富有深圳特色、符合深圳实际的措施。比如,《规定》明确,可以选派退休或者不担任现职的党员干部、机关年轻干部、业务主管单位党员干部到行业影响较大或者党建工作薄弱的社会组织党组织担任"第一书记"或者党建工作指导员,帮助解决问题和困难,健全党建工作制度,提升党建工作整体水平。同时,按照党员200人以下1名、200人以上2名的标准,向规模较大的社会组织分级选派党建组织员,专职从事党务工作。

其实,早在2016年12月,深圳就按照行业相近、产业相邻原则,将党建工作相对薄弱的307家行业协会划分为质量创新、先进制造、文化创意等18个大类,选派18名机关局处级党员干部担任行业协会联合党委(筹)第一书记,相应配备18名党建组织员,加大力度推动行业协会党建工作。如今,307家行业协会从16个党支部、86名党员,增加到198个党支部、1122名党员,党组织覆盖率大幅提升。"将深圳近年来在社会组织党建中的有效实践和经验写入文件,以党内法规的形式固定下来,让《规定》更接地气,更具操作性。"该负责人说。

(资料来源:杨丽萍:《推进党建内容写入社会组织章程》,《深圳特区报》2018年8月22日。有删改。)

分析要点

1. 社会组织党建确保政治方向，提高社会组织的政治合法性和行政合法性。

2. 社会组织党建有许多内容，包括机构设置、人员配备和活动开展等。

3. 基层组织建设成为社会治理创新实践的重要方面，党建引领可更新社会治理模式。

本章小结

对于第三部门治理现状和发展趋势，需要掌握以下几个方面的内容。

第一，了解第三部门治理现状。纵向分析第三部门的四个阶段（清理整顿时期、秩序重建时期、开放发展时期、法治规范时期）的发展特征；横向了解以组织数量增加、公众参与意识提升、资源动员能力增强、大批社会企业家出现、行业社会影响力扩大和服务领域拓展为代表的第三部门发展标志。

第二，概括第三部门治理的特点与存在的问题。第三部门治理特点体现为直接登记与双重管理相结合的混合体制、培育与监管并重的管理过程、地区发展不平衡、公益意识不断提升四个方面。第三部门治理暴露出自主性弱、社会公信力较弱、社会动员能力低、营销与宣传能力较弱以及国际化程度较低五方面的问题。

第三，把握第三部门治理新格局。第三部门治理新格局主要从第三部门治理政策新导向、第三部门治理发展新探索和第三部门治理转型新趋势三个方面加以阐释。

本章思考题

1. 哪些基本特征可以说明第三部门得到了较好的发展？

2. 哪些新出台的政策文件影响了第三部门的发展？

3. 第三部门治理的新特点和新探索有哪些？

第十五章 第三部门的演变、治理特点与新格局

 阅读书目

1. 马庆钰、廖鸿主编:《中国社会组织发展战略》,社会科学文献出版社2015年版。

2. 〔美〕曼昆:《经济学原理(第7版)》,梁小民、梁砾译,北京大学出版社2015年版。

3. 萧新煌、官有垣、陆宛萍主编:《非营利部门组织与运作(精简本)》,台北巨流图书股份有限公司2017年版。

4. 徐家良主编:《中国社会智库发展报告(2018)》,社会科学文献出版社2018年版。

5. 康晓光、冯利主编:《中国第三部门观察报告(2019)》,社会科学文献出版社2019年版。

6. 徐家良等:《改革开放后上海社会组织创新发展研究》,上海交通大学出版社2018年版。

参考文献

1. 〔美〕埃莉诺·奥斯特罗姆：《公共事物的治理之道：集体行动制度的演进》，余逊达、陈旭东译，上海译文出版社2012年版。
2. 〔美〕埃里克·克里纳伯格：《热浪：芝加哥灾难的社会剖析》，徐家良、孙龙、王彦玮译，商务印书馆2014年版。
3. 蔡宏进：《社会组织原理》，五南图书出版股份有限公司2006年版。
4. 曹现强、贾玉良、王佃利等：《市政公用事业改革与监管研究》，中国财政经济出版社2009年版。
5. 成思危主编：《中国事业单位改革——模式选择与分类引导》，民主与建设出版社2000年版。
6. 陈志斌编著：《项目评估学》，南京大学出版社2007年版。
7. 陈晓春等：《非营利组织经营管理》，清华大学出版社2012年版。
8. 陈金罗、刘培峰主编：《转型社会中的非营利组织监管》，社会科学文献出版社2010年版。
9. 邓国胜等：《民间组织评估体系：理论、方法与指标体系》，北京大学出版社2007年版。
10. 邓国胜主编：《公益慈善概论》，山东人民出版社2015年版。
11. 刘延平主编：《多维审视下的组织理论》，清华大学出版社、北京交通大学出版社2007年版。
12. 丁海椒：《中国城市社会管理》，中国科学技术出版社2008年版。
13. 丁元竹主编：《非政府公共部门与公共服务——中国非政府公共部门服务状况研究》，中国经济出版社2005年版。
14. 丁元竹主编：《问责性、绩效与治理——中国非政府公共部门治理状况研究》，中国经济出版社2005年版。

15. 〔美〕厄尔·R. 威尔逊、苏珊·C. 卡特鲁斯、里昂·E. 海:《政府与非营利组织会计(第十二版)》,荆新、杨庆英、朱南军等译,中国人民大学出版社 2004 年版。

16. 〔瑞士〕费尔南德·文森特:《管理实践手册——第三世界民间组织管理与融资指南》,林小华、关键等译,广西人民出版社 1991 年版。

17. 〔美〕弗兰克·费希尔:《公共政策评估》,吴爱明、李平等译,中国人民大学出版社 2003 年版。

18. 〔美〕菲利普·科特勒、艾伦·R. 安德里亚森:《非营利组织战略营销(第五版)》,孟延春等译,中国人民大学出版社 2003 年版。

19. 郭超、沃尔夫冈·比勒菲尔德:《公益创业:一种以事实为基础创造社会价值的研究方法》,徐家良、谢启秦、卢永彬译,上海财经大学出版社 2017 年版。

20. 国家民间组织管理局编:《社会组织政策法规选编》,中国社会出版社 2017 年版。

21. 韩俊魁等:《境外在华 NGO:与开放的中国同行》,社会科学文献出版社 2011 年版。

22. 胡仙芝等:《社会组织化发展与公共管理改革》,群言出版社 2010 年版。

23. 黄浩明主编:《国际民间组织合作实务和管理》,对外经济贸易大学出版社 2000 年版。

24. 黄浩明主编:《民间组织环境健康政策推动指南》,中国环境出版社 2013 年版。

25. 贾西津、沈恒超、胡文安等:《转型时期的行业协会——角色、功能与管理体制》,社会科学文献出版社 2004 年版。

26. 景朝阳主编:《民办非企业单位导论》,中国社会出版社 2011 年版。

27. 金锦萍编著:《社会组织财税制度》,中国社会出版社 2011 年版。

28. 金锦萍、刘培峰主编:《转型社会中的民办非企业单位》,社会科学文献出版社 2012 年版。

29. 金锦萍:《中国非营利组织法前沿问题》,社会科学文献出版社 2014 年版。

30. 康晓光:《创造希望——中国青少年发展基金会研究》,漓江出版社、广西师范大学出版社 1997 年版。

31. 李德健:《英国慈善法研究》,法律出版社 2017 年版。

32. 李芳:《慈善性公益法人研究》,法律出版社 2008 年版。

33. 〔美〕莱斯特·M. 萨拉蒙:《公共服务中的伙伴——现代福利国家中政府与非营利组织的关系》,田凯译,商务印书馆 2008 年版。

34. 〔美〕莱斯特·M. 萨拉蒙主编:《政府工具:新治理指南》,肖娜等译,北京大学出版社 2016 年版。

35. 〔美〕莱斯特·M. 萨拉蒙编著:《慈善新前沿:重塑全球慈善与社会投资的新主体和新工具指南》,深圳国际公益学院译,社会科学文献出版社 2019 年版。

36. 廖鸿主编:《社会组织评估指引》,中国社会出版社 2012 年版。

37. 林修果主编：《非政府组织管理》，武汉大学出版社 2010 年版。
38. 刘忠祥：《从〈基金会管理条例〉到〈慈善法〉》，北京联合出版公司 2017 年版。
39. 陆道生、王慧敏、毕吕贵：《非营利组织企业化运作的理论与实践》，上海人民出版社 2004 年版。
40. 罗昆：《非营利法人的私法规制》，中国社会科学出版社 2017 年版。
41. 马国芳等：《社会组织发展实证研究：基于社会治理的视野》，社会科学文献出版社 2018 年版。
42. 马庆钰等：《社会组织能力建设》，中国社会出版社 2011 年版。
43. 马庆钰、廖鸿主编：《中国社会组织发展战略》，社会科学文献出版社 2015 年版。
44. 〔美〕曼昆：《经济学原理（第 7 版）》，梁小民、梁砾译，北京大学出版社 2015 年版。
45. 李俊清、陈旭清主编：《中国少数民族地区社会组织研究》，中国社会出版社 2010 年版。
46. 黎锡元、姚书恒编著：《港澳非营利组织发展比较研究》，中国社会科学出版社 2013 年版。
47. 李友梅等：《新时期加强社会组织建设研究》，经济科学出版社 2017 年版。
48. 刘春湘：《社会组织运营与管理》，经济管理出版社 2016 年版。
49. 陆璇主编：《社会组织内部治理法律与实务研究》，法律出版社 2018 年版。
50. 卢咏：《第三力量：美国非营利机构与民间外交》，社会科学文献出版社 2011 年版。
51. 齐炳文主编：《民间组织：管理·建设·发展》，山东大学出版社 2000 年版。
52. 阚珂主编：《中华人民共和国慈善法释义》，法律出版社 2016 年版。
53. 苏力、葛云松、张守文、高丙中：《规制与发展——第三部门的法律环境》，浙江人民出版社 1999 年版。
54. 尚晓援编著：《冲击与变革：对外开放中的中国公民社会组织》，中国社会科学出版社 2007 年版。
55. 史密斯－巴克林协会：《非营利管理（第 2 版）》，孙志伟、罗陈霞译，中信出版社 2004 年版。
56. 孙伟林主编：《社会组织管理》，中国社会出版社 2009 年版。
57. 陶传进、刘忠祥编著：《基金会导论》，中国社会出版社 2011 年版。
58. 陶希东等：《共建共享：论社会治理》，上海人民出版社 2017 年版。
59. 田凯：《非协调约束与组织运作——中国慈善组织与政府关系的个案研究》，商务印书馆 2004 年版。
60. 佟丽华主编：《中国民办非企业单位的改革与创新》，法律出版社 2016 年版。
61. 万军：《社会建设与社会管理创新》，国家行政学院出版社 2011 年版。
62. 王名、刘国翰、何建宇：《中国社团改革——从政府选择到社会选择》，社会科学文献出版社 2001 年版。

63. 王名、刘培峰等:《民间组织通论》,时事出版社 2004 年版。

64. 王名主编:《中国 NGO 口述史》(第一辑),社会科学文献出版社 2012 年版。

65. 王名等:《社会组织与社会治理》,社会科学文献出版社 2014 年版。

66. 王浦劬、〔美〕莱斯特·M. 萨拉蒙等:《政府向社会组织购买公共服务研究——中国与全球经验分析》,北京大学出版社 2010 年版。

67. 王思斌主编:《社团的管理与能力建设》,中国社会出版社 2003 年版。

68. 魏红英、何静:《中国涉外民间组织的政府管理研究》,中国社会科学出版社 2017 年版。

69. 吴东民、董西明主编:《非营利组织管理》,中国人民大学出版社 2003 年版。

70. 吴冠之编著:《非营利组织营销》,中国人民大学出版社 2003 年版。

71. 吴忠泽、陈金罗主编:《社团管理工作》,中国社会出版社 1996 年版。

72. 肖杨、严安林:《台湾的基金会》,九州出版社 2009 年版。

73. 萧新煌、官有垣、陆宛苹主编:《非营利部门:组织与运作》,台北巨流图书股份有限公司 2017 年版。

74. 〔美〕西奥多·H. 波伊斯特:《公共与非营利组织绩效考评:方法与应用》,肖鸣政等译,中国人民大学出版社 2005 年版。

75. 解锟:《英国慈善信托制度研究》,法律出版社 2011 年版。

76. 徐家良:《互益性组织:中国行业协会研究》,北京师范大学出版社 2010 年版。

77. 徐家良编著:《社会团体导论》,中国社会出版社 2011 年版。

78. 徐家良等编著:《社会组织的结构、体制与能力研究》,中国编译出版社 2012 年版。

79. 徐家良编著:《行业协会组织治理》,上海交通大学出版社 2014 年版。

80. 徐家良等:《新时期中国社会组织建设研究》,中国社会科学出版社 2016 年版。

81. 徐家良主编:《公共事业管理学基础》,北京师范大学出版社 2017 年版。

82. 徐家良主编:《中国社会组织评估发展报告(2018)》,社会科学文献出版社 2018 年版。

83. 徐家良主编:《中国社会智库发展报告(2018)》,社会科学文献出版社 2018 年版。

84. 徐麟主编:《中国慈善事业发展研究》,中国社会出版社 2005 年版。

85. 徐莹:《当代国际政治中的非政府组织》,当代世界出版社 2006 年版。

86. 郁建兴、江华、周俊:《在参与中成长的中国公民社会:基于浙江温州商会的研究》,浙江大学出版社 2008 年版。

87. 郁建兴、金常明、张伟林等:《行业协会管理》,浙江人民出版社 2010 年版。

88. 〔美〕詹姆斯·P. 盖拉特:《21 世纪非营利组织管理》,邓国胜等译,中国人民大学出版社 2003 年版。

89. 赵磊:《公益信托法律制度研究》,法律出版社 2008 年版。
90. 赵立波:《事业单位社会化与民间组织发展研究》,山东人民出版社 2010 年版。
91. 赵黎青:《非政府组织与可持续发展》,经济科学出版社 1998 年版。
92. 张经编:《行业协会商会规范发展资料汇编》,中国工商出版社 2007 年版。
93. 张良:《我国社会组织转型发展的地方经验:上海的实证研究》,中国人事出版社 2014 年版。
94. 张清等:《非政府组织的法治空间:一种硬法规制的视角》,知识产权出版社 2010 年版。
95. 张冉编著:《行业协会能力建设》,上海交通大学出版社 2013 年版。
96. 赵青航:《民办非企业单位法律制度研究:以民办养老机构的发展现状为素材》,浙江人民出版社 2011 年版。
97. 赵泳主编:《民办非企业单位问题研究》,中国社会出版社 2004 年版。
98. 郑功成主编:《慈善事业立法研究》,人民出版社 2015 年版。
99. 周俊、张冉、宋锦洲编著:《社会组织与慈善组织管理》,北京大学出版社 2017 年版。
100. 周林生:《社会治理创新概论》,广东人民出版社 2015 年版。
101. 周雪光、刘世定、折晓叶主编:《国家建设与政府行为》,中国社会科学出版社 2012 年版。
102. 资中筠:《财富的归宿——美国现代公益基金会评述》,生活·读书·新知三联书店 2011 年版。

后　记

我在杭州读大学时学的是历史,对明清史感兴趣。后来转向政治学专业。1988年至1991年在复旦大学攻读硕士研究生学位期间,有两件事印象最深刻:第一件事是我们几个同学到华东政法大学做问卷调查,我第一次切身感受到数据采集的重要性;第二件事是1990年11月做有关计划单列市管理体制方面的毕业论文时,我一个人独自去成都、重庆和武汉三地进行了实地调查,拜访了这三地的学者,奠定了我社会调查的基础。毕业论文答辩时,答辩主席曾高度肯定这种重视数据和材料的研究态度。1999年9月到北京大学攻读博士学位时,加入了导师李景鹏教授主持的有关中国社会团体研究的课题团队,在北京、浙江和黑龙江三地多次调研,在质的研究方法基础上,逐渐熟悉定量的研究方法。之后,第三部门研究就成为我重点关注的领域。我多次参加清华大学NGO研究所的学术活动,也去中国青年报社参加北京绿家园这一环境保护组织举办的周末沙龙。最后毕业论文选择全国妇联参与公共政策制定,从政治学的角度来分析第三部门的作用和其与政府的关系。2002年博士毕业后,我进入北京大学社会学系做了两年博士后,重点关注行业协会,在《天津行政学院学报》发表了《双重赋权:中国行业协会的基本特征》。这篇论文的引用率一直排在《天津行政学院学报》创刊以来的第一位。2004年6月博士后出站后,我在北京师范大学管理学院工作,成立了公民社会与地方治理研究中心,开设非营利组织管理课程,对本科生、硕士生和博士生精心培养,特别是2004年11月4日开始的每周研究生读书会一直在坚持,我到上海交通大学以后也没有中断。读书会现在举办到第 440 期,对研究生第三部门理论与实践进行课程外的补充和重点训练。2010 年 7 月我调到上海交通大学,2016 年 12 月成立中国公益发展研究院。在原有的教学、科研基础上,强化服务意识,为社会组织服务,为政府部门服务。民政部相继于 2014 年 1 月、2016 年 10 月、2019 年 1 月在上海交通大学设立社会组织与社会建设研究基地、全国社会组织教育培训基地、政策理论研究基地。上海民政局于 2016 年 10 月在上海交通大学设立"十三五"上海民政科研基地、上海公益基地。新建设的基地一方面承接第三部门的课题,另一方面根据第三部门的调查,向政府有关部门提交决策咨询报告,得到有关部门的采纳。特别是向全国人民代表大会常务委员会法制工作委员会递交《中华人民共和国慈善法(专家意见稿)》,召开和参与慈善法有关的研讨以及向司法部和民政部递交《社会组织登记管理条例(征求稿专家意见稿)》。

2010 年 7 月,我在上海交通大学的本科生中开设"非政府非营利组织"课程。《第三部门概论》教材列入 2012 年上海交通大学教务处支持项目,但由于事务杂多,教材编写一拖再拖。2017 年 7 月,华东师范大学公益慈善事业管理研究院有一个紫江公益人才计划邀请我给暑期学校讲授"非营利组织管理概论"课程。2019 年 4 月开始,我在这几年教学内容的基础上,组织团队,集中精力全力以赴地去整理,终于在 8 月 28 日完成全部编写任务,把《第三部门概论》教材初稿交付北京大学出版社。

参加《第三部门概论》整理与编写的人员基本上是上海交通大学的国际与公共事务学院、中国公益发展研究院、中国城市治理研究院和第三部门研究中心的研究人员:上海交通大学国际与公共事务学院博士后、上海工程技术大学管理学院教授吴磊;上海交通大学国际与公共事务学院博士后、上海市委党校副研究员赵文聘;上海交通大学国际与公共事务学院博士后朱志伟;上海交通大学海洋学院许艳;印度金德尔大学副教授张文娟;上海交通大学安泰与经济管理学院博士后张其伟;上海交通大学中国城市治理研究院、国际与公共事务学院博士生张圣;上海交通大学国际与公共事务学院硕士、博士研究生程坤鹏、王昱晨、彭雷、段思含、陈浩林、苗欣悦、张倩、王路平。上海交通大学中国公益发展研究院研究人员季曦花费了大量的时间参与整理书稿。

感谢北京大学政府管理学院李景鹏教授、北京大学社会学系刘世定教授、

后 记

如果没有在北京大学的博士生求学经历和博士后研究，我就不会聚焦于第三部门这一专门的领域，把我最宝贵的青春年华倾力于此。

感谢上海交通大学国际与公共事务学院、上海交通大学中国城市治理研究院为教材编写提供了诸多便利。感谢北京大学出版社徐少燕主任、梁路和孙莹炜编辑的大力支持。

1999年9月，我到北京求学时，女儿徐子沫只有3岁，2008年我带着她赴美国访学，第一次让她接触国外的生活，2019年6月，她大学毕业。我的教学科研伴随着女儿的成长，感谢徐子沫带给我难以忘怀的童趣、快乐和自豪感。妻子范笑仙承担了所有的家务，她已经习惯于我频繁的出差和讲学，没有她的支持，我这本教材肯定也不会写得这么顺畅。

《第三部门概论》教材的问世，意味着我对过去20年学习、教学、研究和服务工作的阶段性总结已经完成。教材出版并不表明研究工作的结束，我始终认为，对第三部门不少领域的认识还不够充分和全面，需要不断改进、提升和创新对第三部门的研究和理解。同时，随着全球化、市场化、信息化和新技术革命的出现，政府对第三部门的管理、第三部门本身的运作，不论是观念、行为、结构还是制度都将发生深刻的变化，有必要继续加以跟踪和探求。

由于编写《第三部门概论》这本教材时间紧，书中可能还会存在这样那样的不足和问题，请读者和方家批评指正。

徐家良
2019年9月13日中秋夜
于浙江武义

教师反馈及教辅申请表

北京大学出版社本着"教材优先、学术为本"的出版宗旨,竭诚为广大高等院校师生服务。为更有针对性地提供服务,请您认真填写完整以下表格后,拍照发到 ss@pup.pku.edu.cn,我们将免费为您提供相应的课件,以及在本书内容更新后及时与您联系邮寄样书等事宜。

书名		书号	978-7-301-	作者	
您的姓名				职称、职务	
校/院/系					
您所讲授的课程名称					
每学期学生人数	_____人	_____年级		学时	
您准备何时用此书授课					
您的联系地址					
联系电话(必填)			邮编		
E-mail(必填)			QQ		
您对本书的建议:					

我们的联系方式:

北京大学出版社社会科学编辑部

北京市海淀区成府路 205 号,100871

联系人:梁　路

电话:010-62753121 / 62765016

微信公众号:ss_book

新浪微博:@未名社科-北大图书

网址:http://www.pup.cn

更多资源请关注"北大博雅教研"